图书在版编目（CIP）数据

工业物联网：平台架构、关键技术与应用实践 / 胡典钢著 . -- 北京：机械工业出版社，2022.3
（2024.8 重印）
（物联网工程实战丛书）
ISBN 978-7-111-70227-6

I. ①工… II. ①胡… III. ①物联网 - 应用 - 工业企业管理 IV. ① F406-39

中国版本图书馆 CIP 数据核字（2022）第 032172 号

工业物联网：平台架构、关键技术与应用实践

出版发行：机械工业出版社（北京市西城区百万庄大街 22 号　邮政编码：100037）	
责任编辑：韩 蕊	责任校对：殷 虹
印　　刷：保定市中画美凯印刷有限公司	版　次：2024 年 8 月第 1 版第 3 次印刷
开　　本：186mm×240mm　1/16	印　张：19
书　　号：ISBN 978-7-111-70227-6	定　价：99.00 元

客服电话：（010）88361066　68326294

版权所有 · 侵权必究
封底无防伪标均为盗版

物联网工程实战丛书

THE INDUSTRIAL
INTERNET OF THINGS
Platform Architecture,
Key Technologies and Practices

工业物联网
平台架构、关键技术与应用实践

胡典钢 著

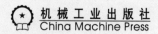

机械工业出版社
China Machine Press

恰逢结婚十周年，谨以此书献给我的妻子汪青和女儿豆豆。

推 荐 语 Praise

本书作者基于其在工业物联网及相关领域十余年的丰富经验，从平台架构、关键技术、应用实践3个维度系统性地阐述了工业物联网，并结合业务场景对实际落地过程中可能遇到的问题进行了深入分析，提出了很多独到的见解和解决思路。作为工业物联网平台的建设者之一，我十分有幸在工作中认识典钢，交流工业物联网为企业发展带来的机遇与挑战。

——康 宁 研华工业云平台产品总监

工业大数据分析使得隐性问题显性化，然而工业大数据具有很强的专业性、关联性、流程性、解析性等特点，工业物联网如何能够提供真实、可靠、有效的数据将变得尤为重要。作者结合自己的工作实践，从技术到平台，从数据采集到边缘计算乃至决策支持，通过理论结合实践的方式，对工业物联网给出了系统性的解读，非常值得工业物联网从业者和企业管理者参考。

——晋文静（博士） 天泽智云首席数据科学家

工业界丰富的门类和企业数量为物联网技术提供广阔的用武之地，形成大量工业物联网应用，对其研究需要在一个合理的框架下进行。本书作者在工业物联网领域拥有十余年工作经验，见证了工业物联网从最初简单的状态监测到目前备受关注的大量应用过程，抓住了工业物联网的核心要素，对正在从事或即将从事工业物联网业务的从业者、投资机构、科研人员等都有一定启发性。

——赵小飞 中国信息通信研究院高级研究员

本书依托作者多年的行业实践，从端、管、边、云出发，系统阐述了工业物联网的生产要素，更难得的是站在工业用户的视角，对网络连接通信技术进行了深入分析，从有线到无线，从宽带到窄带，相信这将帮助读者更好地进行技术选型。

——李卓群（博士） 纵行科技首席执行官/ZETA联盟技术创始人

Foreword 序

借胡典钢先生出书的机会，我谈点肤浅的看法。

信息通信技术的发展，为物联网奠定了技术基础。作为企业界人士，我们真正关心的是技术能给我们带来什么样的价值、意义何在。对于这个问题，很多人用案例给出了答案，如设备的故障预测与健康管理、远程监控、生产过程优化等。无论测量了多少个三角形，都不能证明"三角形内角之和等于180°"；同样，无论给出多少个具体的案例，都不能回答物联网的一般性意义是什么。人们不知道，物联网是只解决个别企业的特殊问题，还是对整个产业界甚至人类社会都有普遍性的价值。

于是，我对这个问题进行了思考。我认为，物联网的普遍性价值在于提升企业管控能力。而管控能力的提升，又会引发企业生态和人类工作方式的巨大改变。工业互联网的概念是美国通用电气公司（General Electric Company，简称 GE 公司）提出来的。GE 公司所谓的工业互联网，主要针对物联网。GE 公司在白皮书中提出了 3 个要素：智能的机器、工作人员、高级分析算法。理解这个概念，就要弄清楚机器把数据传送给人的一般性目的是什么。这个目的，应该就是对企业相关运营活动的管控。

按传统观念，远程的管理者一般是不需要看设备实时数据的。这些数据只需要现场操作室的工人看，因为现场的问题只能现场处理。而且，现场设备数量多、种类多，产生数据的频率很高。如果把数据汇集到一起，工作人员的注意力会淹没在信息的海洋中，没有办法及时处理。这样给远程的管理者传送大量实时数据，是没有价值的。信息通信技术解决了通信问题，却没有回答价值问题。

要理解这个问题，首先要理解管理的价值。我国很多企业，虽然在装备水平上已经接近甚至超过国外同行，但技术水平相对落后。导致这种现象的一个重要原因，是我们的管理水平落后。管理不善导致产品质量稳定性差、成本居高不下。有关专家估计企业中 20%～30% 的成本是管理不善导致的。要解决这些问题，就要提高管理水平。

管理中的一个关键矛盾，是授权和受控的矛盾：如果强调授权，执行可能会失控，会出现各种失职甚至贪污腐败；如果强调受控，职工的积极性就无法调动起来，企业的响应速度也会变慢，官僚主义就会日趋严重。借助物联网，管理者即使不在现场，也可以洞察秋毫。这样授权和受控的矛盾就迎刃而解了。

人的精力是有限的，人类的大脑无法有效处理物联网传来的海量数据。要解决这个问题，就要依靠工业互联网的最后一个要素"高级分析算法"。高级分析算法的作用是过滤和提炼信息——把"智能的机器"抓取的有价值的信息送给"工作人员"，避免人的注意力淹没在低价值的信息海洋中。可将高级分析算法形象地比喻为"小秘书"。通过这个"小秘书"，就可以把管理和控制功能更有效地融合起来了。

GE公司发布的工业互联网白皮书的副标题是"Pushing the Boundaries of Minds and Machines"。我将其理解为重构人和机器的界面，它强调的是人类和机器一起工作，而不是"机器代人"，这是一种现实主义的做法。在现实中，机器完全代替人往往是不可能的。通过数字化技术，让高级分析算法帮助人把工作做得更好，是完全可以做到的。综上，3个要素的逻辑是具备一般性的。

管控能力的提升，让人类获得了前所未有的效率。北京大学陈龙写了一篇名为《"数字控制"下的劳动秩序：外卖骑手的劳动控制研究》的博士论文。在陈博士的眼里，真正的管理者是平台而不是人，平台的管理能力比人强大得多。依靠这样的管理能力，才能把外卖工作管理到位。无独有偶，瑞·达利欧，世界最大对冲基金公司桥水的创始人，在《原则》一书中也表达了类似的观点——以系统化的方式来决策。

随着互联网应用不断深入，越来越多的员工在网上居家工作。这种工作方式能让员工更好地兼顾家庭和工作，提高员工的幸福指数，但也对管理工作提出了挑战。通过数字化技术对员工的敬业度进行考核，已经成为一种趋势。

管理能力的提升，也为生产方式变革提供了可能。"流水线上的个性化定制"是工业4.0的典型场景。按这种方式组织生产，会给企业的各种管理工作带来极大的挑战，人类传统的管理手段很难应对。只有依靠物联网、采取数字化技术，才能把工厂管理好。

这样，我们就回答了物联网的意义。

典钢的这本书首次从平台架构、关键技术、应用实践3个维度，对工业物联网进行系统性的阐述，并深入分析了物联网数据驱动所引起的企业管理能力提升，相信会给工业互联网行业的读者带来一定的启发。

郭朝晖博士

上海优也信息科技有限公司首席科学家

Preface 前　言

为什么要写这本书

　　工业物联网是物联网在工业领域的应用,是物联网与传统产业的深度融合。随着中国智能制造、德国工业4.0、美国先进制造伙伴计划等一系列国家战略的提出和实施,工业物联网成为全球工业体系"创新驱动、转型升级"的重要推手。将工业物联网应用于研发设计、生产制造、运营管理及服务运维等全流程各个环节,用工业物联网改造传统产业,实现企业数字化转型、资源高效利用,促进产业结构调整,推动经济发展方式由生产驱动向创新驱动转变,从而构建服务驱动型的新工业生态体系。

　　近年来,受益于云计算、大数据和人工智能技术的加持,工业物联网进入新阶段,人们逐渐意识到由数据驱动催生的新商业模式所带来的巨大价值,机理模型和数据模型的结合与碰撞为化解复杂系统的不确定性、发掘洞见、企业决策,提供了强有力的数据支撑和新的引擎动能。

　　这种趋势和共识并非一蹴而就的。记得2011年前后,笔者在从事工业自动化测试和控制方面的工作,当时针对大型装备如风力发电机组、轨道交通设施,为保障它们的正常运行,避免故障意外停机导致生产中断所带来的影响和损失,我们会进行状态监测,即通过装备自身的通用控制器或加装的传感器来采集数据,对设备健康状态进行不间断的监控。采集的数据在本地或上传到服务器进行分析,并根据设定的门限阈值预警,整个过程简单地归纳为"采集－分析－可视化－决策",现在想来这应该就是早期工业物联网的雏形。事实上,无论是流程行业还是离散行业,这些工作一直在进行着,只是当时还没有形成工业物联网的概念。

　　2012年工业巨头通用电气公司基于其在工业领域,尤其是电力、航空、医疗、能源方面的深厚积累,首次提出工业互联网概念,并于2014年联合多家行业龙头企业成立了工业互联网联盟，旨在加速工业物联网应用，推动数字化转型。2015年我国提出智能制造战略，传统行业各细分领域的头部企业纷纷开始工业物联网项目试点，期望能够及时布局，保持自己在行业的领先优势。同时，工业物联网的应用领域也在不断拓展，工厂之外的智慧楼宇、城市管理、物流运输、智能仓储、公共交通等领域亦产生了大量工业物联网应用场景。

从工业物联网整个技术支撑体系来看，它涉及传感器感知、泛在网络连接、边缘计算、云计算、工业数据建模、大数据分析、人工智能等众多前沿技术领域，并且与工业自动化密切相关，这使得它成为当前工业领域最热门的课题。本质上还是"采集–分析–可视化–决策"，只是每个环节的内容都发生了巨大变化。首先，数据采集的范围显著扩大，从设备扩展到人及一切生产要素，并强调打通信息孤岛，通过接口和系统集成的方式实现业务系统的数据采集，将强物联网属性的数据与其他业务数据联动。其次，数据分析处理的手段更加丰富，处理能力增强，大数据和云计算的普及，加速了数据驱动、数据应用的步伐，以前在单机上做的数据分析与可视化，现在搬到了云上，数据存储能力和算力大幅提升，很多限制已消除。再次，决策依据和手段变多，数据采集维度和分析方法增加，运营技术（OT）与信息技术（IT）融合，使得决策更加准确，同时人工智能（AI）数据模型在特定场景取得的成效也帮助化解了复杂系统的不确定性。

尽管工业物联网备受关注，但是它的发展并非一帆风顺，直到今天依然面临着很多挑战。在企业数字化转型的大背景下，工业物联网作为重要使能手段，其目标主要是帮助企业实现数字化、网络化和智能化，被寄予厚望，人们笃信未来工厂一定会实现整厂智能。在制造业、电力能源等特定领域，工业物联网已证明其巨大价值，同时我们仍应清醒地看到，在很多应用场景下，工业物联网深陷试点困境，无法规模化应用。

陷入试点困境的原因有很多，常见的情况如下。试点的投入成本可见，但工业物联网技术贯穿运营管理的各个环节，效能难以量化，只有通过长期的数据积累和应用才能体现，短期收益不明显，造成商业价值难以估量。工业物联网涉及的技术范畴非常广，对于资源有限和能力欠缺的企业，显得过于复杂并且技术难度大，难以实施。工业物联网在企业内部需要各业务部门密切配合项目决策，对外需要生态圈内合作伙伴相互协作，企业管理层目前只关注到短期降本增效等商业价值，缺乏长远的数字化战略。

工业物联网是技术创新，其更重要的价值在于应用创新，仅靠顶层数字化技术优势只会停留在技术层面，无法打破工业各垂直细分领域的"潜规则"并深入探寻业务场景的本质需求。相比互联网商业场景，物联网工业场景存在巨大差异，专业领域知识（Know-How）仍然在工业本身，工业领域每个垂直行业的工程师都积累了很多宝贵经验。相对于各种炫酷的算法和创新技术，工业更加关心稳定、可靠、成熟的落地案例，获得的收益，持续的高效率和低成本以及高质量。

工业物联网是运营技术（Operation Technology，OT）与信息技术（Information Technology，IT）融合的具体实现。长期以来，OT与IT之间存在断层现象，相互隔离，各自的岗位有着不同的目标，所掌握的技能也截然不同，两者之间的鸿沟阻碍了企业充分利用已掌握但尚待发掘价值的重要信息。OT与IT的融合并非易事，企业需要有效的人才支撑和组织保障，以推动物联网技术实施。

工业物联网技术发展迫切需要对OT与IT两个大方向均有深刻理解，即拥有全局观和视角的复合型人才，或是同一组织中OT与IT的专业技术人才能够顺畅沟通。由于目前这方面的人才还很稀缺，也急需有针对性的专业图书和课程来培训相应人才，因此笔者产生了写这本书的想法。笔者在撰写过程中也非常重视这一点，没有停留在简单的技术堆叠和教科书式的内容讲解上，在系统化介绍工业物联网的同时，针对每一个具体环节，力图准确阐述实际场景落地过程中所遇到的问题和解决思路。

读者对象

- 工业物联网领域的OT开发和产品人员。
- 工业物联网领域的IT开发和产品人员。
- 垂直行业解决方案架构师和市场人员。
- 正在寻求OT与IT融合以推动企业数字化转型的管理决策人员。
- 咨询顾问和投资人员。
- 相关专业的高等院校师生。

本书特色

本书从平台架构、关键技术与应用实践3个维度系统阐述工业物联网。笔者拥有工业物联网及相关领域十余年从业经验，并且比较幸运地在其发展早期，通过一些项目的场景落地和快速迭代，对工业物联网有了一个循序渐进的认识过程，并形成了自己的见解。笔者在负责工业物联网整体应用方案架构设计和产品功能梳理定义的过程中，经历了工业物联网从规划到实施落地的各个阶段，因此得以对组织能力和技术体系架构进行系统思考。

书中重点围绕工业物联网的体系架构，从感知层、边缘计算、网络连接、平台再到应用，对各个层级的技术原理、技术路线进行深入的讲解，结合业务场景对技术选型进行深入分析，从实际应用角度出发，分享在工业物联网构建过程中有哪些潜在的风险、踩过的坑、不同条件下什么因素占主导地位。

对工业物联网而言，成功没有捷径，虽然某些业务场景从原理上可能一句话足以概括，但背后的影响因素，技术的、组织的、市场的、地域的、法规的、人性的，任何一个细节都有可能左右项目的结果。本书虽然侧重技术和架构讲解，但是通过提问形式的开放式话题，探讨了商业层面、组织层面、实施层面以及市场竞争层面的影响，带领读者思考如何在这波数字化浪潮中，根据企业自身的特点，利用工业物联网创造价值。

如何阅读本书

本书分为 8 章。

第 1 章介绍工业物联网的发展背景，阐述工业物联网的内涵和本质，对工业物联网产业的现状和挑战进行讨论，帮助读者理解智能制造、工业 4.0、OT 和 IT 融合以及企业数字化转型等理念和工业物联网之间的关系。

第 2 章介绍工业物联网体系架构，从业务视角出发，到体系架构的构建，从感知层、边缘计算、网络连接、平台到应用，探讨工业物联网体系搭建过程中的效率和投入问题，以及工业物联网技术的发展趋势，帮助读者建立大局观和框架意识。

第 3～7 章分别介绍工业物联网体系架构涉及的各个主题。第 3 章介绍工业物联网感知，第 4 章介绍工业物联网网络连接，第 5 章介绍边缘计算，第 6 章介绍云计算，第 7 章介绍工业物联网平台。每章除了从技术角度详细阐述各知识点，还着重说明了技术应用背后的发展脉络、合理性与局限性、所能解决的问题及带来的价值。

第 8 章分享几个工业物联网应用案例。工业物联网通过服务于业务场景形成闭环。这些案例均有一定的代表性，聚焦于解决具体的问题，会让读者深刻体会实施过程中所遇到的挑战。

勘误和支持

由于笔者的水平有限，编写时间仓促，书中难免会出现一些错误或者不准确的地方，恳请读者批评指正。工业物联网涉及的知识体系庞大，笔者也只是实践了其中一部分，时至今日，仍有一些认知停留在浅层。希望此书能成为一座沟通的桥梁，让笔者和读者在探讨中对工业物联网产生新的认识，并将这些认识更好地应用于各自的项目中。

Acknowledgements 致　　谢

　　首先要深深感谢妻子汪青对我的支持和帮助。虽然我们不是同一个专业，但是在本书框架建立和成书的阶段，她与我进行了很多次探讨，帮助我理顺了写作思路。写书是一个漫长的过程，由于工作比较忙碌，我把绝大多数的节假日都用来码字，因此牺牲了一些陪伴家人的时间，妻子对此表示理解并给予支持。

　　感谢纵行科技有限公司颜小杰、郑德来，研华工业云平台事业部康宁，上海商汤智能科技有限公司程实。他们审阅了书中部分内容，帮助我修正了一些错误。他们严谨认真的态度令我非常钦佩。

　　感谢北京天泽智云有限公司夏鑫琪、震坤行工业超市智能物联网事业部陈芳、上海其高电子科技有限公司张南雄、浙江新再灵科技股份有限公司胡灏就书中部分应用案例的深入探讨和交流，我从中受益良多。

　　感谢以下技术专家在本书撰写过程中给予的支持和建议：华为技术有限公司朱星海、王泽锋，NI公司陈哲明、郭文哲、许海峰，OPC基金会张誉，顺丰科技有限公司蔡适择、黄剑平、谭学文、赵继科，树根互联股份有限公司李灿，阿里云智能周文闻，百度有限公司何俊、赵乔、张越，无锡雪浪数制科技有限公司郭翘，地平线机器人吕鹏，浙江中控技术股份有限公司李昌政，贝加莱工业自动化（中国）有限公司宋华振，微软（中国）有限公司管震，中移物联网有限公司李为，Software AG何腾斌，工业互联网研习社刘成军，中科创达软件股份有限公司战略合作顾问张国强，上海朋禾智能有限公司崔鹏，深圳博锐创科技有限公司朱宇杰，上海孤波科技有限公司何为，苏州瑞地测控技术有限公司郑凯。

　　感谢机械工业出版社的编辑杨福川、韩蕊在出版规划、文字校对、文稿润色、封面设计等方面给予的专业意见和耐心帮助。

　　最后感谢我的父母和家人，他们一如既往的支持是我最坚强的后盾。感谢我的女儿豆豆，她给我们带来了无数的欢乐。

目录 Contents

推荐语
序
前言
致谢

第1章 工业物联网：未来已来 ········ 1

1.1 工业物联网的发展背景 ············ 2
    1.1.1 智能制造与工业 4.0 ········ 2
    1.1.2 OT 与 IT 融合之路 ·········· 4
    1.1.3 企业数字化转型 ············ 7
1.2 工业物联网的内涵与本质 ········ 9
    1.2.1 工业物联网的支撑体系 ···· 9
    1.2.2 工业物联网与工业互联网的关系 ·········· 9
    1.2.3 高效率、低成本与高质量 ····· 11
1.3 工业物联网产业现状 ············· 13
    1.3.1 工业物联网赛道角力与布局 ···· 13
    1.3.2 企业如何找准定位 ········ 15
1.4 工业物联网面临的挑战 ········· 17
    1.4.1 如何衡量价值 ············· 18
    1.4.2 做看板还是决策建议系统 ··· 19
    1.4.3 既懂业务又懂技术 ········ 20
    1.4.4 技术链路过长 ············· 21
1.5 本章小结 ························ 22

第2章 工业物联网体系架构 ········· 23

2.1 从业务视角到体系架构 ········· 24
    2.1.1 工业物联网感知 ·········· 26
    2.1.2 工业物联网网络连接 ····· 27
    2.1.3 边缘计算 ·················· 28
    2.1.4 工业物联网平台 ·········· 28
    2.1.5 工业物联网应用 ·········· 29
2.2 关于工业物联网体系构建的思考 ··· 30
    2.2.1 架构千篇一律 ············· 30
    2.2.2 平台是效率最优的吗 ····· 31
    2.2.3 工业物联网需要什么样的团队 ··· 31
2.3 工业物联网技术趋势 ············· 32
    2.3.1 加速泛在连接 ············· 32
    2.3.2 工业大数据 ··············· 33
    2.3.3 沉淀用例，能力复用 ····· 34
2.4 本章小结 ························ 35

第3章 工业物联网感知 ············· 36

3.1 工业物联网感知层的内涵 ······· 37

3.1.1 工业数据采集的范围 …………… 37
3.1.2 工业数据采集的特点 …………… 37
3.1.3 工业数据采集的体系结构 …… 39
3.2 传感器：真实物理世界的探针 …… 41
3.3 工业数据采集关键指标 …………… 43
3.4 工业通信基础 ……………………… 50
    3.4.1 数据传输方式 …………………… 50
    3.4.2 网络拓扑 ………………………… 52
3.5 有线设备接入 ……………………… 54
    3.5.1 基于现场总线 …………………… 54
    3.5.2 基于工业以太网 ………………… 59
3.6 无线设备接入 ……………………… 62
    3.6.1 短距离无线设备接入 …………… 63
    3.6.2 长距离无线设备接入 …………… 74
3.7 协议转换 …………………………… 79
3.8 本章小结 …………………………… 80

第 4 章 工业物联网网络连接 …… 81

4.1 OSI 参考模型 ……………………… 82
4.2 网络互联和数据互通 ……………… 86
    4.2.1 网络互联 ………………………… 86
    4.2.2 数据互通 ………………………… 89
    4.2.3 工业网络设备 …………………… 92
4.3 有线网络互联 ……………………… 95
    4.3.1 工业网络互联 …………………… 95
    4.3.2 时间敏感网络 …………………… 95
    4.3.3 接入层、汇聚层与核心层 …… 98
4.4 无线网络互联 ……………………… 100
    4.4.1 无线网络互联延伸 …………… 100
    4.4.2 5G：下一代蜂窝网络技术 …… 101
    4.4.3 4G Cat-1 与低功耗广域网 …… 106

4.4.4 物联卡的流行与挑战 ………… 111
4.4.5 无线信号穿透性和绕射性 …… 113
4.5 数据互通：OPC UA ……………… 116
    4.5.1 应用层协议还是技术标准
          体系 ……………………………… 116
    4.5.2 信息模型 ………………………… 119
4.6 本章小结 …………………………… 123

第 5 章 边缘计算 …………………… 124

5.1 边缘计算：新瓶装旧酒？ ………… 125
    5.1.1 为什么提出边缘计算 ………… 126
    5.1.2 谁在担任边缘计算的角色 …… 127
    5.1.3 边缘计算领域有哪几类公司 … 129
5.2 边缘计算和边云协同 ……………… 130
5.3 AIoT：带边缘处理能力的节点 … 131
    5.3.1 SoC 嵌入式硬件架构解析 …… 132
    5.3.2 轻量级边缘智能 ……………… 135
5.4 预测性维护 ………………………… 138
    5.4.1 预测性维护的兴起 …………… 138
    5.4.2 如何实施预测性维护 ………… 141
    5.4.3 预测性维护的挑战 …………… 144
5.5 追溯：工业自动化 ………………… 146
    5.5.1 分布式控制系统 ……………… 146
    5.5.2 数据采集与监视控制系统 …… 149
5.6 边缘节点续航陷阱 ………………… 151
    5.6.1 被忽视的续航陷阱 …………… 151
    5.6.2 边缘节点功耗估算 …………… 154
    5.6.3 电池续航能力评估 …………… 155
    5.6.4 一次电池和二次电池 ………… 159
    5.6.5 电池可靠性测试与认证 ……… 161
5.7 本章小结 …………………………… 163

第 6 章　云计算 164

- 6.1　写在工业物联网平台之前 165
- 6.2　云计算为何兴起 166
- 6.3　云计算知识图谱 169
- 6.4　云计算服务模式 171
  - 6.4.1　基础设施即服务 171
  - 6.4.2　平台即服务 172
  - 6.4.3　软件即服务 174
- 6.5　云计算部署模式 174
- 6.6　上云的挑战：错误预期 177
- 6.7　虚拟化技术 179
- 6.8　服务化 182
  - 6.8.1　远程过程调用 183
  - 6.8.2　面向服务架构 184
  - 6.8.3　微服务 186
  - 6.8.4　RESTful 风格 187
- 6.9　Docker 容器技术 190
- 6.10　Kubernetes 资源管理 193
- 6.11　C/S 与 B/S 架构 196
- 6.12　本章小结 197

第 7 章　工业物联网平台 198

- 7.1　工业物联网平台应包含什么 199
  - 7.1.1　通用 PaaS 服务 199
  - 7.1.2　工业 PaaS 服务 200
  - 7.1.3　工业物联网平台应用分布 201
- 7.2　设备接入 202
  - 7.2.1　设备注册 202
  - 7.2.2　规则引擎 206
  - 7.2.3　接入并发能力 207
- 7.3　设备管理 208
  - 7.3.1　物模型 209
  - 7.3.2　远程升级 209
  - 7.3.3　物影子 213
- 7.4　物联网协议 216
  - 7.4.1　长连接和短连接 216
  - 7.4.2　MQTT 协议 218
  - 7.4.3　HTTP 222
- 7.5　边云协同 224
  - 7.5.1　边缘节点集中管理 224
  - 7.5.2　跨层级设备接入和管理 229
- 7.6　大数据系统 232
  - 7.6.1　数据存储 232
  - 7.6.2　数据分析 236
  - 7.6.3　数据可视化 237
- 7.7　工业数据建模 239
  - 7.7.1　信息模型和机理模型 239
  - 7.7.2　精益生产和持续改善 242
- 7.8　平台赋能开发者：低代码化 243
- 7.9　平台核心：数据的自动流动 248
  - 7.9.1　打破信息孤岛 248
  - 7.9.2　挖掘数据应用价值 249
- 7.10　本章小结 250

第 8 章　工业物联网应用 251

- 8.1　应用：回归业务本质 252
- 8.2　关于工业 APP 253
- 8.3　应用案例概览 253
  - 8.3.1　应用案例业务价值汇总 254
  - 8.3.2　如何看待和衡量投资回报率 254
- 8.4　当代工厂车间数字化应用 255

8.4.1 从信息化整体规划到数字化
　　　　　转型……………………… 255
　　8.4.2 应用实践……………………… 257
8.5 轨道交通装备远程监控和故障
　　诊断……………………………… 260
　　8.5.1 背景介绍……………………… 260
　　8.5.2 目标价值……………………… 261
　　8.5.3 技术方案……………………… 261
　　8.5.4 延伸：一站式数字化设备运维
　　　　　服务……………………… 266
　　8.5.5 延伸：传感器无线网络，直面
　　　　　布线难题………………… 268
8.6 医药冷链：法律法规下的
　　不断链…………………………… 270
　　8.6.1 背景介绍……………………… 270
　　8.6.2 目标价值……………………… 270
　　8.6.3 技术方案……………………… 270
　　8.6.4 延伸：室内外定位技术……… 273
8.7 电梯物联网：安全与广告
　　跨界……………………………… 275
　　8.7.1 背景介绍……………………… 275
　　8.7.2 目标价值……………………… 276
　　8.7.3 技术方案……………………… 277
　　8.7.4 延伸：规模化部署的障碍…… 282
8.8 声源定位：让城市更安静……… 282
　　8.8.1 背景介绍……………………… 282
　　8.8.2 目标价值……………………… 283
　　8.8.3 技术方案……………………… 283
　　8.8.4 延伸：科技如何改善民生…… 286
8.9 本章小结………………………… 287

第 1 章 Chapter 1

工业物联网：未来已来

工业物联网是物联网在工业领域的应用，是物联网与传统产业的深度融合。随着中国智能制造、德国工业 4.0、美国先进制造伙伴计划等一系列国家战略的提出和实施，工业物联网成为全球工业体系创新驱动、转型升级的重要推手。企业将工业物联网应用于研发设计、生产制造、运营管理以及服务运维等全流程各个环节，令其支撑工业资源泛在连接、弹性供给、高效配置，从而构建服务驱动型的新工业生态体系。近年来，受益于云计算、大数据和人工智能技术等技术支撑体系的快速发展，工业物联网进入新阶段，人们逐渐意识到由数据驱动催生的新商业模式所带来的巨大价值，机理模型和数据模型的结合与碰撞为化解复杂系统的不确定性、发掘洞见、企业决策提供强有力的数据支撑和新的引擎动力。这是机遇和挑战并存的时代，对于其中的每一个个体而言，未来已来！

本章目标

- 深刻理解工业物联网发展背景。
- 了解智能制造、工业 4.0 战略提出的重大意义。
- 了解企业数字化转型面临的契机和挑战。
- 认识 OT 与 IT 融合所带来的变化。
- 了解工业互联网与工业物联网之间的联系。
- 认识工业物联网的内涵与本质，了解如何创造价值。
- 了解工业物联网产业现状及赛道布局情况。

□ 审视工业物联网项目落地所面临的挑战及其原因。
□ 认识工业物联网生态对未来行业的影响。

关键术语

工业物联网、智能制造、工业 4.0、工业互联网、企业数字化转型、OT 与 IT 融合、数字新基建、数据驱动、降本增效、产品交期、提升质量、企业战略、自主感知、泛在连接、工业建模、学习 – 分析 – 决策。

1.1 工业物联网的发展背景

工业物联网的发展和智能制造、工业 4.0、OT 与 IT 融合以及企业数字化转型密切相关，本节重点介绍工业物联网的发展背景。

1.1.1 智能制造与工业 4.0

智能制造在国际上尚无公认的定义，通常被认为是新一代信息通信技术与先进制造技术的深度融合。智能制造的概念始于 20 世纪 80 年代末，纽约大学 P.K.Wright 教授和卡内基梅隆大学 D.A.Bourne 教授出版了 *Manufacturing Intelligence* 一书，首次提出智能制造的概念，并指出智能制造的目的是通过集成知识工程，制造软件系统、机器视觉和机器控制，对制造技术人员的技能和专家知识进行建模，以使智能机器在没有人工干预的情况下进行小批量生产。

随着时代的发展和技术的进步，智能制造也不断被赋予新的意义，目标变得更加宏大。我国是制造业大国，制造业是国民经济的主体，当前我国制造业面临着提高生产制造效率、节能减排、产业结构调整的战略任务。《智能制造发展规划（2016—2020 年）》①指出："推进智能制造，能够有效缩短产品研制周期，提高生产效率和产品质量，降低运营成本和资源能源消耗，加快发展智能制造，对于提高制造业供给结构的适应性和灵活性、培育经济增长新动能都具有十分重要的意义。"制造业从传统模式向数字化、网络化、智能化转变，从粗放型向质量效益型转变，从高污染、高能耗向绿色制造转变，从生产型向"生产 + 服务"型转变。在此转变过程中，智能制造是重要手段。

智能制造较为普适的定义是："面向产品的全生命周期，以新一代信息技术为基础，以制造系统为载体，在其关键环节或过程，具有一定自主感知、学习、分析、决策、通信与协调控制能力，能动态适应制造环境的变化，从而实现某些优化目标。"②

---

① 地址为 http://www.gov.cn/xinwen/2016-12/08/content_5145162.htm。
② 定义来自国家制造强国建设战略咨询委员会所著《智能制造》一书。

上述定义对智能制造提出了明确的目标和期望——高效率、低成本和高质量，并对其实现路径提出了方法论的指导。强调自主感知，通过万物互联，连接一切可数字化的事物，利用数据和算法获得智能。智能制造不仅要采用新型制造技术和装备，还要将快速发展的信息通信技术渗透到工厂，在制造领域构建信息物理系统（Cyber Physical System，CPS），改变制造业的生产组织方式和人际关系，带来研发制造方式和商业模式的创新转变。

工业4.0是基于工业发展的不同阶段做出的划分。按照目前的共识，工业1.0是蒸汽机时代，工业2.0是电气化时代，工业3.0是信息化时代，工业4.0是利用信息技术促进产业变革的时代，也就是智能化时代。这个概念最早由德国政府提出，并在2013年的汉诺威工业博览会上正式推出。随着新一轮技术浪潮的到来以及国际科技竞争日益加剧，作为工业化强国，德国敏锐地感觉到新机遇、新挑战，为此及时制定并推进产业发展创新战略，其目的是提高德国工业的竞争力，在新一轮工业革命中占领先机。

工业4.0自推出以后，迅速在全球范围内引发了新一轮的工业转型竞赛。德国学术界和产业界认为，工业4.0概念是以智能制造为主导的第四次工业革命，旨在通过信息通信技术和信息物理系统相结合的手段，推动制造业向智能化转型。

德国主要从以下几个方面采取措施，推进工业4.0。

- 建立指导框架，2013年以来，德国陆续出台了一系列指导性规划框架，如《数字化行动议程（2014—2017）》《高技术战略2025》，支持工业领域新一代革命性技术的研发与创新。

- 推进数字化进程，数字化是实现工业4.0的基础条件，通过嵌入式处理器、传感器和通信模块，把各要素联系在一起，使得产品和不同的生产设备能够互联互通并交换信息，未来智能工厂能够自行优化并控制生产过程。工业4.0还将进一步实现工厂、消费者、产品信息数据的互联，从而重构整个社会的生产方式。它的本质是以万物互联为基础，通过物联网和互联网等相关技术，将传统工厂关注的制造环节向前端设计环节以及后端服务环节不断延伸。

- 打造标准，把不同产业领域以及环节之间的隔阂打通，实现关键术语、规格标准等语义统一化和标准化。正是通过标准的推广和应用，技术创新得以迅速扩散，并提升生产力。此外，还包括完善人才培养，强化创新合作等。

为了更广泛地指导不同行业开展工业4.0实践，2015年德国提出了工业4.0参考架构模型（Reference Architecture Model Industrie 4.0，RAMI 4.0）⊖，对工业4.0理念进行了进一步的明确和阐述。RAMI 4.0采用三维模型表达工业4.0的空间，从3个维度进行描述，每个维度均不同程度地对已有工业标准体系进行了扩展和延伸，如图1-1所示。

⊖ 地址为 https://www.plattform-i40.de/PI40/Redaktion/EN/Downloads/Publikation/rami40-an-introduction.html。

图 1-1 工业 4.0 参考架构模型（经德国工业 4.0 组织授权引用）

第一个维度（横轴）功能层，参考了 IEC 62264 企业信息集成标准。该标准定义了由现场设备到运营管理系统的层级划分，界定了企业控制系统、管理系统等的集成化标准。RAMI 4.0 在其基础上，在底层增加了"产品"，在顶层增加了"跨企业互联"，由个体工厂拓展至连接世界，从而体现工业 4.0 针对产品服务和企业协同的要求，形成"产品–现场设备–控制与监控网络–车间–工厂–企业–跨企业互联"的完整链条。

第二个维度（横轴）为生命周期和价值链，参照 IEC 62890 标准体现的从虚拟原型到实物制造的产品全生命周期理念，描述了产品、机械装备和工厂的生命周期与增值过程紧密结合在一起的过程。

第三个维度（纵轴）是信息物理系统的核心功能，资产处于底层，可以是机器、设备、零部件及人等各种实体对象，连同其上层集成一起被用来对各种资产进行数字化的虚拟表达；通信层用于处理通信协议；信息层对数据进行分析处理；功能层是企业运营管理的集成化平台；业务层是指各类商业模式和业务流程，体现制造企业的各类业务活动。资产构成工业 4.0 基本单元（物理的/非物理的）的实体部分，RAMI 4.0 提出资产管理壳（Administrative Shell）的概念，每个实体资产在数字空间均有对应的管理壳（即数字映射），管理壳构成工业 4.0 基本单元的虚拟部分，实体通过管理壳接入工业 4.0 体系。

1.1.2 OT 与 IT 融合之路

长期以来，操作运营技术（Operation Technology，OT）和信息技术（Information Technology，IT）是相互隔离的，各自有着不同的目标，沿着不同的路径发展，彼此之间的鸿沟阻碍了工厂充分利用已掌握且尚未发掘的重要信息。关于 OT 与 IT 融合的争论一直不断，主要体现在两个方面：一是围绕概念，要求澄清 OT 和 IT 的概念、界线；二是在公司组织和规划实施层面，由哪个部门组织牵头，在多大范围内实施融合，预期产生什么收益。

维基百科对 OT 的定义如下：专门用于直接监控或控制物理设备（诸如阀门、泵等）来检测物理过程，或使物理过程发生变化的硬件和软件。例如现场控制、检测相关的技术，包括可编程逻辑控制器（Programmable Logic Controller，PLC）、分布式控制系统（Distributed Control System，DCS）、数据采集与监控系统（Supervisory Control And Data Acquisition，SCADA），以及各种仪器仪表、传感器、机器设备等，也包括背后隐含的生产过程、生产工艺与知识。OT 直接面对工业生产的物理设备和过程，保证其安全、稳定地运行，首要目标是保质保量完成产品生产，长期以来采用专用的系统、网络和软件。从这个意义上，与 IT 相比，OT 的开放性和标准化有待改善和提升。IT 主要指用于管理和处理信息所采用的各种技术，它应用计算机科学和通信技术来设计、开发、安装和实施信息系统及应用软件。IT 代表了计算机业，例如计算、存储、网络、云计算、数据库等，像企业资源计划系统（Enterprise Resource Planning，ERP）、产品生命周期管理系统（Product Lifecycle Management，PLM）、客户关系管理系统（Customer Relationship Management，CRM）、供应链管理系统（Supply Chain Management，SCM）等常用的企业运营管理系统，均属于 IT 范畴。图 1-2 列举了常见的 OT 与 IT[○]。

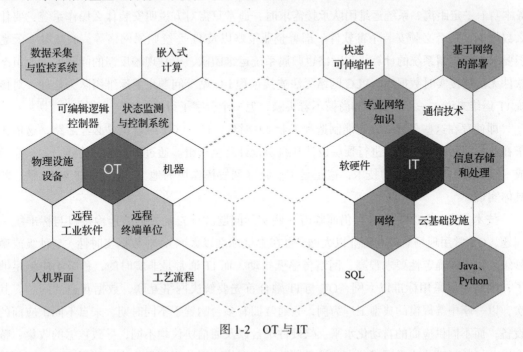

图 1-2　OT 与 IT

[○] 图片来自 https://inductiveautomation.com/resources/article/iiot-combining-the-best-of-ot-and-it，经 inductive automation 公司授权使用。

界定完概念，再来看公司组织、规划、实施层面，即在多大范围内实施融合，预期产生什么收益。对效率、质量与成本等方面的关注，倒逼企业开始升级改造，企业IT运营管理系统对于现场工艺过程数据和设备运行数据有着强烈的需求，制造系统进行信息化升级，OT和IT由分开的两条路径逐渐走向融合。OT和IT融合并非易事，OT和IT在企业中完全是两拨人，彼此的知识面、看待问题的思维差别很大。OT人员偏好PLC、DCS、SCADA、HMI、RTU、数据采集以及嵌入式计算技术，而IT人员擅长互联网技术，非常熟悉快速扩展网络规模、云计算基础架构、基于Web的部署和诸如SQL、Java、大数据等技术。

举个例子，OT部门收到IT部门的通知，将升级网络并在工厂中实现全新的网络安全措施，OT部门需要配合其工作。当IT人员看到现场设备上装了Windows XP系统，并且还要继续使用两三年，他们会觉得不可思议并建议立即对系统进行升级，而OT部门表示这台设备不能升级，因为设备上安装了软件许可证，并且软件不支持新的操作系统。

OT技术发展相对缓慢，更强调稳定性与可靠性，对于运行中的系统，OT人员倾向于系统保持更长时间不做变更。而IT专注于数字环境，主要考虑数据处理速度、系统可靠性和安全性等问题，IT必须接受快速创新和变革，以跟上技术的不断发展。

再举个例子，IT部门有专门的系统运维团队，在企业里属于基础设施支撑团队，离业务本身有一定距离，系统运维团队承接需求时，通常只需对方说明安装什么操作系统，要什么数据库，是否必须安装杀毒软件、部署企业策略以及IT系统归属网络等。突然某一天老板要求生产控制系统的计算机和网络也归属系统运维团队，于是现场反馈的问题如工业组态软件无法连接实时数据库、PLC网络无法连接远程I/O站等问题也要运维团队去处理。对传统IT运维来说，一下子丈二和尚摸不着头脑，怎一个苦字了得。

即使存在这些差异，在智能制造和工业4.0时代，IT与OT融合也是必经之路，这依赖于在业务层面和技术层面进行顶层设计和组织设计乃至重组。通过提升各自的能力，从而形成一种真正具有颠覆性的技术，这正是工业物联网发挥作用的地方，它是OT与IT融合的具体实现。

技术方面，OT与IT融合仍面临着一些实际问题。首先是数据的传输接口与标准统一问题，OT常用现场总线和工业以太网（也在尝试标准以太网），对数据实时性（毫秒级或微秒级）和传输确定性要求很高，网络传输低抖动，而IT通常是非实时的，秒级响应就足够了，网络主要采用标准以太网，OT与IT融合首先要解决网络互联、数据互通的问题。其次，以一座中等规模的典型工厂为例，它通常拥有多台购置于不同时期、来自不同供应商的设备，而不同供应商的自动化水平、软硬件平台以及通信协议均不同，导致数据的收集、整合以及场景标准化非常困难，有些设备制造商甚至将数据分析洞见作为增值服务，工厂须付费才可使用，这进一步阻碍了数据的获取。

除了差异性之外，出于工艺保密性以及安全隔离性方面的考虑，很多OT系统在设计时并未考虑对数据开放，有些制造现场在没有IT系统参与时也运营得很好，迫切性并非想象的那么高，此时需要综合考虑经济性和企业长远战略，只有对数据驱动的价值有了充分认识，才能下决心推动OT与IT融合。

1.1.3 企业数字化转型

企业数字化转型是一个更大的议题，新冠疫情加速了社会数字化的进程。什么是数字化转型？有些人认为把线下活动通过互联网搬到线上，就是数字化转型了。这个认知过于粗浅。有些人将数字化转型理解为一种管理理念和数字化意识。这样说虽然没错，但比较抽象。

数字化转型是指利用现代技术和通信手段，改变企业为客户创造价值的方式。它将数字化技术融入企业产品、服务和流程当中，涉及核心业务流程、员工以及与上下游供应商合作伙伴交流方式的变革。

数字化转型至少有3个层次。一是信息的数字化，例如模拟信号到数字信号的转换，从手工记账变为Word文档，本质上是将信息以二进制数字化的形式进行读写、存储和传递。二是数字化提升流程效率或流程数字化，例如企业资源计划系统、客户关系管理系统、供应链管理系统和仓库管理系统等都是将工作流程进行数字化，从而提升工作协同效率、资源利用效率，为企业创造信息化价值。在这两个阶段，企业业务模式可能未发生根本性变化，例如一个汽车制造企业，它虽然实现了信息化，但仍然以销售汽车为主。三是数字化转型，着力于实现"业务的数字化"，使公司获得新的商业模式和核心竞争力。例如借助数字化技术，汽车销售商可能变为以汽车为载体的出行服务商。大型工程机械企业为寻求新的利润增长点，提供装备租赁服务，利用工业物联网远程实时监控装备的运行状况和位置，确保租赁服务模式安全有效。在此之前，企业需要投入大量人力管理租赁设备。

进行数字化转型的原因是多方面的，这其中有来自市场、监管的压力等。市场瞬息万变，包括已经存在的或即将到来的压力，企业为应对这种变化和竞争，需要不断提升内部流程效率、加速产品创新并提供增值服务，形成持续竞争力。对于研发制造企业，虽然数字化转型以数字化技术为支撑，但数字化技术本身不是目标，它的本质是业务转型，而业务转型须以企业战略为主导，是战略主导下的业务变革。数字化转型应以客户需求为指引，以组织变革、流程优化、人员能力为保障，由企业文化和环境机遇来促成。它是数据驱动、智能助力的研发、生产、运营和服务改善，是OT和IT的融合，是数字化、网络化、智能化等数字化技术的应用。互联网、物联网、大数据、云计算、人工智能、5G通信等，均属于数字化技术。图1-3反映了这种层级关系。

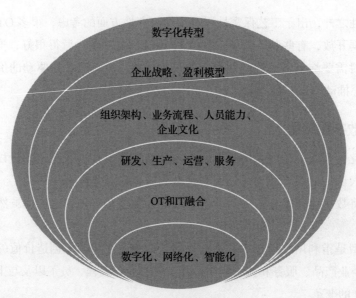

图1-3　数字化转型体系

2020年8月，国务院国有资产监督管理委员会正式印发《关于加快推进国有企业数字化转型工作的通知》[1]，明确国有企业数字化转型的基础、方向、重点和举措，促进国有企业数字化、网络化、智能化发展，增强竞争力、创新力、控制力、影响力、抗风险能力，提升产业基础能力和产业链现代化水平，推动数字经济和实体经济融合发展。国有企业应将数字化转型作为改造、提升传统动能，培育、发展新动能的重要手段，进一步强化数据驱动、集成创新、合作共赢等数字化转型理念，同时加快推进产业数字化创新，实现产品创新数字化、生产运营制造化、用户服务敏捷化以及产业体系生态化。

美国工业互联网联盟（Industrial Internet Consortium，IIC）在2020年首次发布的《工业数字化转型白皮书》[2]中，针对工业领域，提出工业数字化转型的定义：工业数字化转型是利用物联网改进流程及运营并获得更好的结果，其特点在于IT与OT的融合。在工业数字化转型中，基于传感器的数据以及由数据驱动的创新性应用，将影响人员、运营、业务以及物理环境，并创造更好的商业成效。《重构：数字化转型的逻辑》一书提出了数字化转型的本质在于数据+算法定义的世界中，以数据的自动流动化解复杂系统的不确定性，优化资源配置效率，构建企业新型竞争优势。

梳理一下其中的脉络，数字化转型将改变企业为客户创造价值的方式，数字化技术将降低业务转型或发展的阻力。智能制造和工业4.0是面向工业的数字化转型战略，要求OT与IT紧密融合，而工业物联网是智能制造和工业4.0的重要使能技术和关键实现路径。

---

[1] 地址为http://www.sasac.gov.cn/n2588020/n2588072/n2591148/n2591150/c15517908/content.html。

[2] 地址为https://www.iiconsortium.org/pdf/Digital_Transformation_in_Industry_Whitepaper_2020-07-23.pdf。

1.2 工业物联网的内涵与本质

对于工业物联网，目前国内外产业机构或标准化组织并无统一定义。根据工业物联网的发展脉络及笔者对工业领域应用的理解和研究，本书尝试给出工业物联网的定义：

"面向工业数字化、网络化、智能化需求，以OT和IT融合为核心，在研发设计、生产制造、运营管理以及服务运维等关键环节，通过自主感知数据采集、学习、分析和决策闭环，支撑工业资源泛在连接、弹性供给、高效配置，从而构建服务驱动型的新工业生态体系。"

1.2.1 工业物联网的支撑体系

工业物联网的作用或者说价值，依赖于一个完整的支撑体系，包括传感器感知、泛在网络连接、边缘计算、云计算、工业数据建模、大数据分析、人工智能以及工业自动化等。请注意，这里讲的是支撑体系，这些要素帮助工业物联网搭建框架，输出解决方案并形成闭环，工业物联网和其中某些要素并非包含关系。例如，工业自动化显然是一个非常成熟的领域，它和工业物联网有着密切的关系，在工业物联网项目实施的过程中，有时高度依赖工厂的自动化水平，因为自动化程度高，则信息化水平高，例如从自动化装备中可以获取生产过程数据和工艺数据，所以自动化装备的数字化改造，很多时候是工业物联网的切入点。

近年来得益于云计算、大数据和人工智能技术的加持，工业物联网进入了新阶段。数据计算、存储及网络成本大大降低，而数据分析能力却大大增强，分析手段变得更加丰富。例如，基于云原生架构搭建的工业物联网平台，能够以相对标准的方式部署于各大公有云以及私有云，极大降低了系统的部署成本和迁移成本，也让解决方案商能够专注于价值创造，聚焦于利用工业Know-How知识解决问题，而不必受困于IT基础设施。大数据和人工智能为工业海量数据分析提供了新的动能，再多的数据也有能力及时分析、处理。在工业系统机理模型之外，利用回归、聚类、分类、异常检测等机器学习方法，建立数据模型，实现设备故障诊断和生产质量分析。人们逐渐意识到由数据驱动催生的新商业模式所带来的巨大价值，机理模型和数据模型的结合与碰撞为化解复杂系统的不确定性、发掘洞见、企业决策提供强有力的数据支撑和引擎动力。图1-4所示为工业物联网支撑体系。

1.2.2 工业物联网与工业互联网的关系

提到工业物联网，大家会将其和工业互联网进行比较，那么它们之间的关系是什么呢？工业互联网的概念最早由GE公司于2012年提出，GE又在2014年联合多家行业龙头企业成立了工业互联网联盟（IIC）。无论是GE还是IIC，它们都认为工业互联网等同于工业物联网，二者是同一个东西，而且为了具象化，更多时候使用工业物联网这个术语。例如，GE Digital 在官网关于工业物联网的描述中提出⊖，工业物联网，也称为工业互联网，它将关键资产、高级预测分析以及现代产业工人联系在一起。

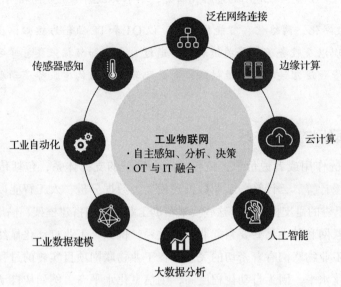

图 1-4 工业物联网支撑体系

" The Industrial Internet of Things (IIoT), also known as the Industrial Internet, brings together critical assets, advanced predictive and prescriptive analytics, and modern industrial workers."

IIC 官方描述中，对于工业互联网联盟自身的定位⊖，在于加速工业物联网 IIoT 应用以推动企业和社会数字化转型，以此带来收益。联盟的使命在于提供可信赖的 IIoT，使得全球范围内的系统和设备能够安全的连接和控制以创造转型价值。

" The Industrial Internet Consortium is the world's leading organization transforming business and society by accelerating the Industrial Internet of Things. Our mission is to deliver a trustworthy IIoT in which the world's systems and devices are securely connected and controlled to deliver transformational outcomes."

西门子官方对旗下工业物联网平台 MindSphere 的介绍⊖，指出 MindSphere 通过高级分析和人工智能，赋予物联网从边缘到云端，通过连接产品、工厂、系统以获得更好质量的产品以及创造新的商业模式。

⊖ 地址为 https://www.ge.com/digital/blog/what-industrial-internet-things-iiot。
⊖ 地址为 https://www.iiconsortium.org/pdf/IIC-one-pager-2020-06-18.pdf。
⊖ 地址为 https://siemens.mindsphere.io/en。

"MindSphere® is the leading industrial IoT as a service solution. Using advanced analytics and AI, MindSphere powers IoT solutions from the edge to the cloud with data from connected products, plants and systems to optimize operations, create better quality products and deploy new business models."

工业物联网要打通 OT 和 IT，它的数据源必然多样，虽然工业物联网的场景有比较强的物联网属性，但这不代表它只需要物联网的数据。在国内，工业互联网与 5G 基站建设、特高压、城际高速铁路和城市轨道交通、新能源汽车充电桩、大数据中心、人工智能一起，成为数字新基建的七大领域，工业互联网进入蓬勃发展期，无论是政府、学术界还是企业界，甚至资本方，都对工业互联网寄予厚望，期待工业互联网成为工业高质量发展的重要引擎。

2016 年 2 月，在工业和信息化部的指导下，由工业、信息通信业、互联网等领域百余家单位共同发起并成立工业互联网产业联盟⊖，先后从工业互联网顶层设计、技术研发、标准研制、测试床、产业实践、国际合作等多方面开展工作，发布了工业互联网白皮书、工业互联网平台、测试床、优秀应用案例等系列成果，广泛参与国内外大型工业互联网相关活动，为政府决策、产业发展提供支持。

国内企业界和学术界对于工业互联网有独到的见解，应该说，工业互联网在国内的应用范围，比 IIC 所定义的范围要广。范围更广的好处在于在我国当前急需工业强基及智能制造的大背景下，它能够以巨大的技术适应性和概念包容性，形成一种凝聚力和势能，引领数字化转型，同时从顶层设计的角度，高屋建瓴地思考整个体系架构。与此同时，这也带来弊端，正因为范围大，工业互联网市场鱼龙混杂，很多企业打着工业互联网的旗号，兜售完全不能增值的方案，什么产品都往工业互联网这个概念上面靠，边界定义不清晰，碰瓷的企业和人员大有人在，违背了产业界和政策制定者的初衷。有些企业和专家学者混淆了"支撑要素"和"包含要素"的区别，正如前面举的例子，工业自动化是工业物联网的支撑要素，而不是包含要素，有些人却把工业自动化、传统工业软件等这些积累了几十年乃至上百年的技术，都归功于工业互联网的创新或者归为其包含要素，在发布工业互联网趋势、市场份额预测时，把这些领域的数字大包特包，这势必会遭到相关领域从业者的反对和质疑。

1.2.3 高效率、低成本与高质量

工业物联网实现 OT 与 IT 融合，从源头自主感知数据采集开始，到学习、分析、决策和执行闭环，借助其支撑体系的各要素，例如通信技术，实现更广泛的网络互联、数据互通，边缘计算实现数据的本地化即时处理，云计算提供按需使用的 IT 基础设施，大数据提

⊖ 工业互联网产业联盟官网地址为 http://www.aii-alliance.org/index/c10.html。

供实时和离线数据分析能力，工业机理模型和数据模型为数据分析提供理论依据和方法，整个工业物联网以此形成数据的无障碍流动，包括数据的生产、加工、使用。以前讲企业信息化整体规划，现在讲企业数字化转型、智能化生产运营，OT 与 IT 融合，本质上在于企业全流程过程中如何在各个环节获取数据，如何打通各个环节形成数据的流动，如何通过数据发现设备异常、排产交付异常、成本异常、质量异常、供应链异常，进而从战略层面进行市场经营分析、财务运营分析、产品研发分析、生产执行分析、设备能力分析等，形成决策，通过数据驱动创造价值。什么是价值？或者更具体一些，哪些是最急迫、企业最关心的价值？无疑是持续的高效率、低成本以及高质量。

如何持续提高效率，例如提升设备效率、人员效率，优化资源配置效率；如何降低生产制造成本、运营管理成本；如何不断改善产品质量，降低不良率，以此减少返工和浪费，如何提高企业竞争力和市场形象；如何增加订单并缩短产品交期，使产品更快地流向市场，对于中小企业，解决订单的有无和及时交付问题甚至事关生死存亡。上述要点，是企业一直在思考和改善的问题，不同的方法和优秀的方案也不断出现并被践行。

对于企业而言，工业物联网是其手段之一，传统公司业绩下滑的原因有很多，不能仅靠一种手段来扭转困局，企业会尝试各种不同的手段。工业物联网这种手段的不同之处在于，它通过自主感知、OT 打通来获取新的数据，新数据具有实时、真实且不依赖于人主观能动性的特点。旧的数据经过重新包装，在新的信息系统里呈现，这是很多数字化项目的通病，需要注意。工业物联网能够帮助企业获取和分析数据，将从中提取的洞见转化为行动来解决问题，加速决策制定流程。

工业物联网有两层含义：一是在企业内部实现工业设备（生产设备、物流装备、质量检验、能源计量、车辆等）、业务流程、信息系统、企业的产品和服务、人员之间的互联，实现企业 OT 与 IT 互联，实现从车间到决策层的纵向互联；二是实现企业上下游（供应商、经销商、客户、合作伙伴）之间的横向互联，从产品全生命周期的维度，实现产品从设计、生产制造、服役、到报废、回收、再利用整个生命周期的互联。很多初期的工业物联网应用以工业设备资产管理为起点，解决自动化设备线上化管理、透明化运营和效能提升的需求，并以设备为轴，关联使用设备的人员效能，逐步打通设备产能和产品质量，通过数据的汇聚合力，在更高层面形成新的决策洞察，这一点是传统方式所不及的。工业物联网是企业立足长远，实现效益优化和升级的必由之路，这就涉及企业战略层面。

战略代表着企业发展方向，企业应如何竞争与发展，在制定战略和行动时，需要厘清集团业务分类（需要获取哪些数据）、团队具备哪些能力（组织支持）、政策和举措。在当前产业升级的大背景下，对企业而言，数字化转型的收益是不确定的，而不转型的风险是确定的。数字化转型的动力要从效率、成本、质量、交期价值里去找，有的时候，动机来自市场、竞争对手的压力，而非企业自身，是不得不变化。

将上述几点汇总一下,当回归业务本质并按需驱动时,可将企业的诉求归属于 5 个维度:降本增效、质量与安全(风险控制)、运营常态化需求、企业战略以及提高收入,如图 1-5 所示。对工业物联网而言,应该看当前要解决哪个维度的问题,并评估是否有能力解决。对于企业内部,工业物联网通常不直接创造收入,它主要在其他 4 个维度发挥作用,只有当企业走出去,将工业物联网解决方案对外输出,提供数字化服务时,它才会为企业带来营收。对于那些从创立开始,市场定位即为物联网方案提供商的企业,它们通过为客户提供方案以获得收入,而它们的客户是否买单,则通过其他 4 个维度来衡量,以此得出投入产出比。工业物联网应用回归业务本质,就在于从上述 5 个维度中找到价值落脚点。

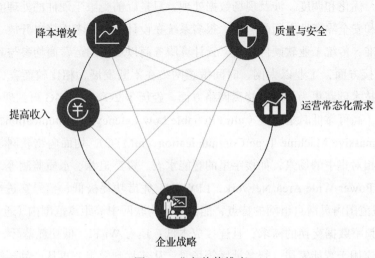

图 1-5　业务价值维度

1.3　工业物联网产业现状

工业物联网应用范围广,产业链丰富,赛道参与方众多,企业如何布局并找准自身定位是非常重要的,以便建立核心竞争力。本节重点介绍工业物联网产业现状。

1.3.1　工业物联网赛道角力与布局

工业物联网是 OT 和 IT 的融合,参与方众多,意味着工业物联网赛道竞争激烈。工业物联网体系架构大致分为感知层、网络连接、平台层和应用层。以感知层为例,传感器是实现工业物联网中信息感知的首要环节,相当于人的五官,能快速准确地获取信息。随着智能制造及工业 4.0 概念的提出,全球传感器市场空间再度扩大。目前,全球传感器市场主要由美国、日本、德国的企业主导,我国传感器相关产业也在加大投入,提高国有传感器及仪器仪表的市场占有率。物联网应用场景差异较大,对传感器体积、功耗提出了新的要求,因此小型低功耗并且与芯片高度集成的传感器在一些工业场景中得到了广泛的应用。有些厂商通过新工艺技术将传感器和微处理器以及通信单元集成到单颗芯片中，使得传感器具备数据处理、自校准、自补偿、自诊断功能，与传统传感器相比，它在功耗、性价比、可靠性、精度（某些场景下）方面，有着显著的优势。

获取信息之后，就到了数据分析环节，如果对数据处理有实效性要求，并且对网络可靠性、安全性方面有额外要求，就需要边缘计算的支持。边缘计算是在靠近物或数据源头的网络边缘侧，融合网络、计算、存储和应用能力，就近提供智能边缘服务。对于工业而言，天然具备边缘计算的应用条件，例如工业自动化方面，DCS 和 SCADA 系统对工业过程进行监测、控制、优化和调度，涉及现场数据处理，只是以前受限于硬件的处理能力，以及出于工艺保密性和安全隔离性方面的考虑，很多系统在设计时并未考虑接口开放。目前边缘计算尚无统一标准，传统工业软硬件厂商、云计算服务商以及移动运营商均参与其中。

在网络连接方面，工业以太网、时间敏感网络在不断发展，相比较而言，无线通信领域的网络连接技术创新更为活跃。蜂窝网络方面，经历了 2G、3G、4G 再到现在的 5G。5G 的三大场景中，高可靠低时延连接（ultra Reliable Low Latency Communication，uRLLC）以及海量物联（massive Machine Type Communication，mMTC），均面向物联网。而在一些位置固定、密度相对集中的场景，如楼宇里的智能水表、资产追踪、水质监测等，低功耗广域网技术（Low Power Wide Area Network，LPWAN）凭借功耗极低、信号穿透性强（适应复杂环境）、局域范围内灵活自组网的特点，能够满足物联网中等距离范围内（通常 1～10 km 通信距离）低频率数据交换的需求，且连接成本低。还有 Wi-Fi、低功耗蓝牙、ZigBee 等短距通信技术，应用于智能家居、智慧社区等场景。从芯片到模组，再从产品到解决方案，每个细分领域不断有新技术和资本的投入。

工业物联网平台是工业物联网产业发展的制高点，同时也是工业物联网应用的支撑载体。工业物联网平台需要不断将各行业各领域的工业知识与经验沉淀为数字化模型，并以工业组件的形式供开发者调用，以快速构建面向工业场景的定制化应用。由于平台涉及生态和长远商业利益，因此这一领域的竞争是最激烈的。目前来看，可以大致归为三类。

一是根植于工业制造领域的巨头，包括传统制造企业、装备制造商，基于其在工业领域主营业务的积累、工业知识的沉淀，将技术积累和经验体系模型化、代码化和工具化，以此构建工业物联网平台。规模大的头部企业，均拥有或正在建立完整的工业物联网平台架构，如工程机械、电子信息、高端装备、电力、钢铁、轻工家电、建筑、船舶等行业，均致力于 OT 与 IT 融合，并细化应用场景。例如西门子 MindSphere、PTC 的 ThingWorx，国内华为、研华、树根互联、海尔、航天科工、徐工信息、工业富联等，纷纷推出各自的工业物联网平台，并发展生态合作伙伴。

二是信息通信巨头借助于云计算优势，积极发展工业物联网平台。互联网 IT 公司具备强大的基础设施支撑、丰富的大数据分析和 AI 能力、成熟的定价体系以及安全保障策略，形成了成熟的云计算服务模式，以云平台为基础，通过联合上下游企业，布局工业物联网。例如微软的 Azure、亚马逊 AWS，国内的互联网公司阿里巴巴、百度和腾讯都推出了物联网平台，用友、浪潮等传统企业运营管理系统厂商也纷纷布局。移动运营商也积极参与到这个赛道中，努力避免被管道化（单纯为互联网企业提供数据管道服务），例如中移物联网 OneNET。

前两类以行业巨头为主，第三类则是针对细分领域的中小企业。工业物联网的链条很长，任何一家公司都不可能在链条的每个环节做到极致和领先，需要依赖于生态合作伙伴，完成解决方案闭环。正因如此，在传感器、设备接入、工业自动化、测试与测量、通信、安全、工业大数据等环节，诞生了一些优秀的物联网企业，它们专注于自己专长的领域，长期深耕，产品不断迭代，从定制化走向标准化，并构建了自己的技术护城河。同时，基于客户的要求，它们也开发了一些轻量级的工业物联网平台，实现端到端的完整解决方案交付。平台并非它们的核心优势，更像是产品能力的延伸。这对中小客户比较有用。大企业有自己的 IT 团队，不太会用这些物联网企业的平台，通常只在概念验证阶段测试使用。但也有例外，如果物联网企业的有些功能比较实用，而且能很好地满足行业需要，如果从头开发费时费力，大企业可能会将它整合进来，以平台对平台的方式对接数据。

工业物联网涉及硬件、软件、网络以及平台等多方面的集成，体现了 OT 与 IT 的跨界融合。工业物联网的产业机构和标准化组织，也在致力于标准体系的建立，以加强工业物联网标准化工作顶层设计，如基础共性标准（术语定义）、网络标准（互联互通标准）、平台标准、安全标准、垂直行业应用标准等，标准的建立依赖于企业之间开展合作，优势互补，扩建工业物联网生态圈，这是一个长期持续的过程。

1.3.2 企业如何找准定位

工业物联网赛道催生出新的机遇，对于企业而言，如何找准定位，结合自身优势，以正确的姿态，驶入这条赛道，值得深思。1.3.1 节针对工业物联网平台竞争和布局，介绍了三类不同企业，现在切换一下视角，从业务方（客户）的角度，将赛道入局者划分为外部解决方案商和内部方案团队。于是有了 3 种不同角色，如图 1-6 所示。企业应重点考虑如何找准各自定位并有效创造价值。

对于业务方，需要先定义需求内容及其边界。对于长期复杂项目，应该有策略

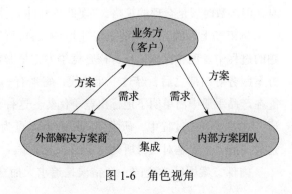

图 1-6 角色视角

地划分多个阶段。通过需求引导到价值，从业务痛点出发，对需求优先级进行排序。需求和目标明确之后，业务方需要找到合适的资源来实现。这时候有两个选择，一个是外部解决方案商，另一个是内部方案团队。读者可能会想，为什么不直接让内部方案团队设计实施，如果将公司的内部信息提供给供应商，由供应商来实施，则后面会涉及很多商务流程，是不是很麻烦？

这涉及三方面因素考量：从技术上，要考量内部团队是否已具备足够的能力，是否针对业务场景，有足够的研发人力和能力交付从硬件、软件、平台到系统的工业物联网解决方案；从商业上，要考量性价比，能做不代表一定要自己做，内部方案团队可能有自身的发展方向，而业务方的需求五花八门，如果不能形成标准化的产品和解决方案，每一个需求都是项目制交付，打游击战一样，对于内部方案团队长期成长是不利的，他们应该聚焦于主营业务场景，而将零散的项目委以外部，外部供应商也可以成为企业能力的延伸；从战略上，长期来看，如果研发并掌握这方面的能力，是否对企业具有战略性意义，是否能使公司在市场上持续保持竞争力。在战略高度上考量时，就不再是业务方主导选择，而是以高层决策为主。

对于内部方案团队，需求来了，该如何评估。虽然业务方具有选择权，尤其是当业务部门具有既精通业务又对技术有一定判断和把控能力的专业人员时，他们会认真慎重地做选择。很多时候，业务方会委托内部方案团队帮助他们评估需求和业务目标的可行性，此时内部方案团队扮演双重角色，既是研发，又是顾问。作为顾问，他们需要帮助业务方甄别需求的合理性，有时候甚至要找到背后深层的需求，包括但不限于行业调研和市场分析、评估技术可行性和实现难度、资源投入、时间周期，并与业务方就价值收益进行讨论与确认。在这个过程中，需要客观地分析优劣势，到底是自己干，还是找外部资源。

这并非总是非此即彼的选择，以工业物联网项目为例，对于大企业，可能平台需要自己建，上层应用需要自己开发，而平台的部分功能可以评估是否用第三方稳定且扩展性好的成熟组件。虽然物联网硬件可以优先寻求市面上成熟的产品（或者只需少量定制以完成场景适配，随后可快速交付），但物联网核心硬件产品，如果市面上一开始没有，且围绕行业场景经过深度定制打造，并具有很大的复制性，应考虑至少有一款产品是自己研发的。这并非绝对，但多数时候是合理的策略，"硬件+软件+算法"所建立的技术壁垒会更牢固些。

将市场上好的产品和技术快速地融入自己的方案，形成完整解决方案，在解决业务问题的过程中发现和提炼出自身核心竞争力，是非常重要的能力。所谓核心竞争力，就是你的方案服务好内部之后，经过不断迭代，将来有一天可以对外输出，在市场上直接参与竞争，能在产品手册中简单明了地标出竞争优势。这种优势，孵化于企业内部丰富的应用场景，在研究这些场景的过程中，研发团队以业务痛点为驱动，逐步形成解决方案并不断打磨产品，迭代功能，本质是对自身所处行业的深入理解。

内部方案团队常犯的一个错误是追求大而全，甚至自己"创造"需求，在工业物联网项目或其他数字化转型项目中经常发生这种情况。业务方想要A，我们做了A+B，甚至只做了B，A也不见了，因为觉得A没价值。有时候，我们对业务复杂性的了解有限，就会变得非常肤浅和盲目自信，觉得A应该很轻松就能实现，顺带应该把B和C都做了，如此考虑周全，结果是丢失了项目的边界。想着总体架构要设计好，将来的功能得好好规划，将来功能的每个业务指标也应该仔细理一理，兼容性怎么办，得琢磨琢磨，然后技术方案得有先进性，要不然不好宣传，于是越做越复杂。

工业物联网项目失败的原因主要有三点：一是产品研发不出来，大家失去耐心；二是产品虽然研发出来了却很不稳定，不好用，业务方不认可；三是研发出来的效果和想象的不一样，没有达到预期价值，甚至差距很大，试点完就没有后续了。规划项目时应拿出切实可行、可落地、兼顾效率、效果的实施方案，一步一个脚印，否则，不但得不到业务方的认可，还会造成巨大的浪费。

对于外部解决方案商，企业的收入来自为客户提供产品服务，客户不是为先进技术付费的，而是为新创造出的价值付费。工业物联网涉及的链条很长，重要的是做到极致和领先，有所不为才能有所为，聚焦并牢记自己的边界、核心能力和分工，注重合作共赢。在工业物联网赛道，很多解决方案商希望向用户推自己的平台，使用平台意味着黏性，但是单纯推广平台，效果可能并不好，平台只是技术栈中的一层，可以起到帮助提高效率、更快部署应用的作用，最终要部署的其实是应用场景（用例），通过平台将硬件、云、算法及用例连接起来。平台的重心，一方面在于不断提升平台通用化能力，夯实基础；另一方面则是不断丰富用例，例如能耗管理用例、故障预测与健康管理用例、OEE综合效能分析用例、资产管理用例、质量管理用例等。客户花钱买用例，而平台能够更快、更简单、更容易地部署这些用例。以生产制造环节为例，国内很多制造企业并未实现生产过程的数字化采集，自动化水平极低甚至没有，对这些企业而言，升级需要分步走，首先做自动化升级，然后才是信息化智能化改造。

1.4 工业物联网面临的挑战

工业物联网融合了物联网、大数据、云计算、人工智能等新一代信息技术，成为面向工业的综合性技术工具，其目标主要是帮助企业实现数字化、网络化和智能化，因此被寄予厚望，人们笃信未来工厂一定会实现整厂智能。尽管工业物联网备受关注，仍应清醒地看到，它的落地面临诸多挑战。在制造业、电力能源等行业特定领域，工业物联网证明了其巨大价值。与此同时，在很多应用场景中，工业物联网深陷试点困境，无法规模化应用。陷入试点困境的原因有很多，例如试点的商业价值难以证明，导致规模化成本居高不下；工业物联网涉及的技术范畴非常广，对于资源有限和能力欠缺的企业，显得过于复杂和技术难度大,难以实施;企业管理层目前只关注到短期降本增效等商业价值,缺少长远的数字化战略;缺少业务部门牵头的项目决策;缺乏生态圈内的合作伙伴等。

1.4.1 如何衡量价值

在工业物联网的开展和布局过程中,经常遇到的问题是"说不清、算不明"。甲方向乙方说不清楚自己想要什么,乙方向甲方说不清楚自己的方案和能力。甲方说不清在于战略不明确,目标和价值不清晰,也就不能很好地评估需要什么样的能力,当前组织已具备什么能力,组织能力和目标是否匹配。企业高层还不清楚要做什么,只知道要做工业物联网,觉得方向在那里,而中层、基层和高层脱节,不理解具体能做什么,应该做什么,实施路径怎样,难以落地高层的战略,其中脉络如图 1-7 所示。明确公司定位,未来在产业链的地位,与客户、合作伙伴、渠道、竞争对手的关系,厘清价值目标,梳理业务痛点,是首要关注的问题。

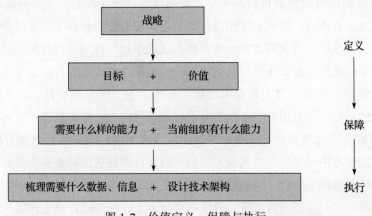

图 1-7 价值定义、保障与执行

乙方说不清在于面对甲方不同岗位(例如研发、生产、运营、高管)、不同专业(例如电气、机械、工艺、软件)、不同行业、不同产业链角色(例如设备制造商、设备服务商、设备使用企业)时,需要用不同的语言讲解工业物联网方案,如果方案涉及的内容太多,很难把方方面面都讲清楚和透彻。这样一来一往,双方便都搞不懂该怎么推进了。甲方希望乙方给出整体方案,告诉甲方应该做什么。除非是垂直行业具有较强复制性的细分场景,可以快速迁移之前的方案和经验,否则由于甲方已有系统的复杂性、业务的复杂性以及管理的复杂性,乙方很难给出整体建议。

算不明,主要是针对投入与回报,价值难以衡量或者难以直接量化时,将导致算不明投入与回报。工业物联网项目牵涉面广,通常回报周期比较长(并非绝对),而且需要数据的积累,在更大空间和时间跨度范围内,通过数据驱动发现问题并解决问题。为什么价值难以量化？原因在于价值的衡量标准过于单一，1.2.3 节提到 5 个价值维度——降本增效、质量与安全（风险控制）、运营常态化需求、企业战略能力和提高收入，除了降本增效和提高收入两个维度可直接换算成收益，其他价值维度的收益是间接的，有些能通过数字量化，从数字量化到收益之间还有一个转换比，有些则连近似量化也做不到，如果简单地以"收入/投入"来衡量，会削弱项目的价值体现。企业既要看直接收益，也要看间接收益。收益分为 4 种。

- 直接收益：降本增效，创造收入，提效虽然有时候也不等同于收益，但它一定是有价值的，可换算成收益。
- 间接收益：解决运营常态化需求，例如生产设备资产线上化管理，大规模的资产如果缺乏有效的线上化管理手段，对企业来说意味着巨大的管理风险；战略层面，例如提升了企业管理水平，依靠传统手段已无法进一步优化，可以通过引入新技术进行改革；产品质量提高了，客户满意度提升了，并进一步在资本市场得到正面反馈，股票上涨，这些都可纳入间接收益。
- 刚性收益：刚性收益来自必须要达成的、不计成本的投入，例如围绕公共安全，降低重大安全事故，法律法规强制性要求等。不存在投不投入的问题，只有投入后是否获取刚性收益的评价问题。
- 转换收益：转换收益指的是把项目单独拎出来，它虽然不直接产生收益，但是把它放到更大的战略和规划里，它辅助实现了整体收益，将整体收益的一部分计入该项目中，称为转换收益。例如 SCADA 系统完成自动化设备的整场监视和控制，保障自动化生产，虽然 SCADA 本身的收益不好量化，但整体收益来自推行自动化装备后效率的大幅提升和人力成本的降低。

我们应该全面衡量价值和收益，既着眼当前，又预估未来。现阶段很多企业实施工业物联网，第一步是解决运营管理问题和设备资产绩效管理的问题，目标明确。这一步实现之后，接下来它们思考如何更进一步，比如将设备与人员、与业务打通，这是更高的一个层次。短期内打通信息孤岛，可能比较难给企业带来立竿见影的效果和产出，企业需要利用这些数据，挖掘数据价值，运行一段时间后，才逐步将它的价值释放出来。这需要耐心，而且也很考验决策层的智慧，他们要非常清晰地看到，哪些是公司未来真正的技术并持续投资，哪些是噱头需要舍弃。

无论是业务方、外部解决方案商，还是内部方案团队，要避免只谈投资不谈回报、只谈技术不谈业务、只谈软硬件不谈组织支撑。

1.4.2　做看板还是决策建议系统

提到数字化，很多人的第一反应是先做数据采集，然后做几个图表展示，最多加一些简单分析，业务方能够看到漂亮的曲线和走势，于是大功告成。回看1.2节对于工业物联网的定义，会知道这种程度的认知比较肤浅，而且缺乏对价值的深刻思考。

一些工业物联网项目或者数字化转型示范项目，最喜欢展示一个大看板，看板越大越好，上面排满各种图表曲线，深蓝色或黑色的背景，看上去信息丰富，排布紧凑，对内对外也有宣传的效果，能够传播和扩大影响力。看板是必要的，一些宏观指标在看板上呈现，可以帮助企业了解整体情况。单纯的看板信息很难用于指导行动，当发现指标异常时，它最多只能告诉你出现异常了。而工业物联网最需要做的事情，是在发现异常之后找到原因并解决问题。

举个例子，如果应用系统提供一堆图表，显示每台设备一天之内每小时的利用率和OEE曲线、过去一个月每天的利用率和OEE曲线、过去一年每月的利用率和OEE曲线、设备一天之内每小时的能耗分布、过去一个月每天的能耗分布、过去一年每月的能耗分布。现场值班人员和管理人员看了这些图表之后，有可能发现某些问题，更有可能什么都看不出来，时间长了，慢慢地也就不看了。如果应用系统在提供图表之外，给出如下诊断建议，那么情况可能就不同了。

"2#设备在过去一个月内，OEE下降15%，超出预警线，建议检查排产的合理性以及设备的可用性是否正常。"

"3#设备本月业务量增幅3%，但耗电量增加22%，建议检查车间节能管理措施是否执行到位或设备能耗是否异常。"

对比图表单纯的信息呈现，这种有针对性的诊断意见显然更实用。信息不在多，而在于是否能发现问题并辅助决策，是否能转换为下一步可执行的动作。无论是研发设计、生产制造、运营管理或者运维服务的各个环节，应该努力给对应角色输出决策建议，并不断提高决策建议的准确性。

1.4.3　既懂业务又懂技术

工业物联网形成产品和方案，要能够解决工业场景的问题，这要求理解业务场景，掌握OT和IT，简而言之，需要既懂业务又懂技术。这不是说要把责任集中于一个人身上，而是对整个团队提出的要求。如果团队拥有跨领域知识的综合性人才，这是非常难得的，意味着这个人对自动化、互联网、企业信息化管理和大数据分析等方面有着深厚的积累和深刻的见解。

举一个例子，"互联网+"概念诞生之初的几年曾出现一个非常神奇的现象，一些从来没有开过工厂的人，在讲台上教制造业从业者怎么开展制造业数字化转型，大谈技术颠覆创新，让台下的人听得一愣一愣的。脱离业务谈技术，犯了本末倒置的错误。于是工业界有些专家学者提出，我们应该对工业有敬畏之心，不在现场就不要做工业物联网。工业领域的知识即行业 Know-How，构建于长期的实践和积累，只有对研发设计原则、生产制造过程、运营管理现状有充分的理解并浸泡其中，才有可能提出问题。然而现实中有多少项目团队做到了浸泡其中呢，坐在办公室吹着空调，想象着研究问题，比在现场听着设备的轰鸣声，要舒服得多，走马观花式的调研，看不到业务的复杂性，然后草率地制定行动方案。提出问题是关键一步，接下来的修正和改善行动，需要充分考虑到已有的体系结构，并熟悉业务流程，避免牵一发而动全身所引出的新问题。唯有此，我们才能真正去触及高效率、低成本与高质量目标。

工业物联网是技术创新，更是应用创新，仅靠顶层数字化技术优势只会停留在技术层面，无法打破工业各垂直细分领域的"潜规则"，必须深入探寻业务场景本质需求。相比于互联网商业场景，物联网工业场景存在巨大差异，Know-How 仍然在工业本身，工业领域每个垂直行业都累积了工程师们多年的宝贵经验。相对于各种酷炫的算法和创新技术，工业更加关心稳定、可靠、成熟的落地案例及获得的收益。

在工业物联网赛道上，传统工业企业与 IT 互联网公司，谁更有能力提供融合解决方案？其实，二者在相互学习，OT 厂商在积极地借助 IT 帮助自己实现优化，以往 OT 软件存在单体软件部署、升级、版本管理烦琐以及需求变更停产停线的痛点问题，非常依赖现场工程团队，各种软件重装、测试、诊断，直到恢复正常，需要耗费大量的人力和时间。而 IT 软件的开发、测试、发布到部署流程非常完善，并实现了自动化流水线，DevOps 理念也深入人心，这方面 OT 需要向 IT 学习并借鉴。而驶入行业赛道的 IT 互联网公司，也招揽了大量行业的技术专家，来克服自身在行业 Know-How 方面的短板。看似起点不同，最后殊途同归——既懂业务又懂技术。

1.4.4 技术链路过长

工业物联网的另一个挑战在于技术范畴非常广，由于同时涉及 OT 和 IT，因此需要组织有效的人才支撑。近几年，针对全球多个行业的企业级工业物联网决策者，多个调研机构进行了不同程度的在线调查，调查数据显示工业物联网在企业的应用持续增长，同时让他们回顾工业物联网项目实施过程中遇到的挑战，其中一条便是解决方案在技术上过于复杂，缺乏技术知识、缺乏人才资源，难以有效推动实施。比如工业物联网项目中，硬件依然非常重要，在消费领域，纯数字驱动的商业模式也许是可行的，而在工业领域则不行，因为一定要关注硬件运行所带来的影响，而这需要行业知识。

对于工业现场数据采集，如何从多源异构的硬件和系统中获取数据，本身就是非常耗时耗力的事，工厂内的网络互联数据互通，工厂外的无线通信可靠性和信号覆盖能力，物联网设备的续航也是挑战，建平台还是直接开发前后端应用，长远规划就离不开平台，而平台的功能，设备接入、设备管理、大数据分析、工业数据建模、工业 APP 模板、应用开发等模块，都涉及大量的开发工作，而且不仅要规划得当，还要防止一不小心掉入追求技术完美的陷阱。

我们应该理性客观地意识到工业物联网并非一蹴而就，它其实是由"点"到"线"，再由"线"到"面"开展落地应用。有些企业通过自身的摸索，将工业物联网落地划分为3个阶段：信息感知采集和数据互联互通阶段、数据应用阶段、服务模式创新阶段。这3个阶段没有严格的先后顺序，只是有了前面阶段的基础，后面阶段的目标实现起来会更容易，因为基础更扎实了。

对于搭建平台，企业不应盲目跟风，工业物联网平台的基础是否扎实，是否能持续繁荣，一方面在于平台通用化能力不断提升，夯实基础，另一方面平台上沉淀持续供血能力的应用同样关键。平台建不建、如何建，是需要谨慎思考的问题。

1.5 本章小结

本章介绍了工业物联网发展的相关背景，对智能制造、工业4.0、OT和IT融合以及企业数字化转型等与工业物联网联系紧密的理念和现状进行了阐述。工业物联网是重要使能技术，需要定义清楚它的内涵与本质，需要围绕价值确定其边界和目标。虽然工业物联网的赛道竞争同样非常激烈，但它不像互联网那样高度集中，在各个垂直行业都有机会，企业应该找准自身定位，既做好顶层规划，同时在落地时聚焦具体的业务场景。工业物联网展示了它巨大的价值和魅力，同时也要看到目前面临的挑战，理性客观地将它作为长期战略推行下去。尽管有些挑战，但是工业物联网在行业的应用实践在不断扩大，智能制造、工业4.0的愿景，在短期内可能面临各种纠结和挑战，但长期坚决看好。工业物联网——未来已来！

第 2 章

工业物联网体系架构

回顾第 1 章关于工业物联网的定义：面向工业数字化、网络化、智能化需求，以 OT 和 IT 融合为核心，在研发设计、生产制造、运营管理以及服务运维等关键环节，通过自主感知数据采集、学习、分析和决策闭环，支撑工业资源泛在连接、弹性供给、高效配置，从而构建服务驱动型的新工业生态体系。工业物联网作为 OT 与 IT 融合的具体实现，智能制造和工业 4.0 的重要使能技术和关键实现路径，需要完整的体系架构支撑，以实现上述目标。本章将介绍工业物联网体系架构的发展过程，从工业物联网感知、边缘计算、网络连接、平台再到应用，探讨工业物联网体系构建过程中的效率和投入问题，并对工业物联网技术发展趋势进行分析。

本章目标

- 了解工业物联网体系架构的发展过程。
- 深入理解工业物联网体系架构。
- 建立工业物联网整体框架思想。
- 从用户角度客观看待平台的作用和效率。
- 了解工业物联网能力建设投入。
- 探讨工业物联网技术发展趋势。

关键术语

工业物联网感知、边缘计算、网络连接、工业物联网平台、工业物联网应用、平台效率、泛在连接、工业大数据、云原生工业物联网平台、工业 APP。

2.1 从业务视角到体系架构

我们应从业务视角明确企业应用工业物联网实现数字化转型的方向、目标和价值，并提供具体场景。从战略到目标价值，再到组织能力，最后落实到需要什么数据和信息，体系架构应该如何设计。从业务视角到体系架构是一个连续的过程。工业物联网发展到今天，体系架构已经基本成熟，层级逐步清晰，这体现在一些领先的工业物联网厂商正推行的商业产品和交付模式上。另外工业物联网各层级中的分工越来越多，不同公司聚焦于不同层级赛道，整个生态得以丰富。

近几年，随着云计算商业模式的成熟以及被企业广泛接受，工业物联网逐步从传统数据中心本地化部署，发展到基于云原生的架构及公有云、私有云和混合云多种部署模式，数据采集的深度从物联网数据拓展到运营数据、运维服务数据，数据采集的广度从工厂级拓展到企业级甚至供应链上下游。

数据方面，更加强调深度分析、洞察，以指导下一步行动。有了机理模型和数据模型的结合以及海量大数据计算能力，数据驱动变得不再遥远。伴随着这些趋势，工业物联网体系架构也经历了一些变化。例如从简单的"感知层–网络层–平台层"，到边缘计算的兴起，某些场景增加了边缘节点对数据的就近处理；云计算的普及让 PaaS 有了通用 PaaS 和工业 PaaS 之分；人工智能应用于工业场景，于是有了数据模型研究。基于 OT 和 IT 的打通、融合，以及工业物联网支撑体系的加持，体系架构如图 2-1 所示。

整个体系架构从下至上，包括感知层、网络连接、平台层和应用层。感知层负责数据采集，是工业物联网体系的数据源泉，利用泛在感知技术对多源设备、异构系统、运营环境、智能产品等各种要素进行信息采集，对异构数据进行协议转换，必要时进行即时处理。工业现场的很多数据保鲜期很短，一旦处理延误，就会迅速变质，数据价值呈断崖式下跌。

为了解决数据实时性、网络可靠性和安全性等问题，边缘计算应运而生。感知层数据通过有线或无线网络连接到达远端数据中心或云平台，工厂内同时存在 OT 和 IT 网络，需要打通，实现网络互联、数据互通。平台层包括通用 PaaS 和工业 PaaS，通用 PaaS 为工业 PaaS 提供 IT 基础支撑。工业 PaaS 也称为工业物联网操作系统，它提供感知层数据接入能力、数据分析能力、工业数据建模能力并沉淀各种工业 APP 模板，方便快速开发和上线应

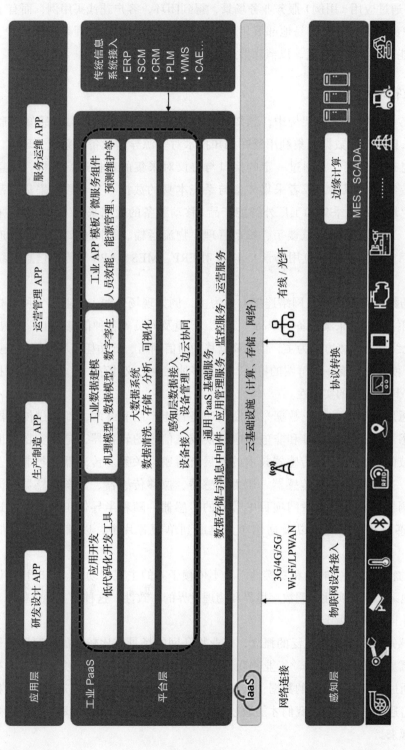

图 2-1　工业物联网体系架构

用。平台最终通过应用（用例）服务业务场景，得到闭环，客户花钱买用例，而有了平台支持，能够更快、更简单、更容易地部署用例。对于传统企业信息管理系统如ERP、WMS、CRM等，可能需要与平台打通，以消除信息孤岛，实现数据联动。

2.1.1 工业物联网感知

在整个工业物联网体系架构中，感知部分位于底层。在工业领域，感知即通常所说的工业数据采集。工业数据采集利用泛在感知技术对多源异构设备和系统、环境、人员等一切要素信息进行采集，并通过一定的接口与协议对采集的数据进行解析。信息的采集可以通过加装物理传感器，或者采集装备与系统本身的数据。工业数据采集的范围，广义上分为工业现场数据采集和工厂外智能产品/移动装备的数据采集（工业数据采集并不局限于工厂，工厂之外的智慧楼宇、城市管理、物流运输、智能仓储、桥梁隧道和公共交通等都是工业数据采集的应用场景），以及对ERP、MES、APS等传统信息系统的数据采集。

工业现场数据采集以有线网络连接方式为主，例如现场总线、工业以太网和标准以太网，以无线网络为辅，采集设备、产品、工艺、环境及人员等各种信息；工厂外智能产品/移动装备以无线网络连接方式为主，例如蜂窝移动通信网络、低功耗广域网等。工业数据采集的广泛性，使得它具有一些鲜明的特征，例如多种工业协议并存，大多数时候数据带有时间戳信息，并具有较强的实时性。

无论是通用控制器、专业数据采集模块还是智能产品和终端，都通过传感器获取大量数据。传感器是将物理信号和非电效应转换成电信号的转换器，是真实物理世界的探针。很多领域的重大突破和传感器技术的发展有着密切关系。传感器种类非常多，如温湿度传感器、速度和加速度传感器、压力传感器、位移传感器、声学传感器、流量传感器、光电探测器等，都是物联网项目中常见的传感器。随着半导体工艺技术的进步，有些厂商将传感器和微处理器以及通信单元集成到单颗芯片中，以满足小型化低功耗的场景。

物联网的特点在于实时性和真实性，且不依赖于人的主观能动性。实时性强调数据无时无刻不停地采集，真实性强调数字世界和物理世界的一致性，这种真实性依赖于对物理世界的感知，并且无须人为干预。

这里的感知是一个比较宽泛的概念，工业物联网的场景有比较强的物联网属性，这并不代表它只需要物联网的数据。工业物联网要打通OT和IT，它的数据源具有多样性。事实上，正是通过收集不同属性的数据，从物联网数据拓展到运营数据、运维服务数据、设计仿真数据，打通了信息孤岛，我们才能通过接口和系统集成方式将强物联网属性的数据与其他数据联动起来。

建立标准化感知体系是一件非常有挑战的事情，这其中涉及硬件、软件和系统。对于工业现场存量工厂改造尤为困难，各种不同接口的设备，单体软件的系统，使得数据采集成为工业物联网项目的第一道门槛，通常耗费大量的人力。甚至由于数据缺失严重，数据质量不高，很多做数据模型和机理模型的算法工程师不得不花很多时间驻扎在工厂收集数据，数据分析遥遥无期。

2.1.2　工业物联网网络连接

感知数据通过网络连接到达远端数据中心或云平台，不同系统之间相互访问也需要网络连接实现互联互通，网络连接就好比人体的血液输运系统，通过它数据才能被送到目的地。工厂内外同时存在 OT 和 IT 网络，彼此需要打通，实现网络互联、数据互通，工业控制网络和企业信息系统的无缝连接，例如工厂内的现场总线、工业以太网，工厂外的网络专线或移动通信网络等。同时，新的需求又不断催生新的网络连接技术。

网络连接分两个层次——网络互联（Interconnectable）和数据互通（Interworkable）。网络互联指实体间通过网络连接，实现数据传递，重点在于物理上的连通（物理层）和数据分发（链路层和网络层）。数据互通指建立标准的数据结构和规范，使得传递的数据能被有效地理解和应用，数据在系统间无缝传递，各种异构系统在数据层面能够相互理解。数据互通强调的是语义，即用计算机、控制器和设备等都能理解的语言，这样就能够轻松交互。OT 网络和 IT 网络之间的数据割裂，一方面是由于网络互联方面，链路层不兼容，例如现场总线不能与 IT 设施直接连接，工业以太网的数据包不能直接转发到 IT 系统；另一方面在于数据互通层面，语义不通，无法解析。

网络互联方面，针对有线和无线两种连接方式，诞生了很多新的技术，例如时间敏感网络（Time Sensitive Network，TSN）沿着工业以太网的思路，支持实时数据传输，但是它兼容以太网和 IP。基于 5G 技术的高可靠低时延连接和海量物联两大场景主要面向物联网应用，通过对刚需场景的甄别，5G 将带来新的变化。对于通信频次低、传输数据量少、数据速率低、占用带宽小、传输时延不敏感、对数据传输实时性要求不高且要求低功耗的场景，低功耗广域网将发挥它的作用。

数据互通方面，简单层次的互通可以在协议接口层面实现，通信双方约定好数据解析规则，例如对报文帧每个字段的长度和含义进行明确定义，这些通常发生在同层级或相邻层级的设备、系统之间。简单的数据互通之上，设备与设备之间、设备与控制系统之间、设备与 IT 管理运营系统之间、控制系统与 IT 管理运营系统之间，能使用统一的接口完成跨层级的横向和纵向互通。沿着数据互通的目标和方向，业界在不断努力，例如 OPC UA 被认为是有前途的、能实现持续信息交换的标准，它的信息模型用于解决语义的问题，让不同对象间相互理解，显然还有很长的路要走。

2.1.3 边缘计算

边缘计算主要为了解决实时性、网络可靠性、安全性等问题。工业物联网推动了数字化和智能化的浪潮席卷各行各业,包括制造、能源电力、交通、物流、农业、医疗和政府公共事业等,越来越多的终端与设备联网。联网设备数量激增给云端带来了网络带宽压力,如果将设备数据全部传入云端处理,不仅成本巨大,还将花费更多的时间,当网络不稳定时,系统可用性变差。未来将会有相当比例的数据直接在网络边缘侧进行分析、处理,这正是边缘计算的实践场景。随着企业对生产制造、运营管理和服务运维等环节精细化管理的要求越来越高,越来越多的快速决策闭环将发生在现场,通过边缘节点承载,这将成为确定的趋势,云端处理将无法满足实时性的要求。

工业网关、工控机和服务器都在承担边缘计算的角色,事实上,应当把边缘计算当作一种理念,任何具备一定程度的数据计算、存储、网络通信能力的硬件设施都可以称作边缘计算。当前硬件厂商、云计算服务商以及移动运营商,均投身于边缘计算领域,硬件厂商根据市场的需求,致力于不断推出能满足行业应用场景的边缘计算产品。云计算服务商在云计算领域积累了庞大的用户群,并拥有先进的大数据处理能力,这些公司发展边缘计算的整体思路就是边云协同,将边缘和云端紧密结合。电信运营商不满足于被管道化,单纯地提供数据管道服务。为了帮助用户获得高性能低延迟的服务,移动运营商纷纷部署边缘计算,核心网下沉到离基站更近的地方,带来更好的用户体验。

边缘计算是相对云计算而言的,二者为互补关系,如果要让边缘计算发挥更大的威力,则需要将两者结合,即边云协同,边云协同涉及边缘计算架构设计。人工智能物联网融合了AI技术和IoT技术,而轻量级边缘智能恰恰是物联网在边缘端结合人工智能技术的AIoT应用,它在系统级芯片的基础上,加强了数据运算能力。AIoT应用并非一定涉及AI芯片,有些只是采用了常规的微处理器甚至是单片机,在内存充足的情况下,它们也能运行一些基本算法,实现轻量级边缘智能。

工业现场需要的是实时数据处理,只是以前受限于计算能力,也没有工业大数据、边云协同和人工智能融合技术,所以无法实现。一旦时机成熟,边缘计算将在工业现场自动快速演进。无论是分布式控制系统(Distributed Control System,DCS)、数据采集和监视控制系统(Supervisory Control And Data Acquisition,SCADA),还是制造执行系统(Manufacturing Execution System,MES),它们自带边缘计算基因。深刻理解上述系统的功能层级和相应网络拓扑,才能更好地将边缘计算应用于工业现场,实现边缘计算与工业自动化的完美结合。

2.1.4 工业物联网平台

在整个工业物联网体系架构中,平台起着承上启下的作用。平台的建设是一个长期迭代的过程,将企业可复用的数字化能力沉淀下来。平台对相似业务逻辑的场景及对象进行抽象,形成一套可迁移、可扩展、灵活的系统架构,为应用软件快速开发及上线提供有力支撑。平台被视为物联网企业审慎布局的战略制高点,然而平台本身通常不直接面向业务问题,不创造业务价值,价值变现依赖于具体的应用,这导致客户或决策层有时很难理解平台的价值。建设平台应该坚持以目标价值为导向,尊重产业规律和行业特征,避免求大求全、大而不精或堆砌各种软肋功能。

当前工业物联网平台应用主要集中于设备资产管理、生产过程管控、资源配置协同以及企业运营管理,由于设备、产线、工厂等领域的自动化和信息化基础较好,面向设备运维和生产效率提升的价值较为显性,诉求较为直接,因此这部分投入目前占比很大。

从功能上,工业物联网平台将包含感知层数据接入、大数据系统、工业数据建模、工业 APP 模板/微服务组件以及应用开发 5 个部分。感知层数据接入包括设备接入、设备管理和边云协同功能,其中涉及平台如何通过各种物联网协议如 MQTT、HTTP 等获取感知层数据;物联网设备如何在平台注册与管理;边云协同的具体实施路径是什么;云端如何统一管理边缘节点,实现边缘节点注册、边缘应用部署和管理,云端如何通过边缘节点管理终端设备,实现跨层级的设备接入和统一管理。

大数据系统对感知层接入数据进行清洗、存储、分析与可视化,这是一个连续的过程。数据存储方面,用到关系型和非关系型数据库,以及时序数据存储。数据分析方面,涉及实时计算或离线计算。数据分析基于规则和算法,而工业数据建模可以为之提供相关的机理模型和数据模型,工业物联网强调行业 Know-How 以及行业知识图谱,工业界目前努力的目标之一,是要将大量的机理模型数字化,将专家的经验知识从线下搬到线上。

平台对相似业务逻辑的场景及对象进行抽象,形成工业 APP 模板,例如设备综合效能 OEE、能源管理、人员效能、预测性维护、资产闲置洞察等。当用户提出相似需求时,通过模板支持工业 APP 快速开发和上线。工业 APP 模板的形成,依赖于从数据接入、数据分析到可视化整个链路,形成数据的无障碍流动。至于应用开发部分,平台要考虑如何以低代码的开发方式,通过提供各种模板、框架和工具,加速应用开发和上线。

无论是设备接入、设备管理、边云协同、大数据系统,还是工业数据建模和低代码开发,这些功能组件相互协作形成完整的平台,背后很重要的一点在于数据的自动流动。通过良好的架构设计,平台为数据的无障碍流动创造条件,使得平台组件之间的数据相互流通,形成多源数据联动,为数据分析、业务决策提供大力支持。

2.1.5 工业物联网应用

在工业物联网体系架构中,感知、网络连接、边缘计算、平台等,这些最终通过工业物联网应用服务于业务场景中,并形成闭环。通过应用实践,识别工业物联网技术创新与商业模式创新，洞察与思考成功案例背后隐藏的重要条件，理性看待企业战略层面驱动的重要性与制约性，理解聚焦的重要性及通过价值抓手实现项目的规模化应用。对工业物联网应用而言，成功从来不是那么容易的，虽然某些应用从原理上可能一句话就可以概括了，但背后的影响因素很多，都有可能左右项目的结果。

无论是进行工厂车间数字化、生产运营过程管理，还是设备智能维护，当回归业务本质并按需驱动时，我们都应将企业的诉求归属到具体的价值维度，然后利用平台支撑，更快、更简单、更容易地部署应用。

2.2 关于工业物联网体系构建的思考

构建工业物联网体系的过程中，需要反复思考以下问题：为什么架构要这样设计？侧重点在哪里？平台是最高效的方式吗？需要什么样的团队？

2.2.1 架构千篇一律

如果单纯从工业物联网体系架构层级来看，似乎所有应用的架构设计都差不多，套路千篇一律，并不新鲜。各种工业物联网案例汇编、研究报告或企业新品发布会提到的架构都能拆解并映射到架构对应的层级，万变不离其宗。它更像是方法论，告诉我们如果要开展工业物联网，整个解决方案链条上需要什么能力，企业现有组织已经具备哪些能力，哪些能力需要补充或借助于外部合作伙伴。

也有变的地方，工业物联网的每个层级都有大量不同的参与方，每个参与方都会有意无意地强化自己所在层级的重要性。例如感知层的硬件厂商，会将自己的硬件产品矩阵罗列出来，并突出其中的核心技术，如多传感器融合、有线和无线通信等；工业 PaaS 平台厂商强调平台对多种应用场景的支持，行业 Know-How 的积累，应用可视化快速开发，沉淀的各种用例以及当前部署规模和生态情况；通用大数据厂商会突出实时计算、离线计算、数据仓库等大数据能力。

侧重点不同，专攻环节就会有差别，商业策略也就不同，企业应结合自身优势找到适合自己的落地场景与方向。有时候，我们会觉得相似的场景，架构差不多，解决思路也差不多，我们做失败了，别人再来做一遍也注定会失败，甚至对他人已经成功的项目产生怀疑，觉得仅仅是市场宣传效果。产生这种错误认知的原因在于，虽然对架构和大致方案了然于心，但我们对场景事实上理解得未必深刻，我们以为相似场景的客观条件对大家都是一样的，以为组织能力是一样的，实施过程所遇到的困难是一样的，业务方最关心的诉求是一样的，本质上我们并没有看透业务背后最大的痛点。

虚心学习，沉心调研，多方沟通，浸泡其中，才能发现问题。并非架构千篇一律，而是未抓住架构背后要支持的业务本质。本质清楚了，自然知道体系架构的重点在哪里，才会有所侧重。

2.2.2 平台是效率最优的吗

这不是一个技术层面的问题，而是工业物联网具体开展过程中所面临的策略问题。理想情况下，应该先定标准、搭框架、开发平台，既考虑当前项目需求，又兼顾将来的扩展要求，很多项目应遵循这种方式开展，以保证顶层规划合理，实施有序，并根据结果反馈，不断迭代优化，制定新的标准规范，扩充新的功能。有时候，平台不总是最有效率的，尤其平台还没有搭建成熟，或者平台核心功能有缺失的时候。从用户角度看，他们关心的是如何快速满足需求，达成目标，而不是技术架构细节。

举两个例子，一个是关于新试点项目的。公司计划采用工业物联网技术解决运营管理过程中设备综合效能和非计划停机频发的根源问题。这个项目是否能达到预期，无法断定，最终量化收益亦不明朗，而且公司并没有工业物联网基础，如果从零开始搭建系统性平台，一是投入大，二是耗时长，三是见效慢。此时项目组可以不拘泥于体系架构形式，采用最快的方式，通过 PoC 试点，快速测试出效果。事实上，平台一开始也是系统方案的一部分，只是慢慢地把共性的、可复用的能力通过平台沉淀了下来，并逐步形成标准范式在公司内部以及行业中推广，其他公司纷纷效仿，避免再走弯路。不用等平台建好了再做工业物联网应用，可以有很多种方式去验证想法，例如开发简易测试程序、使用第三方的平台做前期测试等。

另一个是关于改造项目的例子，某医药冷链运输项目新增了一个应用场景，须引入新的物联网硬件设备，以满足运输途中温度、湿度以及地理位置信息的实时采集，医药项目组之前已经有应用后台，原来的设备采集数据后直接对接应用后台。从上一年开始，公司集团层面已经对物联网设备接入做了规范，要求物联网数据接入统一的平台入口。这样一来，硬件和医药后台系统都要调整，由于时间紧，因此最后决策仍采用原来的方式，先保证业务的正常运行，并制定了明确的切换时间表（一定要有时间表），同步开展平台对接工作。

另外，对于大的类别，体系架构标准制定后，一定要遵循，否则落下技术债，标准就永远无法落地，不具备约束力，大家都纷纷以业务交付为由，标准形同虚设。对于零散的类别，可以业务先行，这对公司整体不会造成大的影响，让相关团队先实践起来即可。

谈论这些，是想说明在条件允许时，尽量按顶层统筹规划，有计划有步骤地推行，这样是最合理的，如果实际条件有限制，应直面客观现实，以最快的方式论证设想，得出结论。

2.2.3 工业物联网需要什么样的团队

这个问题虽然没有标准答案，但是大家都非常想了解。因为工业物联网是 OT 和 IT 融合的具体实现，所以它涉及的体系非常庞大。在1.4节提到了技术链路长的问题，搭建一支团队，需要经过慎重考量再设置职能岗位。而这和企业的战略定位与策略有关，于是又回到了企业如何找准定位的问题上。

对于硬件公司，例如开发数据采集终端、通信模块或工业网关的公司，需要产品和测试、硬件研发工程师、结构研发工程师、嵌入式软件开发工程师。通信方面如果只是使用通信模组，集成于硬件产品，则相对简单，有了解射频天线知识的工程师就可以。如果是研发底层无线通信协议、算法，那么属于更大的无线通信领域，还需要专业的通信技术人才。

工业 SaaS 服务商的工作重点在于为客户提供有价值的专业 SaaS 服务，团队需要优秀的软件架构师、产品经理、算法工程师、后端开发工程师、前端开发工程师、测试工程师、运维工程师。除此之外，团队需要对行业有深刻的了解，足够的行业 Know-How 知识，组建团队的时候需要注意这方面的能力。

具备这些知识和能力的人可以是产品经理、算法工程师或者售前，有些企业甚至设立咨询顾问岗位，例如工厂运营与工艺专家、能效管理专家等。如果 SaaS 服务商提供硬件，则涉及硬件公司的人员投入。

平台的建设是一个长期过程，而且投入大，IT 相关的人员包括产品、架构、后端、前端、测试、运维。工业数据建模部分需要算法工程师，有些算法工程师具备专业领域知识，例如振动算法工程师，对于振动机理、故障模式、特征图谱或数字信号处理有深入研究；通用算法工程师通过代码实现算法。此外还有大数据挖掘与分析工程师、机器学习工程师。如果自己建设大数据平台，则涉及大数据领域能力建设，不能简单地归为物联网领域。同样，团队需要足够的行业 Know-How 知识。

以上只是列举了几个典型例子，实际情况更多样，例如某些人员身兼数职，而某些专业岗位会针对不同行业拆分得更细。工业物联网需要具备什么样能力的团队，要结合企业的定位和目标而定。

2.3 工业物联网技术趋势

工业物联网近些年发展迅猛，无论是 OT 还是 IT，都在积极探索和实践，一方面在于落地场景的价值论证，另一方面在于技术创新，以更好地应对场景挑战。

2.3.1 加速泛在连接

工业物联网通过自主感知数据采集、学习、分析和决策闭环，支撑工业资源泛在连接、弹性供给和高效配置，其中数据采集和泛在连接是基础。这既包括工厂内设备、人员、环境等各要素的数据采集、工厂外智能装备及智能产品的数据采集，也包括各种应用系统通过接口集成数据。推进工业物联网实施面临的第一道门槛就是多源异构的数据采集，如何将工厂内外各种 OT 和 IT 数据采集进来，其中存量设施涉及物联网数字化改造，增量建设则涉及标准制定。标准亦非常重要，否则一直疲于项目制交付，无法形成产品，更无法沉淀于平台。

OT 和 IT 要融合，必须打破多年以来形成的信息孤岛。例如工业以太网的发展，一方面在不断提高实时性，另一方面则要更好地兼容标准以太网和 TCP/IP，以消除连接障碍。时间敏感网络既支持高速率大带宽数据传输，又兼顾实时控制信息传输，向下兼容标准以太网，从概念和设计理念上来说，它比以往的工业以太网更先进，因此成为业界研究热点。

对于移动场景，5G 技术、低功耗广域网技术、4G Cat-1 以及短距离无线通信技术等，正在加速泛在连接的发展，支持海量物联。从长距离到中等距离，再到短距离，通过无线通信有效解决连接问题，不同技术各有优劣势及适用场景，有些速率高，有些速度低但功耗极低，有些信号穿透性强，能够在复杂环境下稳定通信。

工业物联网应用场景的差异化，对传感器体积、功耗提出了新的要求，小型化低功耗并且与芯片高度集成的传感器在一些工业场景得到广泛的应用，使得传感器具备数据处理、自校准、自补偿和自诊断功能，物联网终端更加的小型化、轻量化，续航能力更强，成本降低，使得大规模商业化应用成为可能。

2.3.2 工业大数据

不可否认，大数据和云计算的普及，加快了人们追逐数据驱动、数据应用的步伐。数据存储能力和算力的大幅提升，使得很多限制都已经消除了。例如传统的抽样分析转变为全量分析，通过全量数据分析大幅提升结论的准确性；某些领域从不可预测变为可预测，预测是基于历史规律对未来进行推断，大量的数据基础让分析从面向已经发生的过去转为面向即将发生的未来。

一直以来，工业领域强调机理模型、行业 Know-How 以及行业知识图谱。在具备一定行业认知及知识储备的基础上，将机理模型数字化之后，灌入物联网设备采集的大量数据，分析并得出结果。从因果关系出发，提出假设并验证。这些做法显著区别于消费互联网领域的大数据分析——在大量无序的数据中寻找某种相关性，而不在乎相关性背后的原因。

对于工业物联网，可以将因果关系和相关关系相结合，如图 2-2 所示，例如数据模型对机理模型进行校正、数据模型对机理模型结果进行后处理、将机理模型的部分结果作为数据模型特征等。举个例子，对生产制造或运营管理的某个环节，当利用传统分析方法从杂乱无序的海量数据中无法找出问题时，可以试着利用 AI 无监督学习算法，对大量样本进行分析，得出基于某特征值的判断阈值，筛选出异常分支，再利用机理模型研究异常分支数据，依据理论和经验弄清楚它背后的原因，AI 帮助快速找出异常的数据集，找到初步分析方向。

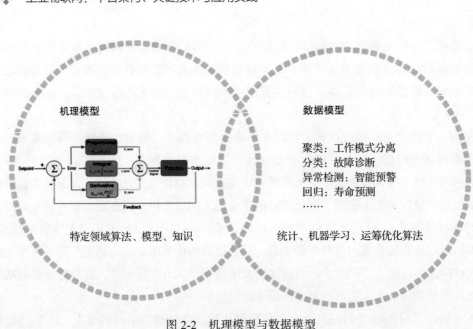

图 2-2 机理模型与数据模型

除此之外,AI 在一些传统领域也在尝试渐进式的改进和优化,例如视觉质检、图像识别、预测分析与诊断、巡检、公共安全等领域逐步应用 AI。AI 并非颠覆式的,在没有 AI 之前,这些事情每天都在发生,但不可否认的是,在某些场景中,AI 让事情变得更有效率、准确率更高。我们既不应该夸大 AI 的效果,大量 AI 项目在工业场景无法规模化落地时便已经指出了这个问题,也无须一味排斥 AI,而是应该保持开放的心态,仔细对 AI 在业务场景落地的可行性加以甄别和研究。

2.3.3 沉淀用例,能力复用

在工业物联网赛道,很多解决方案商希望向用户推广自己的平台,通过平台将硬件、云、算法及用例连接起来。平台的重心,一方面在于不断提升通用能力,夯实基础,使平台复制性变强;另一方面则是不断丰富平台上的用例,实现用例沉淀,能力复用,从做项目变为做产品,继而建立平台优势。工业物联网平台赛道的企业,在历经平台的建设期、迭代期和推广期之后,逐渐意识到用例的重要性,最终都需要通过应用服务于业务场景,得到闭环。平台大部分时候不直接面向业务问题,价值变现需要依赖于具体的应用落地。如何将企业可复用的数字化能力沉淀下来,如何对相似业务逻辑的场景及对象进行抽象,形成一套可迁移、可扩展的用例,如何沉淀足够多的行业 Know-How 知识并开发为工业 APP 模板,已成为区分工业物联网平台能力的核心。

除了上面列举的几点,还有一些趋势如边缘智能、云原生工业物联网平台等,不逐一列举。出于数据处理实时性、网络可靠性、安全性方面的考虑,人们越来越重视在数据源头现场对数据进行即时处理。云端训练的模型运行在边缘节点上，实现边缘智能，云端能力下沉，云端训练边缘推理将变得越来越普遍。

近几年，云原生工业物联网平台概念逐步普及。云原生（Cloud Native）是一个组合词，云（Cloud）+原生（Native）。云表示应用程序位于云上，而非传统的数据中心；原生表示应用程序从设计之初即考虑到云的环境，原生为云而设计，充分利用和发挥云计算的弹性和分布式优势。不同的人和组织对于云原生有不同的理解，总体而言，符合云原生架构的应用程序应该是采用开源栈（Kubernetes+Docker）进行容器化，基于微服务架构提高灵活性和可维护性，DevOps支持持续迭代和运维自动化，利用云计算设施实现弹性伸缩、动态调度，优化资源利用。工业物联网平台同样朝着云原生的方向进行架构迭代，以更好地支持功能标准化，易于生态合作，并且利于应用在公有云、私有云或混合云等不同基础设施上快速部署。

2.4 本章小结

本章介绍了工业物联网体系架构，从业务视角出发，再到体系架构的构建，从感知层、边缘计算、网络连接、平台再到应用，探讨工业物联网体系搭建过程中的效率和投入问题，并对工业物联网技术的发展趋势，如加速泛在连接、工业大数据、沉淀用例方面进行了阐述。接下来，本书将围绕工业物联网体系架构的各个层级展开，每一章除了介绍知识点、技术原理分析，更重要的是探究技术落地于场景时遇到的制约因素和困难。当我们拿到一个需求时，第一反应似乎解决方法非常之多，而业务场景就像一个大漏斗，层层过滤筛选，最终可实施的方案，可能就那么一两个，甚至没有。架构只是思想，指导我们养成较完整的框架意识，真正落地，依赖于工业物联网方案下沉，以解决问题、创造价值为导向。

Chapter 3 第 3 章

工业物联网感知

万丈高楼平地起,在工业物联网体系架构中,每个层级都发挥着重要的作用。感知层位于底层,是整个体系的数据源泉。本章将介绍感知层的内涵、工业数据采集范围与特点,以及不同业务场景下通过怎样的物联网设备接入方式才能高效可靠地获取到重要数据。面对工业场景多源异构设备和应用系统,如何实现协议解析及适配,同样是需要重点关注的地方。

本章目标

- ❑ 理解工业物联网感知层的内涵。
- ❑ 了解工业场景多源异构设备和系统现状。
- ❑ 理解工业数据采集范围、特点、体系结构。
- ❑ 了解设备接入产品类别和产品形态。
- ❑ 了解常见物理传感器原理。
- ❑ 理解工业数据采集关键指标。
- ❑ 熟悉有线设备接入和无线设备接入。
- ❑ 理解短距离无线通信和适用场景。
- ❑ 理解长距离无线通信和适用场景。
- ❑ 理解协议转换过程。

关键术语

感知层、工业数据采集、物理传感器、多源异构设备和系统、现场总线、工业以太网、工业控制网络、企业信息网络、非实时数据、实时数据、协议转换、工业网关、无线设备接入、Wi-Fi、低功耗蓝牙（BLE）、射频识别技术（RFID）、蜂窝网络。

3.1 工业物联网感知层的内涵

感知层作为物理世界与数字世界的桥梁，是数据的第一入口。现实情况下，由于感知层数据来源非常多样，来自各种多源异构设备和系统，因此如何从这些设备和系统中获取数据，是工业物联网面临的第一道门槛。在工业领域，感知即通常所说的工业数据采集。

3.1.1 工业数据采集的范围

工业数据采集利用泛在感知技术对多源异构设备和系统、环境、人员等一切要素信息进行采集，并通过一定的接口与协议对采集的数据进行解析。信息可能来自加装的物理传感器，也可能来自装备与系统本身。《智能制造工程实施指南（2016—2020）》将智能传感与控制装备作为关键技术装备研制重点；针对智能制造提出了"体系架构、互联互通和互操作、现场总线和工业以太网融合、工业传感器网络、工业无线、工业网关通信协议和接口等网络标准"，并指出："针对智能制造感知、控制、决策和执行过程中面临的数据采集、数据集成、数据计算分析等方面存在的问题，开展信息物理系统的顶层设计。"这里面蕴含两方面信息：一是工业数据采集是智能制造和工业物联网的基础和先决条件，后续的数据分析处理依赖于前端的感知；二是各种网络标准统一后才能实现设备系统间的互联互通，而多种工业协议并存是目前工业数据采集的现状。

广义上，工业数据采集分为工业现场数据采集和工厂外智能产品/移动装备的数据采集（工业数据采集并不局限于工厂，工厂之外的智慧楼宇、城市管理、物流运输、智能仓储、桥梁隧道和公共交通等都是工业数据采集的应用场景），以及对ERP、MES、APS等传统信息系统的数据采集。如果按传输介质划分，工业数据采集可分为有线网络数据采集和无线网络数据采集。

3.1.2 工业数据采集的特点

工业数据采集具有一些鲜明的特征，在面对具体需求时，不同场景会对技术选型产生影响，例如设备的组网方式、数据传输方式、数据本地化处理、数据汇聚和管理等。

1. 多种工业协议并存

工业领域使用的通信协议有很多，如PROFIBUS、Modbus、CAN、HART、EtherCAT、

EthernetIP、Modbus/TCP、PROFINET、OPC UA，以及大量的厂商私有协议。这种状况出现，很大程度上是因为工业软硬件系统存在较强的封闭性和复杂性。设想在工业现场，不同厂商生产的设备，采用不同的工业协议，要实现所有设备的互联，需要对各种协议做解析并进行数据转换，这是工业物联网存量改造项目开展时最先遇到的问题——想要解决"万国牌"设备的数据采集，耗时又费力。

如果是新建设的工厂，应从最开始的规划阶段考虑车间、厂级和跨地域的企业级工业物联网应用要求，在没有历史包袱的情况下，通过制定标准，综合评估现场的电磁环境抗干扰要求、数据带宽要求、传输距离、实时性、组网时支持的设备节点数量限制、星形或Daisy-Chain网络拓扑、后期扩展性等因素，选择合适的技术路线，并设计好OT与IT互通的接口，这将大大降低数据采集的难度和工作量。

2. 时间序列数据

工业数据采集大多数时候带有时间戳，即数据在什么时刻采集。大量工业数据建模、工业知识组件和算法组件，均以时间序列数据作为输入数据，例如时域分析或频域分析方法，都要求原始数据包含时间维度信息。工业物联网应用越来越丰富，延伸到了更多的场景下，例如室内定位开始在智慧仓储、无人化工厂中探索应用，无论是基于时间还是基于接收功率强度的定位方式，其定位引擎都要求信号带有时间标签，才能完成定位计算，保证时空信息的准确性和可追溯性。

在搭建工业物联网平台时，应结合时间序列数据的特点，在数据传输、存储、分析方面做针对性的考虑。例如时序数据库（Time Series DataBase，TSDB）专门从时间维度进行设计和优化，数据按时间顺序组织管理。图 3-1 所示为典型的时间序列数据，存储于关系型数据库中，当数据规模剧增大时，关系型数据库的处理能力变得吃紧，需要性能更优的数据库。工业数据和互联网数据存在很大差别，前者通常是结构化的，而后者以非结构化数据为主。

Date_Time	Product_Type	Duty_Cycle	Pulse_Width(us)	Frequency(Hz)	DC_Voltage	Quiescent Current(mA)	Power(mW)	I2C Success?	EPPROM Written?
2015/2/6 10:21	CN9401	50%	10	1000	3.339	13.825889	46.164643	1	1
2015/2/6 10:21	CN9401	50%	10	1000	3.394	14.741810	50.033703	1	1
2015/2/6 10:23	CN9401	50%	10	1000	3.333	13.093472	43.640542	1	1
2015/2/6 10:30	CN9401	50%	10	1000	3.327	13.646202	45.400914	0	0
2015/2/6 10:34	CN9401	50%	10	1000	3.359	12.256747	41.170413	1	1
2015/2/6 10:35	CN9401	50%	10	1000	3.380	11.722519	39.622114	1	1
2015/2/6 10:36	CN9401	50%	10	1000	3.392	12.712670	43.121377	1	1
2015/2/6 10:37	CN9401	50%	10	1000	3.322	11.351435	37.709467	1	1
2015/2/6 10:38	CN9401	50%	10	1000	3.375	11.421032	38.545983	1	1
2015/2/6 10:39	CN9401	50%	10	1000	3.338	11.223186	37.462995	1	1
2015/2/6 10:40	CN9401	50%	10	1000	3.357	11.015128	36.757482	1	1
2015/2/6 10:42	CN9401	50%	10	1000	3.357	12.613403	42.343194	1	1
2015/2/6 10:50	CN9401	52%	11	1010	3.373	13.497467	45.526956	1	1
2015/2/6 10:51	CN9401	50%	10	1000	3.337	14.614825	48.769671	1	1
2015/2/6 10:52	CN9401	50%	10	1000	3.395	13.007501	44.160466	1	1
2015/2/6 10:53	CN9401	50%	10	1000	3.362	12.744772	42.847923	1	1
2015/2/6 10:54	CN9401	50%	10	1000	3.342	12.808742	42.806816	1	1
2015/2/6 10:55	CN9401	50%	10	1000	3.347	12.596628	42.689972	1	1
2015/2/6 10:56	CN9401	50%	10	1000	3.378	13.745854	46.433495	1	1
2015/2/6 10:57	CN9401	50%	10	1000	3.315	13.290837	44.059125	1	1
2015/2/6 10:58	CN9401	50%	10	1000	3.346	12.380036	41.423600	1	1
2015/2/6 10:59	CN9401	50%	10	1000	3.337	13.401496	44.720792	1	1
2015/2/6 11:00	CN9401	50%	10	1000	3.311	12.695741	42.035598	1	1
2015/2/6 11:40	CN9401	50%	10	1000	3.377	14.006074	47.298512	1	1
2015/2/6 11:42	CN9401	50%	10	1000	3.391	13.729102	46.555385	1	1
2015/2/6 11:43	CN9401	50%	10	1000	3.348	14.301002	47.879755	1	1

图 3-1 时间序列数据示例

3. 实时性

工业数据采集的一个很大特点是实时性，包括数据采集的实时性以及数据处理的实时性。例如基于传感器的数据采集，其中一个重要指标为采样率，即每秒采集多少个点。采样率低的如温湿度采集，采样间隔在分钟级；采样率高一些的如振动信号，每秒钟采集几万个点甚至更多，方便后续信号分析处理以获得高阶谐波分量。有些大的科学装置，例如粒子加速器的束流监测系统，采样率达数兆每秒。采样率越高意味着单位时间数据量越大，如此大的数据量，如果不加处理直接通过网络传输到数据中心或云端，对于网络的带宽要求非常之高，而且如此大的带宽下，很难保证网络传输的可靠性，可能会产生非常大的传输时延。而部分工业物联网应用，如设备故障诊断、多机器人协作、状态监测等，由于要求在数据采集（感知）、分析、决策执行之间，完成快速闭环，因此对数据的实时处理有着较高的要求。如果将数据上传到云端，云端分析后再绕一圈回来，指导下一步动作，一来一回产生的时延，很多时候将变得不可接受。

上述业务场景将在靠近数据源头的现场对数据进行即时处理，实时分析，提取特征量，然后基于分析的结果进行本地决策，指导下一步动作，同时将分析结果上传到云端，数据量经过本地处理后大大减小了。图 3-2 所示是实时振动信号状态监测和数据分析。

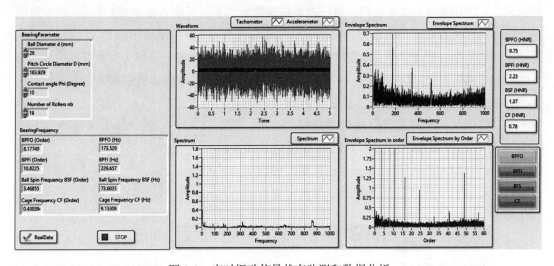

图 3-2　实时振动信号状态监测和数据分析

3.1.3　工业数据采集的体系结构

工业数据采集体系包括设备接入、协议转换、边缘计算。设备接入是工业数据采集建立物理世界和数字世界连接的起点。设备接入利用有线或无线通信方式，实现工业现场和工厂外智能产品/移动装备的泛在连接，将数据上报到云端。工业数据采集发展了这么多年，存在设备接入的复杂性和多样性，3.5节和3.6节将对有线设备接入和无线设备接入方式分别进行讲解。数据接入后，将对数据进行解析、转换，并通过标准应用层协议如MQTT、HTTP上传到物联网平台，3.7节将介绍协议转换。部分工业物联网应用场景，在协议转换后，可能在本地做即时数据分析和预处理，再上传到云端，提升即时性并降低网络带宽压力。边缘计算近几年发展迅速，大家越来越意识到数据就近处理的优势，无论是实效性还是出于数据安全性考虑，或是网络的可靠性，边缘计算在工业物联网体系中扮演着重要角色，边云协同也逐渐成了共识。第5章将专门介绍此部分内容，本章主要介绍设备接入和协议转换部分。

根据硬件载体不同，将设备接入产品分为以下3类，分类并非绝对，不同类别之间的差异，在于其侧重点不同。

1. 通用控制器

第一类是通用控制器，来自工业装备大脑主控，例如可编程逻辑控制器（Programmable Logic Controller，PLC）、微控制单位（MicroController Unit，MCU）等，工业自动化领域存在很多控制和数据采集系统，如分布式控制系统（Distributed Control System，DCS）和数据采集与监视控制系统（Supervisory Control and Data Acquisition，SCADA），它们在承担本职功能的同时，可以作为接入设备使用。通用控制器通常集成了数字输入输出I/O单元、网络通信单元，以及针对特定应用的选配功能，如模拟量输入单元、模拟量输出单元、计数器单元、运动控制单元等，通过串口或以太网物理接口连接，然后基于现场总线、工业以太网或标准以太网完成数据采集协议的解析，如图3-3所示。通用控制器应用于数控机床、激光切割机等各种自动化装备、机器人（如机械臂和移动机器人）、SCADA系统的通信管理机，有些自动化装备拥有专用控制器，采用不同的硬件架构如PowerPC、ARM Cortex等。基于通用控制器的设备接入，完成自动化装备自身数据、工艺过程数据采集。

图3-3　通用控制器

2. 专用数据采集模块

第二类是专用数据采集模块，采集现场对象的物理信号，传感器将物理信号变换为电信号后，专用数据采集模块通过模拟电路的A/D模数转换器或数字电路将电信号转换为可读的数字量。例如风力发电机利用力传感器实现风机混凝土应力状态的实时在线监测，为风机混凝土基础承载力的评估提供依据，同时利用加速度传感器采集振动信号，在风力发电系统的运行过程中，实时在线监测振动状况并发送检测信息，根据检测信息有效控制风机运转状态，避免由于共振而造成的结构失效，并对超出幅度阈值的振动进行安全预警。将力传感器和加速度传感器安装固定于风机上，传感器输出端连接到专用数据采集模块的输入端，专用数据采集模块通过网络将数据上传到本地或远端服务器，进行下一步数据分析和可视化。

专用数据采集模块的形式可能是数据采集板卡、嵌入式数据采集系统等。对于自动化装备或机器人，如果某些关注的数据缺失，无法从其通用控制器直接获取，此时可通过加装传感器，配合专用数据采集模块的方式，完成更多维度的数据采集，这种做法很常见。

3. 智能产品和终端

第三类是智能产品和终端，强调远程无线接入和移动属性。例如通过运营商 4G/5G 蜂窝网络、Wi-Fi 等室内短距离通信，或者低功耗广域网无线连接上报数据。通过无线方式可以采集智能产品和终端的各种指标数据，例如电量、信号强度、功耗、定位、嵌入式传感器数据等。大部分智能产品和终端在产品定义时直接集成了无线通信能力，手机和可穿戴设备属于典型的例子。当前智能产品越来越丰富，万物互联时代，默认具备远程接入能力，对智能产品使用过程中的各种运行指标进行监测，分析采集的数据，可以指导研发团队更好地改进产品。例如具有移动属性的自动化装备，如 AGV 机器人在室内基于 Wi-Fi 自组网集群，实现 AGV 之间的通信，草皮收割机在户外作业时的远程监控和控制。有些产品终端本身不具备远程接入能力，可间接通过数传模块（Data Transfer Unit，DTU）或工业网关，实现同样的效果。

工业数据采集关于数据的界定是非常广义的，它可能来自通用控制器运行时的关键指标，或者传感器采集的某个物理量，或者单纯一个身份标识信息，比如 RFID 标签 EPC 数据区定义的标签 ID、广播报文中携带的唯一 MAC 地址等，通信双方彼此交换的可能仅仅是简单的身份信息，完成一次确认，无须多余信息，虽然通信双方有能力携带额外信息。

3.2 传感器：真实物理世界的探针

无论是通用控制器、专用数据采集模块，还是智能产品和终端，都通过传感器获取大量数据。传感器是将物理信号和非电效应转换成电信号的转换器，是真实物理世界的探针。虽然设备接入的数据不仅仅是传感器数据，有些是应用系统逻辑处理后的数据，但传感器数据是其中最重要的一类。物联网的特点在于实时性和真实性，且不依赖于人的主观能动性。实时性强调数据无时无刻不停地采集，真实性强调数字世界和物理世界的一致性，这种真实性依赖于对物理世界的感知，并且无须人为干预。很多领域的重大突破和传感器技术的发展有着密切关系，例如医疗影像领域，得益于图像传感器器件的光电转换能力，得以采集更清晰的图像。

由于微机电系统（Micro Electro Mechanical System，MEMS）的进步，可穿戴设备上能够轻松集成心率计、加速度计、姿态 IMU 传感器，随时随地监测人体健康状态，并保持设备体积小巧和轻便。

传感器种类非常多，比如温湿度传感器、速度和加速度传感器、压力传感器、位移传感器、声学传感器、流量传感器、光电探测器等。每种传感器都和特定的物理原理或物理现象相关。

诸如电流和电压传感器，传统指针式电流表根据电流磁效应原理，电流越大，产生的磁力越大，电流表指针摆幅越大。电流表内有一个磁铁和一个导线线圈，通过电流后，线圈产生磁场，线圈通电后在磁铁作用下发生偏转。电流表串联大电阻后成为电压表。

现代电压表采用数字 A/D 模数转换器，直接将测量电压转换成数值，而根据欧姆定律，通过测量精密电阻器上的电压，可得到流经电阻器的电流。热电偶温度传感器基于热电效应，当两个不同的金属接触时，接触点会产生一个以温度为函数的较低的空载电压，这个温差电压就是 Seebeck 电压。由于小范围内温度变化引起的电压变化近似认为是线性的，因此将温度传感器电压映射后可得出温度值。

加速度和压力传感器多数是基于压电效应的，压电效应指对压电材料如陶瓷或石英晶施加压力，它便会产生电位差，压电材料因机械形变导致电荷重新分配，从而产生电场。压电效应对受压的影响表现为其外表面出现电荷，而压阻效应对受压的影响表现为其阻值发生改变，例如应力测量过程中，应变计粘贴于被测材料上，被测材料受到外界作用产生的应变被传送到应变计上，使应变计电阻值发生变化，通过测量应变计电阻值的变化得知应力的大小。光电传感器是将光信号转换为电信号的一种器件，基于光电效应原理。光电效应指光照射在某些物质上时，物质的电子吸收光子的能量而发生电子跃迁，形成电流。

传感器转换后的信号有可能太弱而难以测量，或者需要外部特定激励，此时涉及信号调理，即对信号进行放大或者滤波处理等，表 3-1 列举了一些常见的信号调理方法。

表 3-1 信号调理举例

传感器 / 信号源	信号调理方法
热电偶	放大、线性化、冷端补偿
RTD 热电阻	电流激励、线性化
应变计	电压激励桥配置、线性化
高频噪声	低通滤波器
共模或者高电压	隔离
需要 AC 整流或大电流负载	机电式继电器或者固态继电器

传感器的种类非常多，在不同垂直细分行业有着大量的传感器应用。雅各布·弗雷登（Jacob Fraden）在《现代传感器手册：原理、设计及应用》一书中汇集了近 20 种传感器、500 余幅图片，对传感器相关的基本原理、设计及应用进行介绍，感兴趣的读者可将其作为参考。

3.3 工业数据采集关键指标

传感器电信号可分为模拟信号和数字信号。模拟信号反应物理世界连续变化的现象,数字信号则对应开关状态,非0即1。模拟信号经过模数转换器(Analog to Digital Converter,ADC)采集,变为可读的数字量,ADC将时间连续、幅值连续的模拟量转换为时间离散、幅值离散的数值,一般经过取样、保持、量化及编码4个环节。在实际电路中,有些过程是合并进行的,例如,取样和保持、量化和编码往往都是在转换过程中同时完成的。

ADC是数据采集设备的关键组件,除此之外,数据采集设备还需时钟电路提供稳定的采样时基,参考电平作为转换基准,可编程增益放大器对微信号放大,才能正常工作。数字信号的采集相对直接,在大学的数字电路课程里,已经接触了比较器、与门等概念,数字信号的0或者1代表两种相反的状态,但数字信号有多种电平标准,如TTL、CMOS、LVDS等,有些物理接口如RS-232还有自己的电气标准(负逻辑)。图3-4所示为某数字信号采集模块功能框图[○],左上半部分表示数字输入前端。数字信号测量后得出逻辑值0或1,除此之外,有些在高速时钟电路下采样,可用于测量数字信号的频率、脉宽和占空比。

除了电信号,光信号是另一个大分支,非电效应转换为光信号。以光纤传感器为例,光纤传感器以光为介质(取代电),通过探测光纤上入射光波属性的变化,如波长、强度、相位、偏振等,反映外界物理量的变化。把光波作为信号的载波,利用激光单色性,通过波分复用技术,在同一条光纤中可同时传输多个波长光信号,方便地将多个传感器挂在同一条光纤上,大大节省线缆。

光纤传输损耗非常低,适合长距离传输,而且抗电磁干扰。尽管光纤传输有诸多优点,但是考虑到成本,在现实应用中还是以电信号为主,而且光信号最终将通过光电转换器件转换为电信号,反之亦然。关于光信号的采集不做进一步展开,接下来主要介绍电信号中的模拟信号采集关键指标。

1. 分辨率

分辨率(Resolution)指ADC位数,如12位的ADC和16位的ADC之间存在差别。现实世界中的信号是连续的,而通过ADC采样后,得到一系列离散的数值,在同样的电压范围内,ADC位数越高,可表示的电压阶梯数越多,电压阶梯数为$2^{resolution}$。图3-5所示是原始正弦波信号,假定使用3位ADC采集,它能表示的电压阶梯数为8,而8位ADC的电压阶梯数为256,ADC位数越高,越能够准确地还原真实信号。

○ 地址为 https://www.ni.com/pdf/manuals/372172c.pdf。

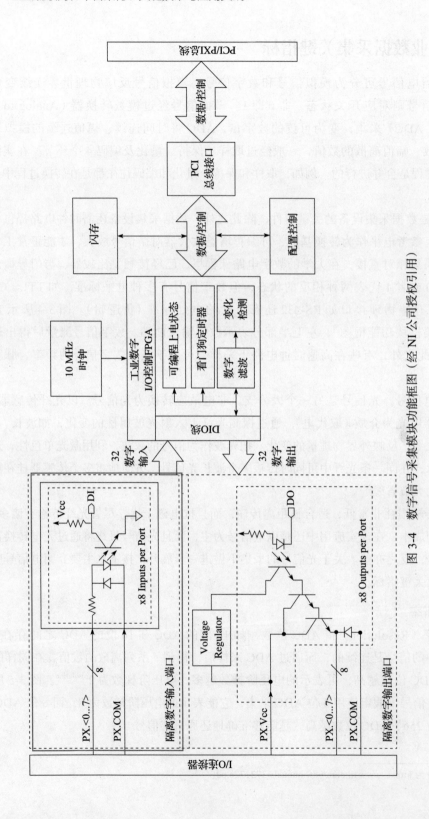

图 3-4 数字信号采集模块功能框图（经 NI 公司授权引用）

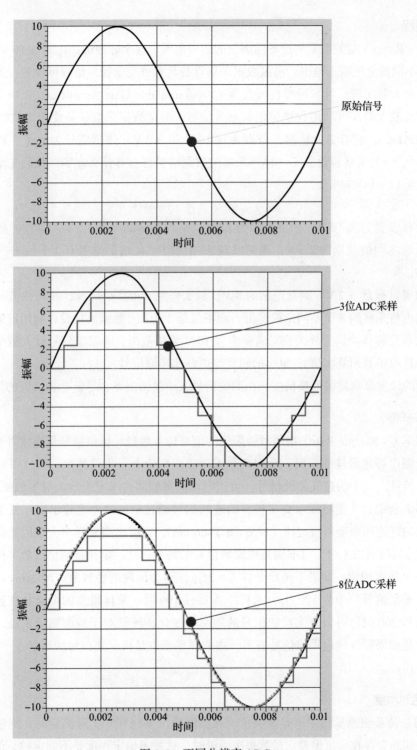

图 3-5　不同分辨率 ADC

2. 量程

量程（Range）是数据采集设备能测量的信号范围，这个好理解，比如 ±10 V 和 ±2 V，分别代表不同的电压输入范围。高级数据采集设备具有可变量程，量程可设置，通过内部可编程增益放大器实现。可编程增益放大器（Programmable Gain Amplifier，PGA）是一种通用性较强的放大器，可利用程序设定其放大倍数。假定数据采集设备使用 3 位的 ADC（假设有这种 ADC），它有 2 个量程，分别为 ±10 V 和 ±2 V，待测信号为幅值 2 V 的正弦波 $2\sin(\omega t + t_0)$，如果量程设置不一样，采集的数据结果将会有什么差别？我们先给出关键定义——码宽（Code Width）。

$$码宽 = 测量范围 / 2^{resolution}$$

- 量程设置为 ±10 V，测量范围为 20 V，则码宽 = $20/2^3$ = 2.5 V，即它的每一个电压阶梯之间的差别为 2.5 V，正弦波被采集后数字化结果最多有 3 个值——2.5 V、0、–2.5 V。
- 如果量程是 ±2 V，测量范围为 4 V，那么码宽 = $4/2^3$ = 0.5 V，在正弦波一个完整周期内将采样到 8 个不同的阶梯值，而不仅是 3 个值（数据采集设备利用可编程增益放大器先将待测信号放大到充满整个 ±10 V 采集范围，再根据信号放大倍率按比例将采样值换算回真实值），更小的码宽将更好地还原信号。

量程的设置影响数据采集精度，在明确信号大小的情况下，尽量选择接近的量程档。

3. 采样率

采样率 f_s（Sample Rate）指每秒钟采集的信号样本数量。模拟信号是连续时变信号，而采样信号则以特定采样率得到一系列离散采样点。理论上采集得越快，采样得到的信号越逼近实际信号。对于快速变化的信号，可用时域和频域两个维度表示。对于数据采集设备，采样率多大合适，才能将原本真实世界的连续信号通过采样完全重建出来？关于这个问题有个重要的理论叫奈奎斯特定律（Nyquist Theorem），它指出当采样率大于原始信号最高频率分量 f_{max} 的两倍以上时，可准确复现原始信号的频率。这一定律是通信与数字信号处理学科中的一个基本理论。如果不满足条件 $f_s > 2f_{max}$，则会出现混叠现象（Aliasing）。如图 3-6 所示，待采集信号频率为 100 Hz，采样率为每秒 100 时，采样得到的可能是直流信号，采样率为每秒 200 时，可以真实反映信号的频率和变化，虽然对于频率测量来说，采样率足够了，但是如果要准确地采集信号波形，则采样率至少是待采集信号频率的 5～10 倍，即 $f_s > (5 \sim 10)f_{max}$。

4. 绝对精度

人们总是希望测量结果就是真实值，而实际情况如何呢？实际测量时，测量值与真实输入值之间总会存在一定偏差。虽然每次测量时，这种不确定程度是不固定的，但它有一个范围，此不确定范围为数据采集设备标称的最大误差，即绝对精度（Absolute Accuracy），如图 3-7 所示。

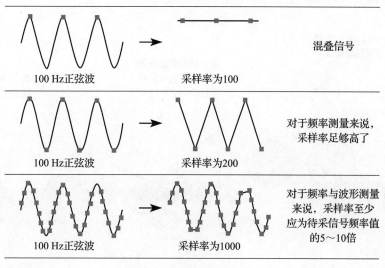

图 3-6 奈奎斯特定律

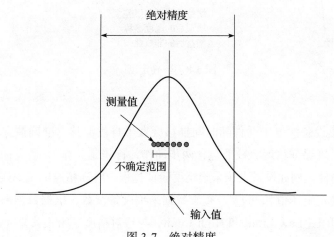

图 3-7 绝对精度

绝对精度受多个因素影响，以数据采集设备的输入通路为例，输入通路主要包括多路选择器（可选）、可编程增益放大器和模数转换器。通路的各个环节都可能引入噪声，例如参考量随时间和温度变化产生漂移、可编程增益放大器对信号增益后的非线性、叠加在输入信号中的随机噪声等，叠加在一起将对测量结果产生影响，影响绝对精度。通常认为分辨率越高的数据采集设备，绝对精度越高，例如 14 位的应该比 12 位的精度高。事实上，绝对精度受很多因素影响，它是一个系统级指标，和数据采集设备本身的前端设计、参考量稳定性、放大器的增益非线性等都有关系，如图 3-8 所示，因此并不能直接和分辨率挂等号。业内有些公司将绝对精度指标列于产品手册中，对用户来说有着非常重要的指导作用，可以直观评估数据采集设备是否满足业务场景的精度要求。

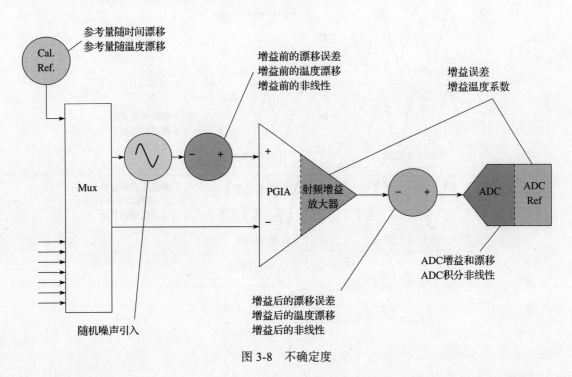

图 3-8　不确定度

5. 校准

由于数据采集设备的电子元件随时间推移会发生自然漂移，准确性会受到影响，因此应定期校准硬件，以保证精度。校准包含两步动作，首先是"验"，通过标准信号源验证设备数据采集的准确性。例如设备电压采集精度验证过程，将高精度电压源连接到数据采集设备，电压源输出稳定电压值如 9.9 V，查看数据采集设备读数，依据数据采集设备的产品规格指标设置上下门限（Low Limit 和 High Limit，与绝对精度紧密相关），判断读数是否在上下限范围内，如果在范围内，则"验"的环节通过，如果不在，则"验"的环节不通过，需要进行下一步动作——"校"。

专用的校准仪表 Calibrator 通常集成直流电压源、交流电压流、直流电流源、交流电流源、可编程电压负载，每个组件的精度都非常高，作为参考基准，校准数据采集设备的精度。其他的高精度源如高精度频率计数器用于校准频率测量精度，高精度微波信号源用于校准射频信号采集设备的功率精度和频率精度。图 3-9 所示是某数据采集设备的验证过程报告。

Verify Analog Input							
MinRange	MaxRange	Channel	Test Value	Low Limit	Reading	High Limit	Status
−10 V	10 V	0	9.900 00 V	9.896 06 V	9.899 45 V	9.903 94 V	Passed
−10 V	10 V	0	0.000 00 V	−0.001 68 V	−0.000 18 V	0.001 68 V	Passed
−10 V	10 V	0	−9.900 00 V	−9.903 94 V	−9.900 25 V	−9.896 06 V	Passed
−10 V	10 V	1	9.900 00 V	9.896 06 V	9.899 70 V	9.903 94 V	Passed
−10 V	10 V	1	0.000 00 V	−0.001 68 V	0.000 03 V	0.001 68 V	Passed
−10 V	10 V	1	−9.900 00 V	−9.903 94 V	−9.899 99 V	−9.896 06 V	Passed
−10 V	10 V	2	9.900 00 V	9.896 06 V	9.899 62 V	9.903 94 V	Passed
−10 V	10 V	2	0.000 00 V	−0.001 68 V	−0.000 25 V	0.001 68 V	Passed
−10 V	10 V	2	−9.900 00 V	−9.903 94 V	−9.900 40 V	−9.896 06 V	Passed
−10 V	10 V	3	9.900 00 V	9.896 06 V	9.899 37 V	9.903 94 V	Passed
−10 V	10 V	3	0.000 00 V	−0.001 68 V	0.000 06 V	0.001 68 V	Passed
−10 V	10 V	3	−9.900 00 V	−9.903 94 V	−9.899 65 V	−9.896 06 V	Passed

图 3-9 数据采集设备"验"过程

如果"验"环节不通过，例如读数偏差大，超出数据采集设备标称的精度指标，那么"校"的过程就要把它纠正回来。有两种"校"的方式，一种是硬校准，这种最严格，对于仪器仪表级别的数据采集设备，设计时已考虑校准接口，根据"验"环节测试的偏差，将更新的补偿参数写入固定存储区 EPPROM，使得数据采集设备恢复到它标称的测量精度。"校"不是万能的，如果数据采集设备老化，使用过程损耗，导致电子元件失效，则无法通过校准纠正，即使更新 EPPROM，采集数据还是不准。"校"的过程失败，具有资质的机构将出具校准失败报告，数据采集设备需要送修。

另一种方式是软校准，应用于非仪器级的数据采集设备，未设计校准接口。举个例子，在消费电子行业电声测试领域，为降低产品测试成本，有些公司采用声卡对产品做出厂前测试，无论是幅值精度、总谐波失真还是信噪比，声卡精度都比专用音频分析仪要差，对于某些场合，声卡也够用。使用声卡测量幅值前，先用标准信号源标定声卡，标准信号源输出 v_0，声卡读数 v_1，记录差值 v_1-v_0，实际测量时，算法会将此偏差补偿进去。

再举一个软校准的例子，基于数字传感器的数据采集设备，数字传感器在单芯片封装上集成了传感器、ADC 模数转换器以及数字通信接口 I^2C 或 SPI，成本相对低一些，集成到数据采集设备中做成标准产品，例如温度采集器，体积小巧。数字传感器在出厂前由芯片厂商做了校准，集成于产品后直接投入使用，一年后产品送计量机构验证，如果验证通过，产品继续使用，如果验证不通过，采用软校准纠正或者直接报废。由于产品价格没有那么高，即使数字传感器有校准接口，而校准将产生一定费用并花费时间，因此厂商有时也会选择直接报废。

校准分为"验"和"校"两部分，很多第三方机构只提供"验"的服务，如果"验"

的环节不通过,则出具检验不通过报告并贴上标签,然后将数据采集设备返还给客户,无法进一步提供"校"服务进行纠正。

3.4 工业通信基础

数据信号在信道中传输可以采取多种方式,而数据的流动形成网络拓扑,数据传输方式和网络拓扑构成了工业通信基础,本节详细介绍工业通信基础知识。

3.4.1 数据传输方式

电信号变为可读的数字量后,在信道中传输时存在多种方式,如并行传输与串行传输、同步传输与异步传输、单工传输与双工传输。

并行传输指发送端一次同时传输多位二进制数据到接收端,每个数据位都有自己的传输通道。例如传输一字节(8 bit),对于并行传输,8 条数据通道,一次完成传输,CPU 和存储器之间的数据总线用的就是并行传输。如果采用串行传输方式,一次发送一位二进制数据,同样一个字节数据按照低位到高位,逐位传输,直到 8 bit 传输完成。由于并行传输的效率大大高于串行传输,而且数据处理简单,因此适合系统内部的高速传输,相应的硬件成本也更高。

并行传输适合短距离,如果应用于长距离传输,将面临两方面的挑战:一是并行传输假定各通道上发送的数据总是同时到达,但是长距离传输时物理通道间差异可能导致数据位的接收或快或慢,使得接收端解析错误;二是长距离传输使用多条线缆时的成本将大大提高。通常在设备内部有高速数据传输要求时使用并行传输,而在设备之间的线路上采用串行传输,相应地在发送端使用并/串转换接口模块,在接收端使用串/并转换接口模块。

无论并行传输还是串行传输,通信双方交换数据时须高度协同工作,这涉及双方如何握手对话。为了正确地解释信号,接收方需要确切地知道信号应当何时接收和处理,定时功能至关重要。对于并行传输,通常有单独的时钟信号线以及使能信号,接收端清楚什么时候数据位开始有效,并且在时钟信号的驱动下进行周期性采样。串行传输分异步传输和同步传输两种情况,异步传输指收发端拥有各自独立的时钟,同步传输指收发双方采用同一时钟信号完成数据传输。

异步传输将数据比特分成小组进行传送,以 8 bit 为一组表示的字符,发送方可在任意时刻发送这些字符,而接收方并不知晓它们在什么时候到达。为了让接收方有充分的响应时间,异步传输的每个字符都以 1 位起始位开头,通常是逻辑值 0,表示传输字符的开始,然后发送字符,最后发送停止位,通常是逻辑值 1,停止位时间长度可能是 1 bit、1.5 bit、2 bit。通过起始位和停止位,接收端能正确地解析每个字符,实现字符同步,而收发双方的通信速率需提前约定好，以此实现比特位同步。

每个字符发送过程中需增加起始位和停止位，势必会影响数据传输效率。对于同步传输，发送方以固定的时钟节拍发送数据，接收方按相同的时钟节拍接收数据，时钟节拍要求每一位严格对齐，保证收发两端的位同步。同步传输模式以帧为单位发送数据，在开始发送一帧数据之前，发送固定长度的同步字符，然后发送数据，最后发送帧结束字符以实现字符同步和帧同步。

举个同步传输的例子，串行外设接口（Serial Peripheral Interface，SPI）是诸多嵌入式SoC的标配接口，通过 $\overline{SS}$ 信号（低电平有效）使能主从设备之间的通信，$\overline{SS}$ 电平置低后，发送端在 SCLK 时钟信号的驱动下发送数据，接收端在 SCLK 时钟信号的上升沿或下降沿采样，如图3-10所示。

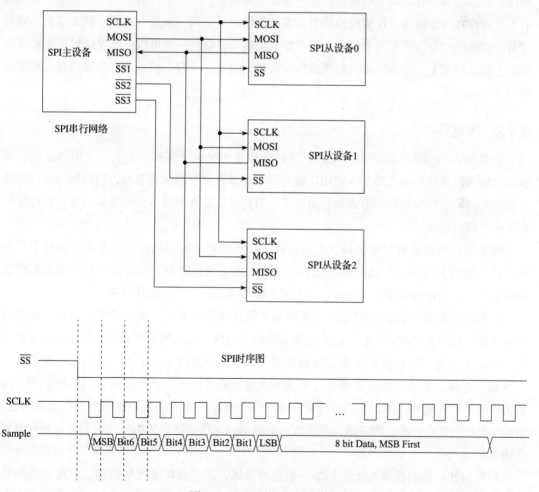

图3-10　SPI接口与同步传输

异步传输和同步传输的区别如下。
- 异步传输是面向字符的传输，同步传输是面向位的传输。
- 异步传输的单位是字符，同步传输的单位是帧。
- 异步传输通过字符起始位和停止位实现字符同步，同步传输通过时钟信号和帧头实现位同步和帧同步。
- 异步传输对时序的要求较低，同步传输往往通过特定的时钟线路协调时序。
- 异步传输相对于同步传输效率较低。

数据传输具有方向性。如果数据只能单向传输，那么一方是发送方，另一方是接收方，角色固定，称为单工通信。单工通信模式的硬件最简单，发送方只有发送链路，而接收方只需接收链路。半双工通信允许数据双向传输，虽然通信双方都可以发送数据或接收数据，但不能同时发送和接收，同一时刻只能有一方作为发送方。半双工通信模式中，通信双方都具有发送链路和接收链接。在传输线路上，半双工模式共享同一条数据通道，两个链路之间通过开关切换分时复用。全双工模式允许数据双向传输，且任一方可以同时发送数据和接收数据，全双工模式下，传输线路具有两条独立的数据通道，全双工模式通信效率最高，相应硬件成本也高。

3.4.2 网络拓扑

设备接入与网络拓扑有关，虽然网络拓扑和系统架构之间有一定关系，但网络拓扑更强调在物理层的设备接入形态，使用传输介质互连各种设备的物理布局，同时网络拓扑体现了数据的流动。网络拓扑由节点和链路组成，节点可以是各种设备或服务器对象，而链路负责节点之间的连接。

常见的网络拓扑有星形拓扑、总线拓扑、环形拓扑、树形拓扑，以及衍生出的更复杂的拓扑，如图 3-11 所示。这些网络拓扑结构从字面上也比较好理解，每种拓扑都有它的优势和劣势，在设计设备接入网络时，应根据实际情况选择正确的拓扑结构。

星形拓扑指各节点以星形方式连成网络，网络有中央节点，由于其他节点与中央节点直接相连，以中央节点为中心，因此又称为集中式网络。任意两个节点之间的通信需要通过中央节点来完成，例如节点 A 要发送数据给节点 B，它先向中央节点发出请求，要求与节点 B 建立连接，之后节点 A 才能通过中央节点建立的通道向节点 B 发送数据。由于所有通信由中央节点控制和协调，它负责建立和维护每个通信链路，因此中央节点变得非常重要，它的结构也会复杂一些，相应地，其他节点的通信处理负担就小了很多，它们只需处理点对点的通信。

星形拓扑结构的优势在于，如果一条链路损坏，并不会影响其他链路，其他链路照常工作。在星形拓扑中，增加或移除结点比较简单，不会对已有网络造成影响，如果网络出现故障，也能够比较快地排查出来，便于管理。由于各节点直连到中心节点，因此网络延迟较小，传输误差较低。它的劣势同样明显，首先是布线成本高，其次网络通信高度依赖于中心节点，一旦中心节点出故障，则整个网络瘫痪。在工业关键应用中，要求中心节点具有高可靠性并采用热备机制。

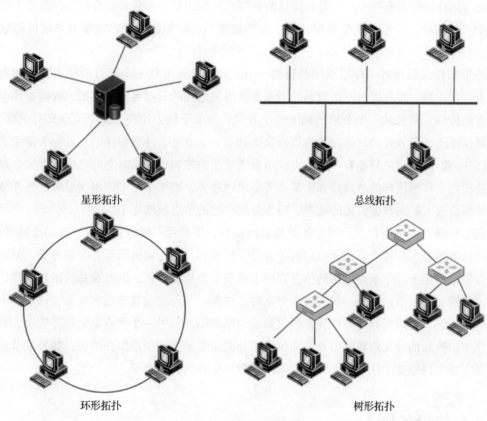

图 3-11　各种网络拓扑

总线拓扑指所有节点连接到一条总线上，由一条主干线缆作为传输介质，无中心节点，每个节点直接与总线相连，所有节点的通信共享同一条链路。理论上每个节点都可以发起对话并发送数据到总线，数据以广播的方式在总线上传播，数据报文中包含目标地址，总线上的各节点收到报文时，将根据地址判断该报文是否是发给自己的，如果是则继续接收消息，否则丢弃报文。

CAN、I^2C、PROFIBUS 等为采用总线拓扑的典型例子。由于每个节点均在总线上发送消息，而线路是共享的，因此需要介质访问控制机制，确保同一时刻只能有一个节点往总线发送数据，避免冲突。总线拓扑的优点有三个。一是网络结构简单，易于扩展，新节点接入只需挂到总线上即可，而删除节点也只需将该节点与总线的连接移除。二是布线成本低，星形总线的布线中需要在每个节点和中心节点之间布线，有过工程建设经验的人员更加深有体会，当一个中心节点下面对应多个终端节点时，等于并排拉一堆线，线缆套 PVC 或镀锌管，外加施工成本（高空作业还有额外的成本），将是一笔不小的费用。而总线拓扑只要拉一条总线，节点挂到总线上就完成接入了。三是单个节点故障不牵连整个网络，可靠性较好。总线拓扑的缺点有两个：一是故障诊断和隔离比较困难，一旦传输介质出现故障，需要将整个总线切断；二是易发生数据碰撞，而增加介质访问控制功能将增加网络硬件和软件开销。

环形拓扑结构像环一样形成闭合链路，节点首尾相连形成一个闭合的环，所有节点共用一个信息环路，各自提出发送数据的请求，获得发送权的节点可发送数据，数据在环中沿一个方向传输，信息从一个节点传到下一个节点，类似于接力比赛，每个节点具有中继器，中继器接收上一个节点的数据，并将数据发送到下一个节点。环形拓扑的优点在于避免了数据发送冲突，同一时刻只能有一个节点获得发送数据的控制权。同时它的电缆长度短，跟总线拓扑相当。环形拓扑的缺点是如果某个节点出现故障，则整个网络就出现故障，另外节点大量增加会大大影响数据传输的效率，因为数据穿过的节点数增加了。

树形拓扑是一种类似于总线拓扑的局域网拓扑，形状像一棵倒置的树，顶端是根节点，根节点以下带分支，每个分支还可以有子分支。树形拓扑的传输链路可有多条分支，但不形成闭合回路，由于每个节点发出的信息都可以传遍整个传输介质，因此和总线拓扑一样，它也可以广播。从根节点往下一级有多个分支时，如果一个分支及其节点有故障，通常并不影响另一个分支。树形拓扑的一个优点是故障易诊断和隔离，另一个优点是它容易扩展，容易在网络中加入新的分支或新的节点。而树形拓扑的主要缺点和星形拓扑类似，如果根节点出现问题，整个网络就不能正常工作。以太网是树形拓扑的典型例子。

3.5　有线设备接入

设备接入按传输介质划分为有线设备接入和无线设备接入，有线设备接入包括现场总线、工业以太网和以太网等。当前工业现场数据采集以有线设备接入方式为主，保证生产现场信息实时采集和上传。无线设备接入方式为辅，例如 Wi-Fi 和 4G 应用于车间手持终端的通信或移动设备的网络连接。

3.5.1　基于现场总线

现场总线诞生于 20 世纪 80 年代中期，随后得到迅速发展。作为一种工业通信数据总线，它是自动化的底层通信网络，主要解决工业现场的智能化仪器仪表、控制器、执行机构等现场设备间的数字通信以及现场控制设备与上层控制系统之间的信息传递问题。现场总线由于简单、可靠、经济实用等一系列突出的优点，因而受到了高度重视。具体而言，现场总线以测量控制设备为网络节点，以双绞线同轴电缆等传输介质为纽带，将位于生产现场的具备数字计算和数字通信能力的测量控制设备连成一个网络，并按公开规范的通信协议，在多个测量控制设备之间，以及测量控制设备与远程监控计算机之间，实现数据传输和信息交换。

现场总线和工厂自动化、信息化的发展演变密切相关，现场总线的几个关键词：数字化、总线、高度分散、实时性、协议开放。数字化是相对于传统的模拟信号连接而言的，如国际电工委员会过程控制系统采用的模拟信号标准是 4～20 mA 直流电流信号，或者 1～5 V 直流电压信号传输信息。模拟信号的连接采用一对一方式，现场设备之间的组网和信息交换还是不太方便，而现场总线采用总线拓扑数字化的方式，给布线方式带来巨大变化，让布线变得简单很多。由于现场设备在不同程度上具备了数字计算能力，因此可以分散在工厂范围内，形成分布式系统。现场总线为开放式互联网络，技术标准都是公开的，标准的公开、一致，使得系统具备开放性，设备之间具有互操作性，相同功能的设备间具有互换性。目前来说，这种开放性和互操作性仅局限于特定总线协议的设备之间、设备与对应的控制系统之间。

目前市场上宣称开放的现场总线多达 40 种，各个国家和公司投入大量资金和人力研究各种现场总线，虽然 1984 年 IEC 就成立了工作组，着手起草现场总线标准，但由于很多公司已经推出自己的现场总线技术，不同现场总线标准之间的开放性和互操作性难以统一，因此造成了事实上的不同现场总线之间无法互通，这也造成了工业物联网面临多源异构系统时数据采集困难。比较常用的现场总线有 PROFIBUS、DeviceNet、Modbus、Foundation Fieldbus、LonWorks、CAN 等，如表 3-2 所示。

关于各种总线技术的介绍，有很多参考文档和工具书可查阅，本书不做展开，仅以 Modbus 为例，讲解一些基本概念。这些概念和定义是普适的，例如报文帧、校验、寻址、超时机制、主从模式、OSI 网络层次等。

Modbus 是一种串行通信协议，由 Modicon 公司（现在的施耐德电气）于 1979 年提出，已成为工业领域通信协议的业界标准之一，是工业电子设备之间常用的通信方式，广泛应用于工厂车间级通用性通信任务。Modbus 使用比较广泛的原因有两个：1）公开发表并且无版权要求；2）相对易于部署和维护。

Modbus 采用主从模式，一个主节点，其他作为从节点，从节点最多 247 个，通过地址编码区分（0～247，0 表示广播地址）。主节点和从节点都连接到总线，大多数 Modbus 设备的物理层接口采用串口 RS-485。主从模式中，通信总是由主节点发起，从节点在没有收到主节点发送的请求时，不会发送数据。从节点之间无法直接通信，由于总线方式共享数据链路，同一时刻主节点只能处理一个从节点的事务，因此不管是主节点还是从节点，一旦上电，都将自己置于监听状态。

表 3-2 几种常用现场总线的比较

总线名称	Modbus	PROFIBUS	Foundation Fieldbus	DeviceNet	LonWorks	CAN
传输介质	双绞线	双绞线、光纤	双绞线、同轴电缆、光纤	双绞线、同轴电缆、光纤	双绞线、同轴电缆、电力线、无线光纤	双绞线、同轴电缆、光纤
传输速率	9.6～115.2 kb/s	9.6 kb/s～12 Mb/s	31.25 kb/s、1 Mb/s、2.5 Mb/s	125 kb/s、250 kb/s、500 kb/s	0.3 kb/s～1.25 Mb/s	5 kb/s～1 Mb/s
介质访问方式	单主站通信	令牌传递	令牌传递	CSMA/NBA 仲裁	CSMA/CD 仲裁	CSMA/CD 仲裁
推出时间	1979 年	1987 年	1994 年	1994 年	1990 年	1986 年
最大节点数	247	127	32	64	32 000	110
是否支持总线供电	是	是	是	是	是	是
OSI 网络层次	1、2、7	1、2、7	1、2、7	1、2、7	1～7	1、2
纠错方式	CRC	CRC	CRC	CRC	CRC	CRC
主要应用领域	工厂车间级通用性通信任务	工厂车间级通用性通信任务	现场总线仪表、执行机构等过程参数监控	工厂车间级通用性通信任务	楼宇自动化	汽车电子

Modbus 有两种传输模式：RTU 和 ASCII，同一个 Modbus 网络上的所有设备要求具有相同的传输模式。Modbus RTU 是一种紧凑的，采用二进制表示数据的方式；Modbus ASCII 是一种可读的，相对冗长的表示方式。相同传输速率下，RTU 模式比 ASCII 模式有更高的数据吞吐量。Modbus 报文帧的结构同样遵循"比特–字符–帧"的构造方式。图 3-12 所示是 RTU 模式下的字符组成，每个字符的位传输顺序由最低位到最高位，加上校验位和停止位，如果无奇偶校验，则有两个停止位。ASCII 模式下，传输一个字节数据如十六进制 0x8F，则需占用两个字符，分别发送 8 和 F，8 的 ASCII 码是 0x38，F 的 ASCII 码是 0x46。ASCII 模式下字符的数据位是 7 位，其他方面与 RTU 模式相同。

RTU模式：由8个数据位组成的字符

1个起始位	8个数据位	1个校验位	1个停止位

RTU模式字符位顺序（带奇偶校验）

起始	0	1	2	3	4	5	6	7	校验	停止

RTU模式字符位顺序（无奇偶校验）

起始	0	1	2	3	4	5	6	7	停止	停止

图 3-12　RTU 模式下字符组成与位传输顺序

Modbus RTU 报文帧的最大长度为 256 字节，其中从节点地址为 1 字节，功能码为 1 字节，CRC 循环冗余校验占 2 字节，数据有效载荷部分 0～252 字节，如图 3-13 所示。Modbus 网络中，每个从节点地址唯一。

从节点地址	功能码	数据有效载荷	CRC
1字节	1字节	0～252字节	2字节

图 3-13　RTU 报文帧结构

Modbus RTU 报文中，如何区分不同帧呢？这需要让帧与帧之间保证足够的空闲间隔，一般空闲间隔要求大于 3.5 个字符时间长度，整个报文帧以连续的字符流发送，如果帧内两个字符之间的空闲间隔大于 1.5 个字符，则报文帧被认为异常，应该被接收节点丢弃，如图 3-14 所示。

报文帧结构中的功能码和数据区，即为 Modbus 网络主从节点之间所交换信息。表 3-3 列举了 Modbus 支持的部分功能码，功能码代表这一条报文发送的消息类型，其中线圈表示数字量（0 和 1），寄存器表示模拟量或多个数字量的组合。

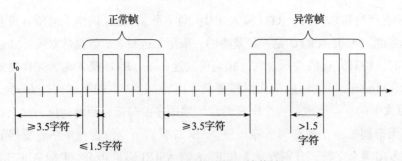

图 3-14 RTU 模式报文帧传输

表 3-3 Modbus 部分功能码

功能码（十进制）	名称	寄存器设备地址	操作类型	操作数量
01	读线圈状态	00001～09999	位操作	单个或多个
02	读离散输入状态	10001～19999	位操作	单个或多个
03	读保持寄存器	40001～49999	字操作	单个或多个
04	读输入寄存器	30001～39999	字操作	单个或多个
05	写单个线圈	00001～09999	位操作	单个
06	写单个保持寄存器	40001～49999	字操作	单个
15	写多个线圈	00001～09999	位操作	多个
16	写多个保持寄存器	40001～49999	字操作	多个

从表 3-4 所示的 Modbus 寄存器种类说明中，可以发现功能码和设备功能之间存在类比关系。例如线圈状态表示数字量输出（Digital Output，DO），输入寄存器表示模拟量输入（Analog Input，AI）。寄存器设备地址表示设备的物理寄存器地址，寄存器协议地址为 Modbus 通信时报文帧使用的地址（逻辑地址），两者之间存在映射关系，如寄存器设备地址 40003 对应协议地址 0002，寄存器设备地址 30003 对应协议地址 0002，虽然协议地址都是 0002，但是在报文帧中使用了不同的功能码，因此不会产生地址访问冲突。

表 3-4 Modbus 寄存器种类说明

寄存器种类	说明	寄存器设备地址（十进制）	寄存器协议地址（十六进制）	适用功能码	读写状态	设备功能类比
线圈状态	数字输出端口。可设定端口的输出状态，也可以读取该位的状态	00001～09999	0000H～FFFFH	01、05、15	可读可写	数字量输出（Digital Output，DO）
离散输入状态	数字输入端口，可读但不可写	10001～19999	0000H～FFFFH	02	可读	数字量输入（Digital Input，DI）
输入寄存器	输入参数，控制器运行时从外部设备获得的参数。可读但不可写	30001～39999	0000H～FFFFH	04	可读	模拟量输入（Analog Input，AI）

（续）

寄存器种类	说明	寄存器设备地址（十进制）	寄存器协议地址（十六进制）	适用功能码	读写状态	设备功能类比
保持寄存器	输出参数或保持参数，设备运行时被设定的某些参数，可读可写	40001～49999	0000H～FFFFH	03、06、15	可读可写	模拟量输出（Analog Output，AO）

以写单个保持寄存器为例，报文帧按字节顺序，进行一问一答，如图 3-15 所示。从节点地址、功能码、校验，以及中间的有效数据载荷，所有字节都有明确的定义和顺序，正因如此，报文对该网络内所有设备而言是透明的，均可以解析，从而成为不同 Modbus 设备之间进行通信和数据交换的基础。需要注意的是，虽然数据区可以正常读取，但是数据区所代表的含义，例如它是代表温度、湿度、还是电流，仍需要 Modbus 网络内的设备之间提前约定好。在 OSI 网络层次中，Modbus 定义了 1、2、7 层，报文帧结构的详细定义，属于第 7 层应用层的范畴。关于 Modbus 更多信息，可参考 Modbus 组织发布的协议技术规范㊀。

写单个保持寄存器—请求		写单个保持寄存器—响应	
从机地址	11	从机地址	11
功能码	06	功能码	06
寄存器地址高字节	00	寄存器地址高字节	00
寄存器地址低字节	01	寄存器地址低字节	01
寄存器值高字节	00	寄存器值高字节	00
寄存器值低字节	01	寄存器值低字节	01
CRC校验高字节	9A	CRC校验高字节	9A
CRC校验低字节	9B	CRC校验低字节	9B

图 3-15 写单个保持寄存器示例

3.5.2 基于工业以太网

以太网是应用最广泛的计算机网络技术，由于以太网在因特网中应用广泛，技术成熟度高，软硬件资源丰富，绝大多数的编程语言都支持以太网的应用开发，这种商业上的成功和规模化应用使得交换机集线器等网络设备硬件成本进一步降低。虽然 IEEE 802.3 和以太网有很小的差别，但通常大家将 802.3 局域网称为以太网。802.3 定义了以太网的物理层以及数据链路层中的介质访问控制（Media Access Control，MAC）部分，加上数据链路层之上的 TCP/IP，构成了整个 IT 互联网的基础。正因如此，人们期望将 802.3 和 TCP/IP 网络技术广泛应用于工业领域，其技术优势非常明显。

㊀ 地址为 http://modbus.org/docs/Modbus_Application_Protocol_V1_1b3.pdf。

- 802.3 和 TCP/IP 网络技术是全开放、全数字化的网络，遵循 OSI 网络模型，不同厂商的设备可以很容易地实现互联。
- 以太网能实现工业控制网络与企业信息网络的无缝连接，形成企业级管控一体化的全开放网络。
- 软硬件成本低廉，由于以太网技术已经非常成熟，支持以太网的软硬件受到厂商的高度重视和广泛支持，有多种软件开发环境和硬件设备供用户选择。
- 通信速率高，随着企业信息系统规模的扩大和复杂程度的提高，对信息量的需求也越来越大，而企业信息系统和生产车间现场系统的打通，催生了越来越大量的数据传输需求。
- 可持续发展潜力大，信息技术和通信技术的发展将更加迅速，也更加成熟，由此保证了以太网技术不断地向前发展。

以太网最初是针对办公自动化和企业管理 IT 信息化设计的，以太网的数据链路层采用"载波侦听多路访问/冲突检测"（Carrier Sense Multiple Access with Collision Detection, CSMA/CD）随机访问竞争型机制，实现对共享数据链路的访问。载波侦听指网络上各个节点在发送数据前，需要先确认总线上是否存在数据传输，若存在数据传输则不发送数据，无数据传输才发送准备好的数据。多路访问指网络上所有节点收发数据均共享同一条总线，且采用广播方式发送数据。冲突检测指发送节点在发出信息帧之后，保持链路监听，判断是否发生冲突，如果冲突存在，立即停止发送。

CSMA/CD 这种机制特征使得当前互联网采用"尽力而为之"的数据传输理念，因此并不符合工业领域对于数据实时性、安全性和可靠性等方面的要求，将传统的以太网直接用于工业领域还存在着明显的限制。企业对生产现场网络与企业级信息网络的无缝集成、开放统一基础架构以及透明通信协议的需求，推动网络技术的发展，以太网逐渐进入工业控制领域，形成了新型以太网控制网络技术即工业以太网，这是工业自动化系统向分布式和智能化方向发展的必然结果。

工业以太网，一般指技术上与标准以太网兼容，同时采取改进措施使其更加适合工业应用场景，常见的工业以太网协议有 Modbus/TCP、Ethernet/IP、PROFINET、EtherCAT 等。根据从站设备的通信实现方式与标准以太网的兼容程度，可将工业以太网分为 3 类。第一类完全兼容标准以太网，使用标准以太网控制器和 IP，Modbus/TCP、Ethernet/IP、PROFINET NRT 属于这一类，实时数据和非实时数据都通过 IP 传输，优点是成本低、实现方便，完全兼容标准以太网，缺点是实时性始终受底层限制，对于面向控制的实时 I/O 数据，它采用 UDP/IP，相对 TCP 实时性更好一些。第二类采用标准以太网控制器，实时数据不通过 TCP/IP 传输，而是定义专门的实时协议，TCP/IP 协议栈仍然存在，用于传输非实时数据，PROFINET RT 属于这一类。第三类使用专用以太网控制器，同时定义专门的实时协议,优点是实时性强,缺点是成本高,且需要专用协议芯片、专用交换机,像 EtherCAT 从站(EtherCAT 主站可以使用标准以太网)、PROFINET IRT 属于这一类。

以 PROFINET 协议为例,它包含 3 个版本——PROFINET NRT、PROFINET RT 和 PROFINET IRT,如图 3-16 所示。

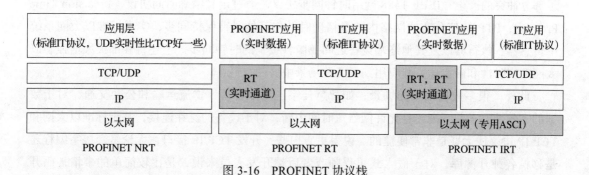

图 3-16 PROFINET 协议栈

- PROFINET NRT(PROFINET 非实时):非实时通信,基于标准以太网和 IP,响应时间通常在百毫秒级,企业信息网络较容易与之打通。

- PROFINET RT(PROFINET 实时):使用带有优先级的以太网报文帧,在 CSMA/CD 机制中,PROFINET RT 的报文帧具有高优先级,以此提高实时性;另外,它优化掉了 OSI 协议栈的第 3 层和第 4 层,缩短了实时报文在协议栈的处理时间,进一步提高了实时性能。由于缺乏 TCP/IP 协议栈,因此 PROFINET RT 的报文无法路由。RT 方案属于软实时方案,实时性通常在数十毫秒以内。

- PROFINET IRT(PROFINET 等时实时):在现场级通信中,可满足在 100 个节点内响应时间小于 1 ms,抖动误差控制在微秒级。IRT 使用时分多路复用协议以及专用 ASIC 芯片,时间片由专用交换式芯片控制,它将每个周期分隔为确定性通道和开放性通道,每个周期内先保证确定性通道内数据的实时传递,对实时性要求不高的数据,则通过开放通道传输。IRT 方案是硬实时方案,相当于在 CSMA/CD 机制的基础上,强制在一个周期内将时间拆为两个时间片,采用时间触发,保证时间要求严格的数据传输的实时性和确定性。

可以看到,工业以太网在实时性方面的努力主要体现在软实时和硬实时两方面,一方面它利用了以太网报文帧优先级,同时缩短协议栈层级;另一方面是使用专用硬件,这些措施都是对标准以太网 CSMA/CD 介质存取过程的干预,以此提高实时性。工业以太网有两个大的发展方向,一是不断提高实时性,二是更好地兼容标准以太网和 IP。

事实上,除了工艺环节过程控制对于实时性有非常严苛的要求,其他多数情况下,随着以太网技术不断进步,标准以太网已经越来越多地直接应用于工业物联网的很多场景。例如千兆比特以及更高速率的以太网,在同等传输数据量的情况下,更高通信速率意味着网络负荷减轻,传输延时降低,因此网络碰撞的概率也大大降低了;通过三层交换机划分多个网段时,同一网段内节点之间的数据传输仅限于它所处的网段内,不占用其他网段的带宽,降低了主干网络的负荷;全双工通信模式使端口能同时接收数据和发送数据,有效避免了部分冲突的产生;IEEE 1588 网络时钟同步协议,通过定义精确时间协议(Precision Time Protocal,PTP),使分布式网络内的最精确时钟与其他时钟保持同步,实现标准以太网系统中传感器、执行器以及其他终端设备之间亚微秒级别的时钟同步。上述特性都极大增强了以太网的实时性和确定性,并应用到了工业场景中。

此外,很多数据采集的场景,如智慧楼宇、城市管理、物流运输和公共交通,对于数据的实效性要求并不高,且允许网络短时间中断,对于设备的泛在连接,基于标准以太网和 TCP/IP 协议栈无疑是非常便捷的。说得更直白些,开发 TCP/IP 接口,无论是套接字编程还是移植各种开源库,对于嵌入式工程师或者后端开发人员来说,是比较简单的事情,而开发现场总线或工业以太网协议,对 IT 人员来说还是有较高的门槛,虽然同样可移植一些库,但更多时候需要工控专业背景的开发人员才能胜任。

3.6 无线设备接入

工业现场数据采集以有线网络连接方式为主,无线网络为辅,工厂外智能产品/移动装备以无线网络连接方式为主。无线网络连接按通信距离可粗略分为短距离通信和长距离通信,短距离通信如射频识别技术(Radio Frequency Identification,RFID)应用于工厂内身份识别和资产盘点,低功耗蓝牙(Bluetooth Low Energy,BLE)用于车间现场手持终端与打印机的连接和即时单据打印,Wi-Fi 用于手持终端、场内移动机器人与调度系统之间的网络通信等。长距离通信方面,蜂窝无线技术如 4G 用于工厂内外移动设备和手持终端的网络连接和数据传输,低功耗广域网(Low-Power Wide-Area Network,LPWAN)通过自组网满足数公里范围内的信号覆盖,专为低带宽、低功耗、远距离、大量连接的物联网应用而设计,例如远程抄表(水表、电表、天然气表)、智慧园区管理。

在考虑有线或无线设备接入方式时,会结合多方面因素综合评估,这并非需要面面俱到,只要占主导的几个因素有明确的倾向性,就可以确定设备接入方式。有时做这种选择题是较容易的,比如工厂外移动设备接入,只能采用无线方式,有时候却需要做详细的分析,表 3-5 列举了一些考虑因素。值得注意的是,技术在不断演进,部分因素在有线和无线两种方式中的区别和界限逐渐变得模糊,例如针对通信速率,无论 Wi-Fi 还是 3GPP 蜂窝,都在不断提高通信带宽和速率,4G 时代理论下行速率为 100 Mb/s,而 5G 时代增强移动宽带(enhanced Mobile Broadband,eMBB)的目标峰值速率将大于 10 Gb/s,对于以后的很多场景,带宽速率将不再是限制因素。

表 3-5　设备接入方式考虑因素

考虑因素	有线设备接入	无线设备接入
通信速率	高	虽然绝对速率要比有线方式低，但无线通信的速率随着技术进步在不断提高
通信实时性和可靠性	高	无线通信的实时性和可靠性相对低一些，这跟信号基于无线链路传播有很大关系，有时候环境变化也会对通信质量产生影响
抗干扰性	有线方式通常干扰小，虽然现场布线有时也会受电磁干扰影响，尤其强电和高共模电压可能会对设备造成损坏，但是在做好必要的措施如屏蔽和正确接地或接地隔离时，干扰问题能够得到很好的抑制	无线射频信号在空间传播时，存在各种干扰，如相邻信道干扰、同频干扰、杂散干扰、互调干扰等。例如在车间里有时候设备无法通过 Wi-Fi 正常上传数据，原因是 ISM 开放频段在 2.4 GHz 存在各种协议标准和无线设备，有可能新部署的无线节点对原有节点造成了干扰
移动性	低	高
覆盖距离	通常认为有线方式覆盖距离近（光纤除外），设备之间通过连线组网，长距离线缆导致电信号明显衰减，并且线缆电阻电容会让信号产生畸变。通常现场总线或工业以太网都是在小范围内组网。例如百兆以太网，采用超五类线缆时，要求最大距离在 100 米内，更长的距离需要通过交换机或中继	蜂窝通信是典型的远距离覆盖，覆盖范围达几十公里
施工成本	设备的安装分为前装和后装，前装是在最开始就考虑设备的安装与实施，而后装更多涉及的是对工厂的改造。对于有线设备接入，施工是不小的成本，而后装成本可能更高，例如布线成本、人工成本，而且由于担心影响现场作业，有些场合甚至不具备布线的条件	低
额外通信费用	通常在一个工厂级或车间级，通过有线的方式实现数据交换，如果数据传输不出去，基本上没有额外的通信费用产生，只有当数据需要上传到远端数据中心时，通过企业专线、城域网或者其他 ISP 服务商提供的服务，需要支付通信费用，一般会根据估算单位时间流量，统一规划并申请需要的带宽	额外通信费用主要针对蜂窝接入，每一个设备需要数据流量，通过物联网卡或 SIM 卡，实现数据的传输。当节点数比较多的时候，需要考虑这部分费用

3.6.1　短距离无线设备接入

短距离无线通信如 Wi-Fi、BLE、RFID 和 ZigBee 等，它们通过一定的拓扑构成一个网络，可以是星形拓扑、树形拓扑，甚至网状拓扑。在短距离通信中，网关扮演着重要角色。网关是逻辑上的概念，它是网络中的一个角色，指一个网络的出口。再形象一点，网关将一个小范围内网络的数据流量，转换成另一种协议格式，让这些数据传播得更远。

本节主要从工业数据采集的角度，介绍无线设备接入时的硬件构成、通信原理。在选择短距离通信协议时，通信速率、覆盖范围、功耗、成本、技术成熟度、开发周期等是重要的考量因素。接下来介绍 Wi-Fi、BLE、RFID 三种不同的短距离通信技术，这三者在产品形态和网络拓扑上各不相同,具有一定的代表性。

1. IEEE 802.11/Wi-Fi

先解释一下无线局域网(Wireless Local Area Network,WLAN)与 IEEE 802.11、Wi-Fi 几个概念之间的关系。WLAN 是一种利用射频技术进行数据传输的系统,使用 ISM(Industrial、Scientific、Medical)无线电广播频段通信,WLAN 相关标准很多,最常见的是 IEEE 802.11,由 IEEE 802.11 工作组负责,工作组制定了一系列的标准,包括 802.11a/b/g/n/ac,并且这些标准也在不断演进。

Wi-Fi 是设备商成立的一个联盟,负责产品测试认证,802.11 工作组只负责制定标准,产品是否符合标准,则交给 Wi-Fi 联盟,Wi-Fi 联盟将 Wi-Fi 定义为基于 IEEE 802.11 标准的 WLAN 产品。由于 Wi-Fi 和 IEEE 802.11 紧密相关,因此业内也常把 Wi-Fi 等同于 IEEE 802.11 标准的同义术语。本书后续描述中,为简单起见,将直接使用 Wi-Fi 一词。

Wi-Fi 的应用范围非常广,绝大多数的智能手机、平板和笔记本电脑都支持 Wi-Fi,通过 Wi-Fi 很容易建立局域网络。办公场所、校园、政务大厅,到处是 Wi-Fi。固定场所的 Wi-Fi 大部分通过有线网络提供,比如家用的小区宽带,通过一个无线路由器就能把有线宽带转换成 Wi-Fi。由于无须布线,因此 Wi-Fi 非常适合移动办公,相对蜂窝通信而言,它的功耗更低,Wi-Fi 的发射功率通常低于 100 mW,而蜂窝 4G 网络的发射功率达 1 W 以上。

即便如此,在物联网领域,Wi-Fi 仍属于高功耗类别,除了一些手持终端设备或者外部供电设备,其他情况下使用 Wi-Fi 接入时,功耗以及由此带来的续航是个问题。当功耗不是限制因素时,如果一个区域已经实现 Wi-Fi 全覆盖,那么通过 Wi-Fi 接入不失为低成本且快速便捷的方案。Wi-Fi 的传输速率也在随着标准的演进而提高。历经了 802.11b 的 11 Mbps、802.11a 的 54 Mbps,802.11n 平均速度 150 Mbps,到 802.11ac 时,平均速度达 1.5 Gbps,新的标准将提供更高的速率。

Wi-Fi 设备通过无线访问接入点(Access Point,AP)接入网络,无线 AP 和蜂窝网络中的基站功能类似,后面连接着更大的网络,如因特网、公司或家庭网、电话网等,是实现无线设备和更大网络连接的桥梁,起着链路层中继的作用。AP 向无线设备发送数据并从无线设备接收数据,AP 须协调与之关联的多个无线设备之间的数据传输,如图 3-17 所示。AP 通常分为室内型和室外型,室内环境下覆盖范围通常在 100 米以内,AP 往上连接到交换机和路由器。

由于每个 AP 的覆盖范围有限,大的区域需要多个 AP 才能完成信号覆盖。区域环境复杂时,需考虑两个问题,一

图 3-17 Wi-Fi 接入

是信号干扰,二是设备移动时 AP 切换的问题。Wi-Fi 有两个频段,分别是 2.4 GHz 和 5 GHz。由于频段的开放性,2.4 GHz 是一个非常拥挤的频段,很多无线通信协议都在这个频段上工作,例如蓝牙、ZigBee 等。Wi-Fi 在 2.4 GHz 频段上,一共划分了 13 个信道(实际有 14 个信道,中国支持 1 ~ 13 信道),由于每个信道的有效带宽是 20 MHz,加上 2 MHz 的隔离频带,因此每个信道的频率范围实际是 22 MHz。例如信道 1 的中心频率为 2412 MHz,频率范围是 2401 ~ 2423 MHz,表 3-6 列举了 13 个信道的中心频率。

表 3-6 Wi-Fi 信道的中心频率

信道	中心频率	信道	中心频率
1	2412 MHz	8	2447 MHz
2	2417 MHz	9	2452 MHz
3	2422 MHz	10	2457 MHz
4	2427 MHz	11	2462 MHz
5	2432 MHz	12	2467 MHz
6	2437 MHz	13	2472 MHz
7	2442 MHz		

同一时刻,AP 只能选择某一个信道,当 AP 数量众多,并且缺乏统一的信道分配管理和发射功率自动调整机制时,将存在相同信道干扰的问题。每个 AP 都同时连接了多个无线设备,虽然 802.11 标准同样采用了载波侦听机制,即信道空闲的时候才传输数据,但是在传输的过程中仍可能出现信号碰撞。设备数量越多,碰撞概率越大,图 3-18 所示是拥挤的 Wi-Fi 信道。

信号干扰对于生产现场影响较大,而改善方法,一方面是使用 AP 控制器对多个相邻 AP 做集中管理,为每个 AP 分配不同的工作信道,让彼此错开;另一方面是利用 5 GHz 频段,5 GHz 频段拥有更大的带宽,没有那么拥挤,缺点是频率高、波长短,因为物理特性,所以信号易衰减。

物联网应用中,无线设备接入的数量规模可能非常大,此时须评估干扰性,如果工业现场已经安装了 AP,由于 AP 接入设备数量有

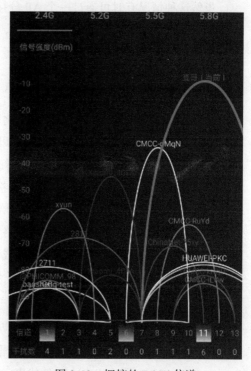

图 3-18 拥挤的 Wi-Fi 信道

限，因此需要考虑新增无线设备后，现有 AP 是否能容纳这么多设备，是否需要增加 AP，在设计方案时，要考虑这部分的改造成本。如果生产现场某些业务对于实时性有非常严格的要求，须谨慎评估新设备接入可能对实效业务产生的影响并尽量做实测，影响通常并非来自带宽占用，事实上，带宽经常是足够的，不够可以扩容，主要影响在于网络实效性和稳定性。

设备移动时存在 AP 切换的问题，设备和人员在区域内大范围移动会导致设备在不同的 AP 间切换，如果移动速度很快，在 AP 切换的过程中，设备可能存在暂时的连接中断。有时中断时间非常长，这跟每个 AP 的接入容量以及现场环境复杂性有密切关系，开发人员设计时应保证设备端有缓存机制，在 Wi-Fi 连接中断时，把数据缓存下来，待通信恢复后完成数据续传。

不要忽视 AP 切换带来的影响，来看一个例子。在一个叉车改造项目中，安装了 Wi-Fi 数据采集设备，现场划分了两个作业区域 A 和 B，两个区域之间隔着一堵墙，驾驶员驾驶叉车从 A 区开往 B 区时，通信中断，有时中断达 3 分钟以上，从 B 区返回 A 区时，信号又中断了，驾驶叉车一次作业往返时间也就 2～3 分钟，表现出来的就是数据采集设备一直连接又断开，无法正常工作。虽然采取了很多软件层面的优化措施，但是效果并不好，而项目批量推广时涉及的场地又非常多，项目组对现场的网络基础设施情况没有底，最后为了稳妥起见，更换成 4G 方案。

虽然这种情况有时可通过一个 AP 分接多个吸顶天线，采用馈线连接方式解决，但布线相对麻烦。同样的问题发生在 AGV 身上，有些工厂车间出于特殊原因没有蜂窝信号，AGV 通过 Wi-Fi 和现场服务器通信，现场服务器负责调度任务下发并接收 AGV 返回的实时状态，AP 切换将对 AGV 的正常工作造成一定影响，解决办法是采用更高性能的工业级 AP，能够实现快速连接，最小化切换影响。

使用 Wi-Fi 连接方式，还需要考虑物联网设备的初次配置环节。设备到达现场后，须连接到指定 Wi-Fi 网络，包括选择 SSID 以及输入密码。非手持终端类设备没有屏幕，如何进入设置界面呢？一种方式是借鉴路由器的方法，物联网设备默认作为 AP 热点，用户的笔记本电脑或手机连接该 AP 热点，建立连接后，修改设备配置并重启。另一种方式是设备提供额外的串口或蓝牙等外设接口，通过外设连接到上位机，上位机使用配套工具完成配置。当需要远程更新设备固件，而 Wi-Fi 网络无法公网访问时，设置过程就不那么便利了。当 Wi-Fi 网络发生变更时（如更改了 SSID 或者连接密码），设备将无法连接网络，进而影响工作，这种情况对无人值守的设备影响会更大一些。

2. 低功耗蓝牙

蓝牙在消费电子领域得到了广泛的应用，从最初的蓝牙 1.0 到目前最新规范 5.3，蓝牙被定位为设备之间的短距离通信技术，通常在数十米范围内，它是无线个域网（Wireless Personal Area Network，WPAN）的代表，IEEE 802.15.1 定义了蓝牙标准。如果说 802.11 是大功率、中等范围和高速率的接入技术，那么 802.15.1 则是小范围、低功率和低成本运行的网络。和 Wi-Fi 一样，蓝牙在消费类产品中得到了广泛的应用，例如智能手机终端、无线耳机和笔记本电脑等，其实任何技术如果搭配上消费类产品，成为标配，那么出货量将非常大，而产业链成熟后，从芯片到模组再到产品的价格将变得非常低。

在物联网应用中，一再强调成本非常重要，有时甚至是唯一影响因素。蓝牙由于其市场成熟，成本相对低，在物联网领域也将发挥作用。蓝牙标准由蓝牙技术联盟（Bluetooth Special Interest Group，Bluetooth SIG）制定，联盟拥有蓝牙商标，负责制造厂商认证，授权厂商使用蓝牙技术和蓝牙标志。

蓝牙协议分经典蓝牙（Basic Rate，BR）和低功耗蓝牙（Bluetooth Low Energy，BLE），两种协议均包括设备搜索和连接管理机制，但二者不互通。厂商如需确保和所有蓝牙设备连接，就要同时实现两种技术，例如产品设计中使用"BLE 4.2+BR/EDR"双模芯片。BR 经典蓝牙的最高速率为 721.2 kb/s，可选的增强速率技术（Enhanced Data Rate，EDR）可使速率达到 2.1 Mb/s。BR 技术的进化路线是不断提高传输速率，传输速率变快的代价是功耗变大，很多场景并不关心传输速率，而是更加关注功耗，于是推出了低功耗蓝牙。物联网应用非常关注功耗，接下来仅介绍 BLE 部分。

BLE 共 40 个信道，每个信道带宽为 2 MHz，信道间隔 2 MHz，信道的中心频率 $f = 2402 + k \times 2$ MHz，其中 k 为信道编号，取值范围为 0～39。BLE 的一个显著特点是采用了跳频技术（Hopping），跳频是蓝牙的关键技术之一，通信双方并非固定使用某一个信道，而是以一定规律跳变。催生该技术的动力，在于 2.4 GHz 频段过于拥挤，通信干扰严重。BLE 定义了多个独立信道，单次连接中，通信双方按一定的码序列（伪随机码序列），不断地从一个信道"跳"到另一个信道，只要连接双方能按规律同步通信，即使干扰源存在，也无法造成持续干扰，跳频每秒钟可发生 1600 次，即使在特定信道上存在干扰，其持续时间也不超过千分之一秒，由于跳频非常快，数据包很短，因此可将外界干扰影响降到最小。

蓝牙采用高斯频移键控（Gauss Frequency Shift Keying，GFSK）调制方式，GFSK 的基础是频移键控 FSK，基带信号（输入比特流）通过改变载波频率来达到携带信息的目的，GFSK 将输入数据经高斯低通滤波器滤波后，再进行 FSK 调制，以限制频谱宽度和功率消耗，这是无线通信系统所希望的特性。BLE 物理信道如表 3-7 所示，其中 37、38 和 39 是广播信道。

表 3-7 BLE 物理信道

信道	中心频率（MHz）	信道类型
37	2402	广播信道
0	2404	数据信道
1	2406	数据信道

（续）

信道	中心频率（MHz）	信道类型
2	2408	数据信道
…	…	…
10	2424	数据信道
38	**2426**	**广播信道**
11	2428	数据信道
12	2430	数据信道
13	2432	数据信道
…	…	…
36	2478	数据信道
39	**2480**	**广播信道**

  低功耗是 BLE 的一大特点，BLE 将最大发射功率控制在 10 dBm（10 mW）以内[⊖]，同时，BLE 协议栈中，广播模式和连接模式的选择也会对功耗产生影响。以广播信道为例，假定 BLE 设备以 500 ms 的间隔周期性广播，发射功率为 0 dBm。每个周期内，实际广播数据的时间大约 3 ms，另外 497 ms 时间内设备进入休眠状态，然后唤醒，再休眠。设备广播时的瞬时电流为 12 mA，闲时电流为 0.003 mA，平均电流计算公式 =（广播瞬时电流 × 广播时间 + 闲时电流 × 闲时时间）/ 广播间隔时间。

  上述情况下计算得出平均电流约 0.08 mA，假定使用两节 ER14250 锂亚硫酰氯电池（柱式电池），一节电池容量 1200 mAh，两节合计容量 2400 mAh，电池标称电压 3.6 V，假定工作温度为 25 ℃，则续航天数约 1250 天，3 年以上。如果广播间隔增大，则平均功耗更低，续航时间更长。

  IEEE 标准中 802.15.1 属于自组织网络，无须基站设备（802.11 使用了 AP），802.15.1 设备能自组网。需要建立连接时，802.15.1 设备可组成多达 8 个活动设备的网络，设备之间建立了主从模式关系，其中之一被指定为主设备，其余作为从设备。

  BLE 相对于经典蓝牙最大的变化是增加了广播模式，单方向、无连接，数据发送方在广播信道上广播数据，数据接收方扫描、接收数据，双方并不建立连接，也没有握手，发送方周期性广播数据，它并不关心广播消息是否被接收了以及被多少设备接收。连接和广播属于两种状态，状态之间可以相互切换，如图 3-19 所示。

  BLE 广播状态对应两种角色，分别是广播者和观察者，广播者发送广播，观察者接收广播，两者之间是多对多的关系，而且这种关系是松散的，广播者并不知晓谁接收了它发出的广播，而观察者通过扫描可接收多个不同的广播。在一些应用场景中，广播内容不重要，重要的是广播者的公开地址，公开地址附在广播报文中，利用公开地址的全球唯一性，可实现身份校验功能，例如小区的进出门禁、上下班打卡等。

⊖ 蓝牙核心规范地址为 https://www.bluetooth.com/specifications/bluetooth-core-specification/。

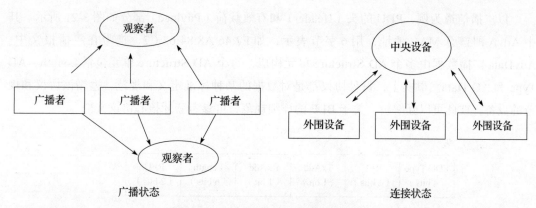

图 3-19　BLE 广播状态与连接状态

BLE 可从广播状态切换到点对点连接状态，连接指设备之间建立了一条专用通道，由于信道资源受限，通道无法独占，因此实际采用分时复用方式，在约定时间点，双方都到一个指定的物理信道上通信。连接状态下，双方可持续发送数据。连接由观察者发起，在连接状态下，观察者角色切换为中央设备（主设备），广播者角色切换为外围设备（从设备），一个中央设备可同时与多个外围设备保持连接，外围设备通过分时方式和中央设备通信。

如果广播者或外围设备的数据不限于在 BLE 自组网络里交换，需传输到远端，此情况下将涉及网关，观察者或中央设备均可承担网关角色，例如中央设备硬件配置为 BLE+Wi-Fi 或 BLE+4G，网关向下接收 BLE 报文，向上通过 Wi-Fi 或 4G 将采集数据上报给后台。将它们称为网关，仅因为它们作为数据的统一出口，中间涉及 BLE 报文解析，封装后再通过 Wi-Fi 或 4G 发出。在物联网应用中，网关因为功耗高且位置相对固定，所以通常是长供电的。如果由终端类设备担任网关角色，须考虑网关的充电问题，用户对充电频次的预期以及谁来充电等问题都需要考虑到。

无论是广播信道还是连接状态的数据通道，BLE 链路层数据帧结构是一样的。如图 3-20 所示，前导 1 字节，接入地址 4 字节，广播信道的接入地址是固定值，数据通道的接入地址是随机值，注意接入地址不是 BLE 设备的 MAC 地址。然后是数据部分（Protocol Data Unit，PDU），最后是循环冗余校验 CRC。广播信道和数据通道之间的区别主要在于 PDU 部分。

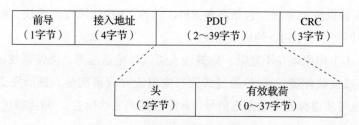

图 3-20　BLE 链路层数据帧结构

以广播信道为例，PDU 的头（Header）和有效载荷（Payload）部分如图 3-21 所示。其中 AdvA 即蓝牙 MAC 地址，用 6 字节表示，如 F7:46:A8:84:62:C7，携带在广播报文中。AdvData 广播数据由多个 AD Structure 单元构成，每个 AD Structure 单元包括 Length、AD Type 和 AD Data。事实上，每种协议都是对数据的某种标准定义和规范，遵循该协议和规范的设备，彼此可以互解析。关于 BLE 的详细规范，可参考蓝牙核心协议文档⊖。

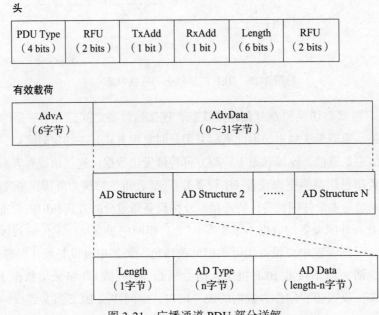

图 3-21 广播通道 PDU 部分详解

3. RFID

射频识别技术（Radio Frequency Identification，RFID）是一种自动识别技术，通过无线射频方式进行非接触式双向数据通信，利用无线射频对记录媒介（如电子标签或射频卡）进行读写，从而达到目标识别和数据交换的目的。RFID 的应用非常广泛，在我们生活中，RFID 应用于身份证、工牌门禁卡、公交卡等。在工业中，RFID 应用于仓储管理、生产线自动化、资产盘点等场景。RFID 技术发展迅速，回顾近几年的深圳物联网展，有相当比例的 RFID 上下游供应商参展，包括各种 RFID 标签、RFID 读写器模块、RFID 终端设备、RFID 生产装备以及基于 RFID 的应用系统。

RFID 的基本工作原理并不复杂，标签进入阅读器覆盖范围，阅读器发出射频激励信号（针对无源标签或被动标签），标签通过线圈感应电流并获得能量，然后发送存储于芯片中的产品信息。也可能由标签主动发送信号（有源标签或主动标签），阅读器读取信息并解码，

⊖ 地址为 https://www.3gpp.org/ftp/Specs/2020-03/Rel-10/36_series。

发送至应用软件系统进行数据处理。RFID 系统由阅读器、电子标签和应用软件系统三部分组成。

以无源标签为例，阅读器对将要发送的二进制数据进行编码，编码指如何表示二进制位 0 和 1，图 3-22 所示为不同的编码规则。例如单极性不归零编码（Not Return to Zero，NRZ）用高电平表示 1，低电平表示 0；单极性归零编码（Return to Zero，RZ），1 代表一个脉冲，脉冲宽度比信号周期短；曼彻斯特编码用电平跳变表示数值，前半周期高电平后半周期低电平时表示 0，前半周期低电平后半周期高电平表示 1。还有其他的编码规则，如双极性不归零编码、PIE 编码、PPM 等。

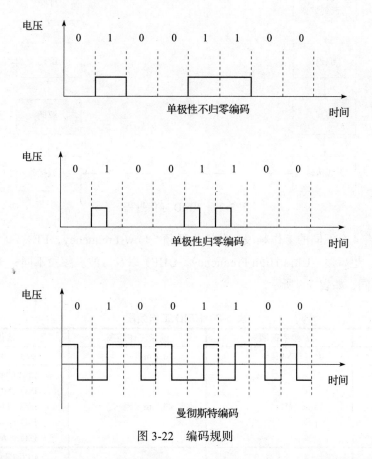

图 3-22　编码规则

由于编码数据（基带信号）通常频率低，不适合无线传输，因此通信系统中需要由一个高频率的载波来运载基带信号，使载波的某个参数（幅值、频率或相位）随基带信号的变化而变化，此过程称为调制，载波调制后信号通过天线发射出去。无源标签这端，通过天线接收射频信号，解调，恢复基带信号，然后解码，最后标签获取到阅读器发送的信息。无源标签通过感应电流获取能量后，将数据返回，返回过程变成"标签→发送二进制数据→编码→

调制→天线传输",阅读器的接收过程为"天线接收→解调→解码→读取标签返回信息"。为保证无源标签能量来源,在标签返回消息的过程中,阅读器载波须持续给标签激励。编码解码、调制解调是无线通信的基础概念。在其他无线射频技术中,大体流程是一样的,如图 3-23 所示。

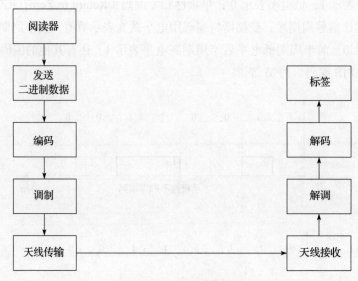

图 3-23 RFID 通信过程

RFID 具有 4 个不同的工作频段,分别为低频(Low Frequency,LF)、高频(High Frequency,HF)、超高频(Ultra High Frequency,UHF)以及微波。频段不同,工作距离不同,协议标准也不同,如表 3-8 所示。

表 3-8 RFID 工作频段

工作频段	频率范围	通常工作距离	协议标准
低频	0 ~ 125 kHz	<0.1 m	ISO 18000-2
高频	13.56 MHz	<0.5 m	ISM Class 1 Gen 1 ISO 18000-3 ISO 14443A ISO 14443B ISO 15693
超高频	860 ~ 960 MHz	<10 m	EPC Class 0, Gen 1 EPC Class 1, Gen 1 EPC Class 1, Gen 2 ISO 18000-6A ISO 18000-6B
微波	2.45 GHz、5.8 GHz	几十米甚至更远	ISO 18000-4 ISO 18000-5

根据供电方式不同,RFID 标签分为无源标签、有源标签和半有源标签。三类标签中,无源标签应用最早,应用最广泛。无源标签接收阅读器发出的射频信号,通过电磁感应线圈获取能量对自身短暂供电,并发射信号,完成信息交换。由于省去供电部分,因此无源标签的体积可以做得很小,达到厘米级甚至更小,结构简单,成本低。无源标签的缺点是有效识别距离短,一般用于近距离接触式识别,例如工牌门禁卡、公交卡、二代身份证、食堂餐卡等。

无源标签的识别距离可通过 3 种方式改进:第一种是采用超高频或微波频段,工作距离远;第二种是增加阅读器发射功率,例如资产盘点应用中,UHF 频段的手持终端发射功率达 33 dBm,读取标签距离达数十米,可同时识别多个标签;第三种是增加标签天线尺寸,以耦合更多能量。

有源标签采用外部供电,主动向阅读器发送信号,体积相对较大,通信距离较远,空旷条件下甚至达上百米,读取频率每秒 400 次以上。有源标签主要工作于 900 MHz 和 2.4 GHz 高频段,适合一些需要高性能、大范围射频识别的场合。半有源标签使用低频激活触发技术,通常情况下处于休眠状态,仅对标签中保存数据的部分供电,耗电量较低,可维持较长时间。当标签进入阅读器识别范围后,阅读器先以 125 kHz 低频信号在小范围内激活标签使之进入工作状态,再通过 2.4 GHz 高频段与其通信传输数据。

RFID 没有组网的概念,而是采用一对一识别,产品拓扑结构较简单。RFID 分两种使用情况,一种是短距识别类,一种是长距识别类。短距识别类,例如一对一写入,为避免误写到其他标签,要求控制读写器的发射功率,同时读写器采用定向天线,控制天线波瓣宽度,确保只在近距离特定角度时才能写入。同样道理,标签读取也控制在近场,确保一对一识读。长距识别类,典型应用如资产盘点,阅读器每秒同时读取几百个标签,相比普通一维码和二维码,效率高得多,有些数字化仓储中,基于 RFID 实现商品入库、出库环节自动化,库存管理实效性高。

基于 RFID 的资产盘点存在漏读的情况,漏读的原因很多,例如 RFID 标签贴在物品上时,跟物品摆放有关,标签之间也可能相互影响,标签接收灵敏度低也会影响盘点结果,如果是金属和液体物品,只能使用特殊标签,否则很难读取。基于 RFID 的资产盘点须满足以下几点前置要求:1)需要底单做复核,比如 100 件商品,第一遍读数 95,少 5 件,此时工作人员可以再盘数次,直到读取结果为 100 件,数量核对准确为止,如果一直不够 100 件,说明异常出现,此时才需要人工介入逐个清点;2)待盘点商品要规整,商品摆放不规整或堆叠严重,很可能导致漏读;3)规范 RFID 标签的贴放位置,比如标签统一朝外。

RFID 目前遇到两项挑战,一是技术上的,RFID 标签很难应用于金属和液体,金属对电磁波有强烈的反射,液体对电磁波有明显的吸收,导致射频信号无法穿透和传播,虽然这并非 RFID 特有的问题，其他无线射频技术面临同样的问题，但无源标签依赖于能量感应，如果损耗严重，很可能无法正常工作，虽然采用特种标签如抗金属标签、抗液体标签能在一定程度上改善这个问题，但特种标签的成本太高；二是商业上的，虽然 RFID 标签价格在不断下降，但是相对普通条码，标签价格还是高很多，量大的时候将是一笔不小的支出，一定程度上阻碍了 RFID 的规模化应用。

3.6.2 长距离无线设备接入

距离长短是一个相对概念，本书暂且把几百米内的通信范围称为短距离，而把几公里及之外的通信范围称为长距离。无线通信领域的竞争非常激烈，不同的无线标准，均致力于扩大自身覆盖范围。蜂窝网络、低功耗广域网和卫星通信属于中长距离无线通信的例子，本节主要介绍蜂窝网络。长距离无线通信对于移动场景非常重要，在设备接入中扮演着重要的角色。时至今日，物联网应用中长距离无线通信仍面临着一些挑战，如信号稳定性、续航时长、设备接入规模呈指数级增长时的资费问题等。

蜂窝网络（Cellular Network）又称移动网络（Mobile Network），与我们的生活息息相关。各种智能手机和终端、智慧城市基础设施等，通过蜂窝网络实现因特网访问并提供服务。蜂窝通信基础设施的信号覆盖呈六边形，使得整个网络像一个蜂窝，蜂窝网络由此得名。

蜂窝网络技术极其复杂，当人们讨论蜂窝网络技术时，通常按代际划分，例如 2G、3G、4G 以及最新的 5G，每代技术的演进和规模化应用，源于市场需求（商业利益）和技术突破双重推动。蜂窝技术的复杂主要体现在 3 个方面：一是要解决移动对象的广域覆盖问题，相对有线连接或者小范围的无线局域网，高速移动性下的稳定无线连接非常有挑战，需解决移动用户呼叫和网络连接切换的问题；二是蜂窝网络承载的业务越来越多，从 2G 时代的单纯语音和短信业务，发展到数据业务，然后是各种多元化服务如彩信、集团用户、定向免流量服务和预付费服务等；三是接入规模巨大，以工信部 2020 年 1～2 月通信业经济运行情况统计报告为例，三家基础电信企业的移动电话用户总数达 15.8 亿户，移动物联网终端连接数达 10.4 亿，规模巨大。

蜂窝网络的三大组成部分是接入网、承载网、核心网。从字面意思理解，接入网是"窗口"，负责收集数据，例如常见的基站；承载网是"运输车辆"，负责搬运数据；核心网是"管理中枢"，负责管理数据，对数据进行处理和分发。核心网的本质是"路由交换"，为方便理解可把它当成一个非常复杂的加强版路由器。

蜂窝网络最初为语音通话而设计，与固定电话相比，移动电话支持用户随时随地语音，并提供无缝的移动性，保持通话质量。第一代蜂窝技术基于模拟制式频分多址技术（Frequency Division Multiple Access, FDMA），专门用于语音通信，现在已经停用了；第二代蜂窝技术 2G 变成数字式了，初始同样为语音通信而设计，后来增加了数据通信支持，即通常说的 2.5G（GPRS）；3G 系统支持语音和数据通信，且传输速率更高了；4G 的传输速率进一步提高了，最大的特点在于语音和数据通信合并了，成为全 IP 核心网络。

下面通过几张示意图描述从 2G 到 4G 的变化，以全球移动通信系统（Global System for Mobile Communication，GSM），即第二代蜂窝网络为例，将地理覆盖区域划分为多个小区（Cell），每个小区包含一个收发基站（Base Transceiver Station，BTS），收发基站负责该小区内用户终端（User Equipment，UE）的信号发送和接收。基站控制器（Base Station Controller，BSC）管理几十个收发基站，基站控制器为用户终端找到它所在的小区（寻呼）并分配收发基站，同时在用户终端移动时为它切换收发基站，确保通话不中断，基站控制器和收发基站共同构成了 GSM 基站系统（Base Station System，BSS）。移动交换中心（Mobile Switching Center，MSC）负责用户终端鉴别和账户管理，并在寻呼建立和切换中起着关键作用，最后通过具有网关功能的移动交换中心将蜂窝网络与更大的公共电话网相连，如图 3-24 所示。

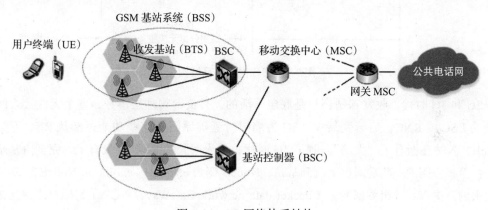

图 3-24　2G 网络体系结构

在 2G 的基础上，2.5G 和 3G 增加了数据通信，基站控制器改了名字，叫无线电网络控制器（Radio Network Controller，RNC），而收发基站叫 NodeB，这个称呼没有任何特别的含义。语音通信和数据通信分开，数据服务 GPRS 支持节点（Serving GPRS Support Node，SGSN）负责数据报的转发并与 MSC 交互，获取用户认证和用户所在小区信息，而网关 GPRS 支持节点（Gateway GPRS Support Node，GGSN）将 SGSN 的数据报文连接到更大的公共因特网上，在外部看来，GGSN 相当于一个大的路由器。既然是数据通信，对于用户终端，它需要运行完整的 TCP/IP 协议栈，从物理层、数据链路层、网络层、传输层到应用层，才能通过蜂窝网络进入公共因特网，如图 3-25 所示。

第四代蜂窝系统（Long Term Evolution，LTE）是目前主要运营的蜂窝网络，以国内为例，

4G 移动电话用户占比达 80%。4G 网络最大的特点在于它是一个统一的全 IP 网络体系结构，4G 网络中语音和数据都承载在 IP 数据报中，在 4G 时代，蜂窝网络来自电话网的痕迹全部消失了。4G 数据平面和 4G 控制平面分离，清晰匹配 IP 网络层特征——数据转发和数据路由选择相分离，这是计算机网络层的重要概念，软件定义网络（Software Defined Network，SDN）将控制平面作为一种单独服务。其实很多技术概念是相关联并相互借鉴的，网络层内容将在第 4 章做详细介绍。

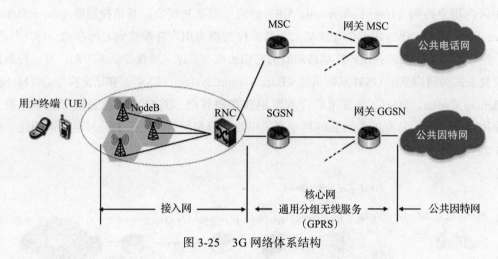

图 3-25 3G 网络体系结构

2G 和 3G 时代，收发基站还只是底层干活的，只负责物理层事务，整个无线接入网的大脑为 BSC 或 RNC，后续发展中，3G 为缩短时延等原因将某些功能逐渐从 RNC 下沉到 NodeB，基站逐渐有了"大脑"，到了 4G 时代，接入网大脑 RNC 也没有了，完全由基站完成，甚至核心网的一些功能也下沉到基站，NodeB 变为 eNodeB（evolution-NodeB），基站有了较大的自主权。分组数据网关（Packet data network GateWay，P-GW）将用户终端连接到公共因特网，服务网关 S-GW 负责传递用户终端的数据流量，如图 3-26 所示。

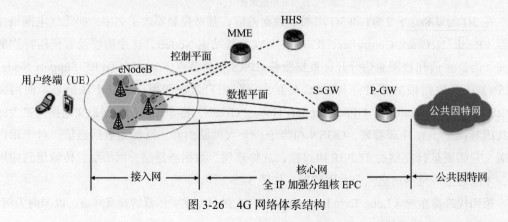

图 3-26 4G 网络体系结构

了解蜂窝网络体系结构后，基于蜂窝的数据采集设备产品形态就比较容易定义了，主要有两种形态，一种是用户终端，集成数据采集和蜂窝通信，例如在途信息记录仪属于此形态，设备将采集信号通过蜂窝网络上传；另一种是网关或数传单元 DTU，前面介绍的一些短距离无线通信设备，有些最终通过蜂窝网络将数据传输到远端，蜂窝网络后面连接公共因特网，网关或 DTU 的功能仅仅是将数据重新打包或不加任何处理转发出去。

蜂窝网络运行在授权频段，授权频段资源非常宝贵和稀缺。GSM 的频段主要为 900 MHz 和 1800 MHz，开放给大部分国家，3G 频段国内主要分配在更高频段 1900 MHz 和 2100 MHz，4G 频段国内主要分配在 1800 MHz、2300 MHz 和 2600 MHz，如表 3-9 所示。

表 3-9　三大运营商频段划分

蜂窝网络标准	上行	下行
中国移动		
GSM900	890～909 MHz	935～954 MHz
EGSM900	885～890 MHz	930～935 MHz
GSM1800	1710～1725 MHz	1805～1820 MHz
3G TDD	1880～1900 MHz	2010～2025 MHz
TDD-LTE	1880～1900 MHz	
TDD-LTE	2320～2370 MHz	
TDD-LTE	2575～2635 MHz	
中国联通		
蜂窝网络标准	上行	下行
GSM900	909～915 MHz	954～960 MHz
GSM1800	1745～1755 MHz	1840～1850 MHz
3G FDD	1940～1955 MHz	2130～2145 MHz
FDD-LTE	1955～1980 MHz	2145～2170 MHz
TDD-LTE	2300～2320 MHz	
TDD-LTE	2555～2575 MHz	
中国电信		
蜂窝网络标准	上行	下行
CDMA800	825～835 MHz	870～880 MHz
CDMA2000	1920～1935 MHz	2110～2125 MHz
FDD-LTE	1755～1785 MHz	1850～1880 MHz
TDD-LTE	2370～2390 MHz	
TDD-LTE	2635～2655 MHz	

3GPP 组织在划分频段时，将每个频段定义为一个 Band 并分配编号。以 LTE 为例，联通的 FDD-LTE 落在 Band 1（上行 1920～1980 MHz，下行 2110～2170 MHz），电信的 FDD-LTE 落在 Band 3（上行 1710～1785 MHz，下行 1805～1880 MHz），移动 TDD-LTE 落在 Band 40

（2300～2400 MHz）、Band 41（2496～2690 MHz）和 Band 39（1880～1920 MHz）。我们如果看到终端设备支持 39/40/41，就知道它可以使用移动 4G。

市面上的终端设备有六模十三频的说法。六模指一个通信芯片支持 TDD-LTE、FDD-LTE、TD-SCDMA、WCDMA、CDMA2000 和 GSM 六种不同通信制式。十三频指六模的细分频段，十三频分别支持 TDD-LTE Band 38/39/40、FDD-LTE Band 7/3、TD-SCDMA Band 34/39、WCDMA Band 1/2/5、GSM Band 2/3/8。了解频段信息有助于选型通信模组，对物联网终端，出于成本或功耗考虑，有时并不会采用多模，而是根据实际业务场景对速率和带宽的需要选择某个特定模式。蜂窝网络通信速率如表 3-10 所示，实际速率和标称的理论速率之间的差别很大。

表 3-10 蜂窝网络通信速率

蜂窝网络标准	制式	上行速率（bit/s）	下行速率（bit/s）
2G（2.5G）	GPRS	21.4 k	85.6 k
	EDGE	45 k	90 k
3G	WCDMA	5.76 M	7.2 M
	CDMA2000	1.8 M	3.1 M
4G	FDD-LTE	50 M	100 M～150 M
	TDD-LTE	50 M	100 M～150 M

蜂窝设备终端在实际使用中，须注意两个地方，一是功耗高、续航时间短，二是通信质量问题。相对 Wi-Fi、BLE，蜂窝的功耗是比较高的，功耗和通信制式、信道配置、调制方式以及芯片功率控制都有关系。举个例子，某多模通信模组，在 3.8 V 工作电压下，GSM900 制式的平均电流为 253 mA，功耗为 960 mW；LTE-FDD 的平均电流为 560 mA，功耗为 2128 mW；LTE-TDD 的平均电流为 311 mA，功耗为 1181 mW。3 种通信制式的平均功耗基本都在 1 W 以上，对于 4000 mAh 容量锂电池，假设物联网终端不间断上报数据，电池可支持时间为 8～16 小时。

对于手持类终端，如果像手机一样，每天充电，可能续航不是太大问题，如果很多物联网应用需长时间工作，例如一周以上，那么对续航有更高要求。解决办法有很多，一是加大电池容量，这是有限度的，电池容量过大会带来安全性问题；二是降低数据上报频次，射频链路在发射接收信号时功率非常大，如降低数据上报频次，设备端缓存数据，累积一定数据量后再上报，可优化功耗；三是减少数据上报量，在通信速率一定的情况下，数据量降低等同于射频链路工作时间缩短；四是采用休眠策略，设备周期性休眠和唤醒，唤醒时上报数据，上报完成后立刻断开连接，进入睡眠状态。

通信质量差会增加功耗，例如手机通话时，如果手机信号弱，会发现打完电话后手机发烫。这是因为信号弱时，射频发射链路的增益放大器将尝试增大发射功率，直到信号有所改善，射频功率变大，自然功耗变高。

信号变差存在多方面原因，一是与基站覆盖有关，城市地区基站密度大，设备离基站近，近意味着电磁波在空间传播的损耗小，信号质量好，而农村偏远地区基站密度低，信号弱。二是存在信号盲区，例如隧道、地下室，信号可能完全消失，蜂窝信号无法传输进来，其实仍与基站布设有关，目前有些商用写字楼和大厦会额外部署一些微基站，通过微基站改善室内信号覆盖。三是信号被遮挡，例如货物在途运输过程实时监测，如果货物置于金属车厢内，信号须穿透金属车厢，将导致最小 6 dB 以上信号衰减，有时信号就传不出去了。在信号穿透性方面，2G 频段低，波长长，相比于 4G 的穿透性要好一些。四是接收灵敏度差，对于下行链路，应用服务器消息通过基站下发到设备，如果信号弱，而设备接收灵敏度又比较差，当信号强度与设备射频接收链路的本底噪声相当时，设备端将无法解析数据，五是局部区域接入设备过多，一个基站能同时处理的终端数有限，数量过多会影响通信效果，导致通信中断或速率突然降到极低。

信号变差如果和基础设施相关，除非运营商投入扩建，否则很难改善。和设备相关的问题可通过设备硬件优化、结构改造解决，例如信号遮挡可通过天线外置解决。尽管存在续航和偶尔通信质量不佳的情况，就目前而言，对于大范围广域以及移动场景，蜂窝网络是较好的设备接入选择。

3.7 协议转换

3.5 节、3.6 节介绍了设备接入的两种不同方式，它们对应不同的产品形态和网络拓扑。设备接入与协议转换是一个连续的过程，数据采集之后紧接着进行协议解析、数据转换和数据传输。根据实际业务场景，决定是否需要在传输之前对数据做本地即时处理。

对于工业现场数据采集，大量时间花费在协议解析上面，尤其是针对存量设备的接入改造。大量多源异构设备和系统，多种工业协议标准并存，例如现场总线在工业界使用时间较长，技术成熟稳定，仍在工业领域广泛应用，它的简单性和高可靠性受到工业用户的广泛认可。不同协议标准之间互不兼容，导致协议解析、数据格式转换和互联互通困难，不同设备、系统的数据格式和接口协议均不相同，甚至同型号不同出厂时间的设备所含数据字段和名称也不一致。而且许多设备与系统的数据开放性远远不够，缺乏数据访问接口及详细说明，这进一步增加了数据获取的难度。

协议解析目的在于对不同工业协议进行统一解析、转换以及地址空间重映射，以转换成统一协议，实现设备之间、设备和系统之间、系统和系统之间的互联互通。它一方面运用协议解析与数据转换、中间件等技术兼容各类工业协议标准，实现数据格式转换和统一；另一方面利用 HTTP、MQTT 等标准互联网协议将转换后的数据传输到云端。

协议解析可通过工业网关完成,工业通信接口种类繁多、协议繁杂、互不兼容,可通过工业网关进行多种协议转换,工业网关支持常用的工业协议,物理层涉及串口和以太网等接口。业界有些公司基于多年的工业积累,专门开发了工业网关标准产品,支持几百种协议,协议解析之后,基于标准以太网、4G 或 Wi-Fi 通信方式,通过 MQTT 或 HTTP 等 IT 协议将数据发送到云端,如图 3-27 所示。工业网关满足工业现场恶劣环境的使用要求,经久耐用,从处理芯片、内存、存储、通信模块到电源器件采用工业级标准,在 EMC 指标、IP 防护等级、防振动跌落以及宽温特性方面均达到工业使用等级。

图 3-27　通用工业网关

如果现场应用系统如 SCADA、MES 已经收集了设备和生产运营数据,且数据质量较高,那么工业物联网平台只需与应用系统对接,SCADA 和 MES 等系统屏蔽了底层接入细节,此情况下无论是设备接入还是协议转换,都将变得轻松很多。

3.8　本章小结

本章介绍了工业物联网感知层、工业数据采集的基本概念、范围、特点及体系结构。根据硬件载体不同,可将设备接入产品分为三类,通用控制器、专用数据采集模块以及智能产品和终端。无论哪个类别,均大量通过传感器获取数据,传感器将物理信号转换为电信号,它是真实物理世界的探针。传感器电信号分为模拟信号和数字信号,本章对模拟电信号采集设备的关键指标做了详细说明。设备接入按传输介质划分为有线接入和无线接入,本章介绍了两种不同接入方式的原理,产品形态和网络拓扑,并对比了二者的优劣势。最后简要介绍了当前协议转换面临的问题和解决办法。

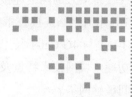

第 4 章

工业物联网网络连接

感知数据通过网络连接到达远端数据中心或云平台,不同系统之间相互访问也需要网络连接实现互联互通,我们可以将网络连接类比为人体的血液运输系统,通过它将数据送到各个目的地。在工业领域存在多种网络连接技术,它们针对特定场景而设计,并发挥着重要作用,例如工厂内的现场总线、工业以太网,工厂外的网络专线或移动通信网络等。第 3 章从数据采集产品形态和网络拓扑方面介绍不同的设备接入方式,涉及网络连接技术中物理层和数据链路层方面的知识。本章将延伸到 OSI 参考模型的网络层、传输层和应用层,更全面地讨论组网、连接以及数据传输。工厂内同时存在 OT 和 IT 网络,工业物联网强调 OT 与 IT 网络的打通,即工业控制网络和企业信息系统的无缝连接,消除信息孤岛,实现企业业务全链条打通,这些诉求催生了新的网络连接技术。

本章目标

- ❏ 深入理解计算机网络 OSI 参考模型。
- ❏ 了解工厂内网络"两层三级"结构。
- ❏ 了解企业网络专线和移动通信网络。
- ❏ 了解交换机和路由器在网络连接中的作用。
- ❏ 了解工业网络设备的特点。
- ❏ 理解有线设备接入的网络连接技术。

❏ 理解无线设备接入的网络连接技术。
❏ 了解 5G 技术对网络连接技术的影响。
❏ 理解 NB-IoT 与 4G Cat-1 技术的应用。
❏ 了解低功耗广域网技术特点及其适用场景。
❏ 理解时间敏感网络。
❏ 了解工业 4.0 协议 OPC UA。
❏ 深刻理解数据的互联互通。

关键术语

OSI 参考模型、网络互联、数据互通、OT 网络、TCP/IP、两层三级、移动通信网络、三层交换机、工业网络设备、时间敏感网络（TSN）、5G、NB-IoT、4G Cat-1、低功耗广域网、OPC UA。

4.1 OSI 参考模型

在介绍网络连接技术之前，我们先来学习开放式系统互联参考模型（Open System Interconnection Reference Model，OSI 参考模型）。OSI 参考模型在 IT 领域得到了广泛实践，基于 OSI 参考模型的简化版 TCP/IP 四层模型已成为 IT 领域的标准框架，它试图使各种计算机在全世界范围内网络互联。同样，它对于理解工业物联网架构、设备接入、数据传输等相互之间的层次关系也有着重要意义。

1984 年，国际标准化组织（International Organization for Standardization，ISO）发布了著名的 ISO/IEC 7498 标准⊖，它定义了网络互联的 7 层框架，即开放式系统互联参考模型。OSI 参考模型将整个网络分为 7 层，从底层往上分别是物理层、数据链路层、网络层、传输层、会话层、表示层和应用层，如图 4-1 所示。第 3 章介绍了设备接入部分，现场总线涉及 OSI 参考模型的第 1 层（物理层）、第 2 层（数据链路层）及第 7 层（应用层）；工业以太网涉及 OSI 参考模型的第 1、2、7 层，对于非实时数据，它也支持 TCP/IP 通道，此时涉及第 3 层（网络层）和第 4 层（传输层）。在无线设备接入部分，重点介绍了第 1 层（物理层）和第 2 层（数据链路层）的知识，本章将网络层次进一步延伸到顶层。关于 OSI 参考模型，詹姆斯·F·库罗斯与基思·W·罗斯合著的《计算机网络：自顶向下方法》是一本非常经典的图书，对于理解网络层次有很好的帮助。

⊖ ISO/IEC 7498 标准地址为 https://www.iso.org/standard/20269.html。

第 4 章 工业物联网网络连接

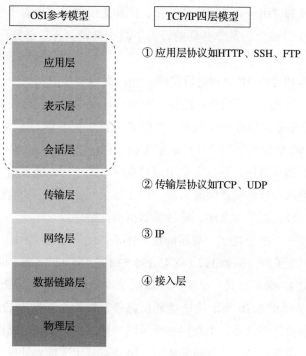

图 4-1　OSI 参考模型

物理层是 OSI 参考模型的底层，主要作用是利用物理传输介质为数据链路层提供物理连接，以便传输比特流，它规定了网络连接的一些电气特性，负责传送 0 和 1 信号，物理介质可以是双绞铜线、同轴电缆、多模光纤、无线信道如 Wi-Fi、蜂窝等。

数据链路层负责传输电路的 0 和 1 信号，由于单纯的数字 0 和 1 缺乏实际含义，因此要定义解读方式：多少个 0 和 1 为一组，每个信号代表什么含义。这就是链路层的作用，它在物理层之上，将比特组合成字节，进而拼接成帧，确定 0 和 1 的分组方式，一个报文帧由若干首部字段和数据字段构成。成帧功能之外，链路层的作用还包括链路接入、差错检测和纠正、可靠交付。链路接入规定介质访问控制机制，例如采用总线拓扑时，确保同一时刻只能有一个节点向总线发送数据，避免发生冲突。

以太网 802.3、无线局域网 802.11 都属于数据链路层协议，其链路接入机制为大家所熟知的介质访问控制（Media Access Control，MAC）协议。以太网规定接入网络的所有设备须具有"网卡"接口，网卡的身份信息由 MAC 地址标识，全球唯一，MAC 地址长度为 6 个字节，例如 C1:63:9C:1D:6A:D1。

差错检测和纠正指链路层基于硬件电路对传输数据进行校验，信号衰减和电磁噪声干扰导致数据帧中某个值为 1 的比特在接收方被错误地识别为 0，而链路层具有发现错误的能力，必要时还能够纠正错误。可靠交付指链路层通过确认和重传机制保证数据无差错地移动,可靠交付服务通常应用于高差错率的链路,例如无线链路,而对于低比特差错率的链路如有线连接,可靠交付被认为是非必要的,为了减少开销,有些链路层将不提供可靠交付服务。

网络层和传输层以 TCP/IP 为例进行说明。在以太网构建的网络中,不同的计算机直接通过 MAC 地址相互识别并交换数据,这在一个小局域网内完全没有问题。假如世界上所有计算机都基于 MAC 地址识别和交换数据,此时就变得非常困难了,因为 MAC 地址没有分组的概念,通过 MAC 地址无法知道计算机是否属于同一个子网络。所有的计算机如果连接在一起,彼此之间要相互通信,不可能采用点对点的方式进行,需要引入网络拓扑,例如树形拓扑。相距较远的两台计算机之间通信时,须在整个网络拓扑中为它们规划一条路径,在树形拓扑中则涉及一级一级向上追溯,最后规划出最优路径。

网络层代表协议——IP 引进了一套新的地址体系,使得计算机及网络设备能够快速区分计算机是否属于同一个子网。例如 192.168.43.193 和 192.168.43.22 属于同一个子网,192.168.43.193 和 192.168.22.17 则不在同一个子网(如果子网掩码为 255.255.255.0),通过 IP 地址很好识别。网络设备将根据 IP 地址快速规划出路径,同一个子网内的对话只需基于 MAC 地址转发,使用交换机网络设备。不在同一个子网的计算机,须通过路由器网络设备将数据转发出去,路由器具备跨网段的数据转发能力。网络层基于逻辑地址寻址,实现网络路径规划,而数据链路层基于硬件地址寻址。

传输层定义传输数据的协议端口号以及流控和差错校验。有了 MAC 地址和 IP 地址,互联网上的任意两台主机之间就能够建立通信了。接下来的问题是,同一台主机上多个应用程序(不同进程)都需要网络访问时,该如何区分数据包是发送给了哪个应用程序呢?传输层建立了端口到端口之间的通信,它通过端口号区分不同的应用程序,例如访问地址 http://10.207.228.51:9093,其中 9093 表示端口号。作为比对,网络层则是建立主机到主机的通信。TCP 和 UDP 是应用最广泛的传输层协议,TCP 基于握手连接,发出的数据包要求收方回复确认,UDP 则类似于广播,无须建立连接,也无须收方应答,UDP 效率高,TCP 则更可靠。传输层协议发送数据包时会添加校验信息,接收方使用校验信息检查该报文是否出现差错。

会话层和表示层中的"会话"是两个应用程序进程之间的逻辑连接,两个应用程序之间基于此逻辑连接在一定的时间内交换数据,会话层用于建立、管理和终止会话。数据表示层用于处理交换信息的表示方式,包括数据格式交换、加密与解密、压缩。会话层的功能可能在传输层就实现了,例如 TCP 可以管理连接。由于表示层可以合并到应用层中,由应用层负责数据的解析,因此对会话层和表示层的讨论并不多。

应用层收到传输层的数据,接下来要进行解析。由于网络数据来源五花八门,须事先约定好格式,因此应用层规定了应用程序的数据格式。举个例子,TCP 为各种应用层传输数据,比如 HTTP、SMTP、FTP 等,它们都有各自的一套协议规则,分别定义了网页、电子邮件、文件传输时的数据格式,这些均属于应用层范畴,应用层是 OSI 参考模型的最高一层,直接面向用户。

接下来通过以太网加 TCP/IP,将数据在网络各层的流动串联起来。如图 4-2 所示,主机 A 打算发一段文本消息给主机 B,此文本为网络传输的有效数据载荷。

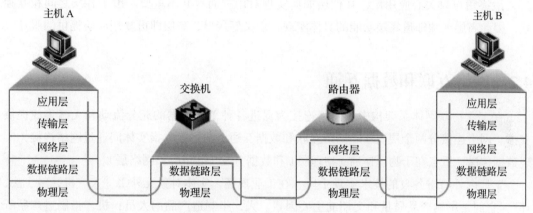

图 4-2 数据在网络各层的流动

应用层将这段文本按一定格式打包好,往下传递给传输层。传输层在应用层报文的基础上加上它的头部字段,其中包括主机 A 的端口号(源端口号)和主机 B 的端口号(目标端口号)。再往下到网络层,网络层在传输层报文的基础上添加它的头部字段,包括主机 A 的 IP 地址(源 IP 地址)和主机 B 的 IP 地址(目标 IP 地址)。数据再往下到达链路层,链路层在网络层报文的基础上添加主机 A 的 MAC 地址和主机 B 的 MAC 地址,报文帧最后通过物理层发送出去。通过数据链路层完成最后封装的报文帧格式如图 4-3 所示。

| 以太网帧头 | IP 头部 | TCP 头部 | 数据 | 帧校验 |

图 4-3 基于以太网和 TCP 的报文帧

假如主机 A 和主机 B 不在同一个子网内,主机 A 通过交换机连接它所在的局域网,交换机工作在 OSI 参考模型的第二层——基于 MAC 地址转发消息,它在数据链路层将报文帧的以太网帧头部分解析出来,获得目标机的 MAC 地址。由于交换机发现目标机和主机 A 不在同一个子网内,因此交换机将此报文帧重新封好并转发到它的一个输出端口,所有跨网段的报文帧都将转发到这个输出端口,这个输出端口与路由器相连,路由器工作在 OSI 参考模型的第三层——基于 IP 地址转发消息,它在网络层将报文帧的 IP 头部解析出来,获得目标机的 IP 地址,路由器通过 IP 地址判断此报文帧应通过某个端口转发给主机 B,报文到达主机 B 时,主机 B 的接收过程是从物理层开始,通过一层层解析,最后在应用层收到主机

A发送的文本消息。

网络为什么要分层呢？分层的目的在于利用层次结构把开放系统的信息交换问题分解到一系列可以控制的软硬件模块中，把大问题分割成多个小问题，每一层可根据需要独立修改或者进行功能扩充，易于实现标准化。如果某一层发生了变化，只要其接口不变，就不会对其他层造成影响，这有利于不同制造厂家的设备互连。

最终用户只关心应用层，其他层如何实现对用户而言并不重要。由于各层之间相互独立，因此高层无须知道底层功能的具体实现，定义好接口，高层即可复用底层提供的服务。

4.2 网络互联和数据互通

在工业物联网体系架构中，网络连接为促进各种工业数据的充分流动和无缝集成提供支撑。网络连接分两个层次——网络互联和数据互通。网络互联指实体间通过网络连接，实现数据传递，重点在于物理连通（物理层）和数据分发（链路层和网络层）。

工厂内外有着各自的技术实现手段。在工业现场，实体对象无外乎"人、机、料、法、环"，它们是影响产品质量和交期的主要因素。人，指制造产品的人员；机，指制造产品所用的机器设备；料，指制造产品所使用的原材料；法，指制造产品所使用的方法；环，指产品制造过程中所处的环境。智能制造和数字化工厂致力于将这些生产要素网络互联，再通过工业数据建模、数据分析，实现产品的品质和生产过程的联动，倒推各要素的改善和优化。

数据互通指建立标准的数据结构和规范，使得传递的数据能被有效地理解和应用，数据在系统间无缝传递，各种异构系统在数据层面能够相互理解，从而实现数据的互操作并加以利用。数据互通强调的是语义，即用计算机、控制器和设备等都能听懂的语言，这样就能够轻松交互。数据互通对应OSI参考模型的传输层和应用层，深刻了解这两个层次的拆分对于理解网络连接有着重要意义。

4.2.1 网络互联

工厂内网络互联以有线网络连接为主，无线网络为辅，工厂外智能产品/移动装备以无线网络连接为主。工厂内网络连接工厂的各种要素，并与企业数据中心互联，支撑工厂内的业务应用；工厂外网络用于连接工厂与工厂、工厂内与工厂外的系统、智能产品和用户、分支机构以及上下游协作企业。

传统工厂内网络主要用于连接生产和办公，而如今大量新型物联网设备和新业务流程被引入，将对网络产生新的需求，从而引起工厂内网络架构的变化。企业为了打破信息孤岛，提高运营效率并降低运营成本，经慎重考虑，将原来分散部署在不同服务器上的业务系统，如ERP、SCM、CRM等集中部署到公有云或企业数据中心。

对于联网设备和业务流程产生的数据,要求能实时汇聚到远端,实现数据联合分析,支持企业快速决策,让决策有据可依。当前工厂内的典型网络呈现"两层三级"的结构,如图 4-4 所示⊖。两层指工厂 OT 网络(OT 层)和 IT 网络(IT 层),OT 层为自动化控制和监测系统提供支持,以确保生产正常进行,强调稳定性与可靠性。对于运行中的系统,OT 人员更倾向于保持系统长时间不做变更。IT 层的职责包括支持业务和企业管理职能,提供网络访问和连接。IT 层专注于数字环境,由于主要考虑数据处理速度、系统可靠性和安全性等问题,因此 IT 人员需要不断快速创新,以跟上技术发展的脚步。三级指现场级、车间级和工厂级,是根据工厂管理层级来划分的,每层的网络配置和管理策略相对独立。

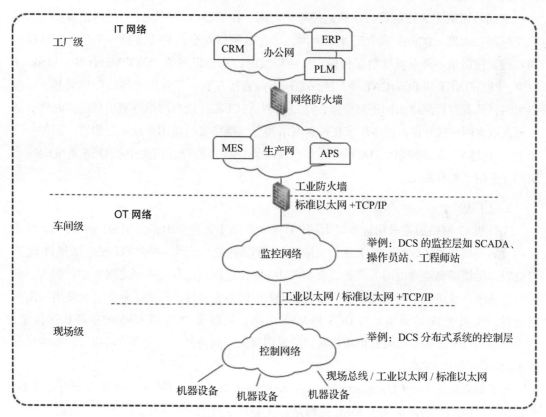

图 4-4 工厂内典型网络结构

1. 现场级

现场总线被大量用于连接现场执行器、检测传感器和工业控制器,解决智能化仪器仪表、控制器和执行机构等现场设备之间的数字通信以及现场设备和上层控制系统之间的信息传递问题,通信速率通常在几 kbps 到数十 kbps 之间。以分布式控制系统(Distributed

---

⊖ 来自工业互联网网络连接白皮书,地址为 http://www.aii-alliance.org/bps/20200302/843.html。

Control System，DCS）的控制层为例，其现场控制站（主控制器）连接了下面不同的机器设备。工业以太网同样得到广泛使用，例如 EtherCAT 用于高速运动控制，PROFINET 用于 PLC 与组件之间的通信。相对于现场总线，工业以太网具有更高的通信速率。标准以太网的发展速度很快，有些场景对于数据上传的实效性要求并不高，控制逻辑相对较少，也允许网络短时间中断，"以太网 +TCP/IP"技术同样得到广泛的应用。整体来讲，工业控制网络当前的主流还是现场总线和工业以太网，现场级对于控制网络的实时性要求较高，通常在微秒或毫秒级。

2. 车间级

车间级网络完成控制器与本地监控系统之间、控制器与控制器之间的通信连接，通常采用标准以太网 +TCP/IP 或者工业以太网。为保证网络安全，它通常是一个独立且纯净的局域网，网络里不能有其他数据传输。工业以太网协议有很多种，如 Ethernet/IP、Modbus/TCP、PROFINET 和 EtherCAT 等，协议之间不能直接互通，工业以太网的物理层基于标准以太网，或者对标准以太网进行修改，通过定制 ASCI 芯片使得网络具有更好的实时性。基于标准以太网 +TCP/IP，很多厂家在控制网络和监控网络之间使用企业私有协议，例如西门子 PLC 通过 S7 协议和 SCADA 系统通信，实现设备状态监控，浙大中控 DCS 系统的应用层同样采用了私有协议。

3. 工厂级

工厂级 IT 网络通常采用标准以太网 +TCP/IP。出于各种原因，由于 OT 网络与 IT 网络采用了不同的技术（OT 网络 IP 化情况除外），属于不同的子网，因此 OT 网络在和 IT 网络打通时，可能需要特殊的网关设备，例如图 4-4 中在监控网络和生产网之间须加装网关，有些监控系统自身集成了网关功能。为了保证 OT 的网络安全性，有些工业系统会使用隔离网闸硬件，类似于 IT 防火墙。如 DCS 和 MES 之间，只能是 DCS 到 MES 的单向数据传输，当 DCS 和 MES 之间有双向通信需求时，应采用双向隔离网闸，只允许特定协议的数据反向从 MES 下行到达 DCS。

关于制造执行系统（Manufacturing Execution System，MES）稍微做一些补充介绍，图 4-4 中将 MES 标在 IT 层，事实上 MES 更像是介于 OT 与 IT 之间，MES 最被人乐道的是连接企业管理系统和生产控制系统，起着承上启下的作用。

当前智能工厂中，企业 IT 运营管理系统对于现场实时工艺过程数据和设备运行数据有着强烈的需求，即业界常说的工艺上云和设备上云。需要指出的是，对数据的需求，一定要明确对数据实时性的要求。一般 OT 层的实时控制部分都只是在一个小的子系统里，实时性可能达到微秒级，而 IT 层大多数情况下只要能收集到 OT 数据就可以了，多数时候秒级的实时性对其而言已经足够了，控制过程数据无须严格按实时方式从 OT 层上报到 IT 层，明确了这一点，才能对 OT 层与 IT 层的打通有一个正确的预期。

现有的"两层三级"模式存在一些不足，一是 OT 层和 IT 层的网络标准各异，影响了互联互通；二是组网模式相对固定，不那么灵活，涉及变更时调整时间长。一种优化路径是在同一个网络中，做到实时数据和非实时数据传输并存。以时间敏感网络（Time Sensitive Network，TSN）为例，在 OT 子系统中，TSN 支持实时数据传输，而在 OT 与 IT 之间，TSN 支持标准 IT 协议，TSN 技术实现在同一个网络部署中实时数据和非实时数据共存，互不干扰。TSN 技术还比较新，目前 TSN 网络设备的维护成本也很高。另一种优化路径是 OT 层的网络 IP 化和无线化，IP 化指利用工业以太网取代现场总线，标准协议取代私有协议，IP 化后减少异构网络的数量。无线化指在不便于布线的地方，利用无线替代有线，通过无线触达。由于少了布线限制，因此增加了组网灵活性，便于调整。目前无线方式主要应用于对时延和可靠性要求不高的场景，作为有线网络的补充。两条路径都致力于实现网络扁平化。

将地理跨度拉长，从工厂内到工厂外，通过标准互联网、专线以及蜂窝网络等手段实现网络互联。工厂外网络用于连接智能工厂、分支机构、上下游协作企业、智能产品和用户。

- 标准互联网：标准互联网用于工厂连接互联网，以满足工厂内的上网需求。
- 蜂窝网络：智能产品和用户主体通过蜂窝网络实现移动联网。
- 网络专线：专线的优点是安全性好，服务质量（Quality of Service，QoS）可以得到保证。相应地，专线租用价格高。对于企业的核心敏感数据，当需要从工厂汇聚到总部数据中心时，会考虑采用专线。因为资源独占和实效性得到保障，专线带宽资源宝贵，所以企业会按需申请，比如申请 2 Mbps、4 Mbps 的专线，价格比家庭用百兆带宽要高得多。网络专线有两种，一种是物理专用信道，在网络服务商与用户之间铺设一条专用线路，用户独立使用；另一种是虚拟专用信道，在普通信道上为用户保留一定的带宽，用户独享这部分带宽，且用户数据可加密，以此保证可靠性和安全性。

近年来，随着国家推进"百万企业上云"工程，越来越多的企业将工厂内信息系统和 IT 软件部署到公有云上，或采用混合云部署方式。随着智能产品和移动装备的远程服务、租赁业务等新商业模式的快速发展，未来将有海量设备的远程监控、运维及管理优化通过网络互联得到实现。

4.2.2　数据互通

网络互联之后，接下来是数据互通。数据互通指建立标准数据结构和规范，使得数据在系统间能相互解析及识别，并实现数据的互操作和应用。数据互通是异构系统之间的标准化接口，数据互通对应 OSI 参考模型的传输层和应用层。OT 网络和 IT 网络之间的数据割裂，一方面是因为在网络互联方面，链路层不兼容，例如现场总线不能与 IT 设施直接连接，工业以太网的数据包不能直接转发到 IT 系统；另一方面是因为在数据互通层面，语义不同，无法解析。需要通过网络互联和数据互通，打破原有网络结构的限制。

数据互通的具体实现形式，可简单也可复杂。简单，指的是仅在协议接口层面解决系统之间的互通性。例如两个系统之间通过 TCP、HTTP 或 MQTT 协议交换数据，如果采用 TCP 传输一连串二进制字节流，很显然双方须约定一个数据解析规则。例如图 4-5 所示是某应用层和中间件之间的通信协议（TCP 报文帧示例），报文帧包含多个字段，每个字段的长度与含义有明确的定义，应用层和中间件之间以此约定好清晰的数据解析规则。

编码		长度（字节）	格式	含义
STX		1	0xAA（应用层） 0xCC（中间件）	起始字符（应用层→中间层使用 0xAA，中间层→应用层使用 0xCC）
LEN		2	无符号整型	后面所有字节的长度
VER		1	整型	协议版本号码，当前版本号 0x1
SEQ		4	无符号整型	消息序列号（循环 + 1）
INS		1	整型	指令码
DAT	RSEQ	4	无符号整型	请求消息 SEQ，应答时原文携带返回
	DATA	变长		业务数据区
XOR		1		前面所有字节的异或
ETX		1	0x55	结束字符

图 4-5 TCP 报文帧

由于不同的指令码 "INS" 对应的 DATA 不同，因此上述 TCP 报文帧的 DATA 字段还可以定义得更详细。例如应用层通过中间件向蓝牙网关分别发送配置指令和查询指令，这两种指令的内容不同。假设配置指令为 0x71，它的 DATA 区将包含 4 个字段，当应用层发送一条完整报文，并且指令码为 0x71 时，中间件能够正确解析 DATA 部分，并将解析后的数据发送给蓝牙网关，完成配置下发，如图 4-6 所示。

网关 MAC	6 字节（注：配置下发的网关 MAC 地址）
区域代码	4 字节 ASCII（设置网关所属区域代码）
网关位置	3 字节 ASCII（设置网关位置）
时间戳	8 字节 LONG

图 4-6 进一步解析配置指令

再举一个例子，两个业务系统之间通过 HTTP 交换数据。HTTP 属于应用层协议，运行在 TCP 之上，是一个简单的"请求 – 响应"协议，并广泛应用于互联网网页端，客户端发送请求给服务器，服务器响应请求并返回消息，请求和响应消息头以 ASCII 码的形式给出。

由于 ASCII 码的可读性强，因此在系统与系统之间，可以通过一种明文的方式轻松交换数据。以"HTTP+JSON"为例，HTTP 报文由以下三部分组成。

- ❏ 请求方法 + URI 地址 + HTTP 版本。
- ❏ 请求头部（本示例中用到的请求头部属性只有 Host、Last-Modified、Content-Type 和 Connection）。
- ❏ 请求正文（JSON 字符串）。

客户端发送请求报文后，服务端很容易基于 JSON 标准数据交换格式获取数据并作出响应，实现数据互通，如图 4-7 所示。

看到这里，读者可能会有疑问，这种接口层面简单层次的数据互通，和现场总线、工业以太网或无线协议如 BLE 中定义的各种报文帧，有什么区别？答案是没有本质区别。从结果来看，只要通信双方或者多方能够正常对话，就实现了数据互通。只不过在单一子网中，面向一个特定的应用场景，没有那么复杂，而工业物联网的数据互通，面向更大的范围，数据来自各种多源异构的设备和系统。

协议接口层面的约定是数据互通的简单层次。MQTT 协议亦属于这个层次，MQTT 同样是基于 TCP 之上的应用层协议，在物联网中应用广泛，它的发布/订阅机制特别适合物联网终端节点采集数据后上报平台，通过发布不同的主题以区分消息内容，主题包含哪些字段，如何编排，同样需要发布、订阅的双方提前约定好。

```
POST /DemoWebServices2.0/data/write HTTP/1.1
Host: 192.168.10.27
Last-Modified: Thu, 07 May 2020 07:18:57 GMT
Content-Type: application/json
Connection: close

1  {
2      "array": [
3          1,
4          2,
5          3
6      ],
7      "boolean": false,
8      "color": "#82b92c",
9      "null": null,
10     "number": 123,
11     "object": {
12         "a": "b",
13         "c": "d",
14         "e": "f"
15     },
16     "string": "Hello World"
17 }
```

图 4-7　HTTP 示例

回忆一下现场总线的内容，以 Modbu 为例，它的报文帧结构为从节点地址、功能码、数据和 CRC。对于不同的功能码，数据部分有进一步的详细定义，类似于 TCP 的例子。Modbus 常见的功能码有 8 种，这些功能码最早源于工业控制和数据采集，例如单个数字 I/O 的读取和写入、模拟信号数据采集、模拟信号输出，功能码使得设备与控制系统之间互通，这样不同的 Modbus 设备商可基于此协议约定进行数据解析，有些无须提前约定的意思，这仍发生在同一子网内。不同厂商提供的同类设备具有一致功能时，达到开放性、互操作性和互换性，实现数据互通。这里有两个限制，一是世界上所有的自动化设备和仪表并非使用同一种总线协议，不同现场总线之间不互通，虽然可以加网关，但超出一个子网的范围时，须额外做很多工作，属于横向不通；二是 OT 网络和 IT 网络不通，属于纵向不通。

简单的数据互通之上，能否更进一步实现横向与纵向互通呢？这涉及设备与设备之间、设备与控制系统之间、设备与IT管理运营系统之间、控制系统与IT管理运营系统之间，是否能使用一整套接口、属性和方法的标准集，使得各对象彼此能够自识别、自解析，无须事先约定，就像所有人讲同一种语言一样，彼此能够理解对方所表达的内容，并做出响应。这件事情很难，虽然一招通吃固然省事，但工业的复杂性和差异化巨大，沿着数据互通的目标和方向，业界仍在不断努力。

关于横向互通，一种方法是使用行规（Profile），行规是特殊设备或针对特别应用而事先定义的函数及特性组态。以某种工业以太网的应用行规为例，它为自动化技术领域的设备和系统（例如，能源管理、功能安全和控制驱动技术）制定了独立于制造商的特性和行为，可用作用户程序的软件接口，而与设备和制造商无关，确保了机器或工厂所用设备的软件工程保持独立。由于行规有助于设备的开放性、互操控性及互换性，因此用户可以确定不同设备商提供的同类设备是否具有标准化的功能和访问接口。更具体一点，行规包含统一的术语定义、设备模型、数据结构（例如开关切换状态、模拟量测量值、操作变量、产品信息等）、设备配置参数（如设定值、门限、测量范围等）、设备诊断方法和错误代码等，应用行规可使用可扩展标记语言（eXtensible Markup Language，XML）进行结构化描述。由于行规的沉淀是基于特定场景的深刻理解和实践，因此这种定义是精准的、合理的。既然是精准合理的，不同的标准协议之间就可能会互通有无，相互借鉴。例如EtherCAT的CoE行规可提供与CANopen标准EN 50325-4相同的通信机制，在已经实施CANopen的设备中，稍加变动即可支持EtherCAT通信，降低了数据互通的难度。

关于纵向互通，标准以太网和工业以太网都在往这个方向努力。随着以太网技术的不断进步，标准以太网已经越来越多地直接应用于工业物联网场景，实现OT与IT通信；而工业以太网的目标是在同一个网络部署下，实时数据与非实时数据能够并行，形成一个统一的网络，工业以太网在OT层利用实时技术保证数据传输的实时性，同时在与IT层通信时，能够采用基于IP的非实时数据通路。凭借集成的安全机制、独立于供应商和平台的特性，基于以太网的OPC UA通信标准正在快速发展。OPC UA目标更大，同时致力于横向互通和纵向互通，既包括横向智能设备（Machine to Machine，M2M），也包括纵向控制设备、监控网络、生产系统和企业IT系统的互通。

4.2.3 工业网络设备

在IT领域，网络设备通常指集线器、交换机和路由器等。在大的网络拓扑中，网络设备还存在多个层级，例如交换机分接入层、汇聚层与核心层，考虑到网络稳定性和可靠性，核心层交换机将做冗余热备。工业网络设备同样是这些硬件，在此基础上多了工业网关、工控机等特殊设备。区别主要在于两个方面，一是工业网络设备在适应现场环境、经久耐用方面有额外严苛的要求；二是普通网络设备如交换机，有时无法满足工业以太网对数据转发的实时性要求，需要专用的工业交换机。

集线器、交换机和路由器分别工作在物理层、数据链路层和网络层。在我们接触到的网络连接中，最简单的是两台电脑通过两块网卡构成双机互连，两块网卡之间一般使用非屏蔽双绞线，由于双绞线在传输信号时信号会逐渐衰减，当信号衰减到一定程度时将造成信号失真，因此在保证信号质量的前提下，双绞线的最大传输距离通常限制在 100 米内。当两台电脑之间的距离超过 100 米时，为保证双机互连通信质量，在这两台电脑之间安装一个中继器，中继器的作用是将已经衰减得不完整的信号经过整理，重新产生完整的信号再继续传送。中继器和放大器类似，都起到信号放大作用，区别在于放大器对模拟信号放大，而中继器放大的是数字信号。

中继器是普通集线器的前身，集线器实际上就是多端口的中继器。集线器一般具有 4、8、16、24、32 等不同数量配置的以太网（RJ45）接口，通过这些接口，集线器能够为相应数量的电脑实现信号"中继"。由于它在网络中处于中间位置，因此集线器也称为 Hub。集线器的工作原理很简单，假设一个 4 端口的集线器连接了 4 台主机，集线器处于网络中心，通过集线器对信号进行转发，4 台主机之间可以互通。具体过程如下，假如主机 1 要发送一条消息给主机 4，当主机 1 的网卡将信息通过双绞线送到集线器上时，集线器并不能直接将信息发送给主机 4，它会广播消息，将消息发送给所有端口，所有端口上的主机接收到广播消息后，对消息进行检查，如果发现该消息是发给自己的，则接收，否则不予理睬。集线器单纯地承担了物理层的角色——消息载体。

交换机工作在数据链路层，也叫交换式集线器。通过对报文重新生成并处理后再转发至指定端口，交换机具备自动寻址和交换能力。交换机根据所传递报文帧的目的地址，将每一帧报文定向地从源端口送至目的端口，避免和其他端口发生碰撞冲突。

还是上面的例子，假如交换机连接了 4 台主机，主机 1 要将一条消息发送给主机 4，当主机 1 的网卡将消息送到交换机时，交换机根据消息报文中包含的目标 MAC 地址，直接将消息转发给主机 4。交换机拥有一条高带宽的背板总线和内部交换矩阵，交换机的所有端口都挂接在背板总线上，当控制电路收到数据包以后，处理端口会查找内存中的地址对照表以确定目的 MAC 地址应该从哪个端口发出，最后通过内部交换矩阵迅速将数据包传送到目的端口。只有当地址对照表中目的 MAC 地址不存在时，交换机才会将数据包广播至所有端口，接收端口回应后，交换机会记录下新的 MAC 地址并添加到地址对照表中。

路由器工作在网络层，简单地说，路由器把数据从一个子网发送到另一个子网，实现主机间的跨网段通信。理论上依靠 MAC 地址和广播技术，北京的一台主机上的网卡发出的数据包就可以找到旧金山一台主机上的网卡了，但是如果全世界的主机都这么做，每一台主机发出的数据包都同步广播给全世界其他主机，再逐一比对判断，这样显然非常低效，也不现实。因此，广播被限定在发送者所在的局域网内，如果两台计算机不在同一个子网（局域网）内，那么广播无法到达。

由于光从 MAC 地址无法区分不同主机是否属于同一个子网，因此引入了 IP 地址，每个主机被分配一个 IP 地址。IP 地址由两部分组成，前面的部分代表网络，后面的部分代表主机。例如 IP 地址 10.18.254.3，32 位地址，假定前 24 位是网络部分（10.18.254），那么主机部分就是后 8 位。处于同一个子网的主机，其 IP 地址的网络部分相同，例如 10.18.254.3 和 10.18.254.25 属于同一个子网。交换机基于 MAC 地址转发，交换机存储 MAC 地址对照表，而路由器基于 IP 地址转发，路由器存储 MAC 地址和 MAC 地址对应的 IP。交换机用于组建局域网，连接同属于一个子网的所有设备，负责子网内部通信；路由器能够将交换机组建的局域网连接起来，或者将它们接入更大的互联网。弄清楚网络设备的所在层级，对理解整个工厂网络拓扑有较大帮助。

工业网络设备在适应现场环境、经久耐用方面额外的严苛要求，体现在多个方面，例如：1）坚固耐用的设计和宽温工作范围；2）高 IP 防护级别的坚固外壳，要能够抵御灰尘、水和油的侵入；3）冗余电压输入确保可靠运行；4）广泛的安规认证，例如电磁兼容性认证（Electromagnetic Compatibility，EMC）、电磁干扰认证（Electromagnetic Interference，EMI）、电磁敏感性认证（Electromagnetic Susceptibility，EMS）、抗冲击认证、振动测试认证和跌落测试认证等。

工业网络设备在满足数据传输实时性方面，主要体现在以下几点：1）支持各种工业以太网协议如 EtherNet/IP、Modbus TCP、PROFINET，可在自动化 HMI/SCADA 系统中轻松集成和监控；2）识别工业以太网数据帧的优先级并保证优先转发。

像集线器、交换机和路由器都是很具体的网络设备，而网关是什么网络设备呢？顾名思义，网关（Gateway）的主要作用是通过协议转换实现两个高层协议之间的网络互联。在 OSI 参考模型中，有时把网关定义为工作于传输层到应用层的设备。网关应用于不同类型且差别较大的网络系统之间的互连，一般进行一对一的转换，或是在有限的几种应用协议之间转换。在 IP 网络世界，网关的主要作用是实现 IP 包跨网段通信，由于路由器可实现跨网段通信，因此有人误把路由器等同于网关。虽然具有网关的功能，但路由器特指能实现路由寻址和数据转发的网络设备。

其他设备也可以充当网关，网关不特指某一类产品，它是一个逻辑上的概念，防火墙、三层交换机、服务器和工控机等也可以承担网关角色。网关的主要转换项目包括信息格式转换、地址转换和协议转换。格式转换将信息的最大长度、数据的表现形式等转换成适用于对方网络的格式。由于每个网络的地址构造不同，因此要转换成对方网络的地址格式。协议转换把各层的控制信息转换成对方网络的控制信息，由此可以进行信息的分割与组合、数据流量控制和错误检测等。

4.3 有线网络互联

有了网络层级的概念和基础后,可以把设备接入、网络互联的结构图描绘得更全面一些。本节介绍有线网络互联,包括现场总线、工业以太网和 TSN 的网络互联结构,4.4 节将介绍无线网络互联,包括短距离通信、蜂窝长距离通信以及低功耗广域网等不同情景。

4.3.1 工业网络互联

以 Modbus 现场总线为例,如图 4-8 所示,Modbus 从站和主站之间的物理层通过 RS-485 连接在一起。再往上,Modbus 主站与工程师站之间的监控网络通过标准以太网或工业以太网连接,使用交换机进行数据转发,构建一个独立的局域网,如果 Modbus 主站不具备以太网或工业以太网接口,可增加网关,由网关实现协议转换,然后接入监控网络。工程师站和操作员站往上连接到 IT 管理网络,基于标准以太网和 TCP/IP,通过交换机组建局域网。再往上如果数据要传输出去,将通过路由器完成跨网段通信。图 4-8 只是示例,实际情况更加灵活和复杂,例如可能不仅仅是 Modbus 主站,另一个作业区是 PROFIBUS 主站,它们都接入监控网络,或者 Modbus 主站再接入通用控制器或网关,由通用控制器或网关汇总数据并接入监控网络。

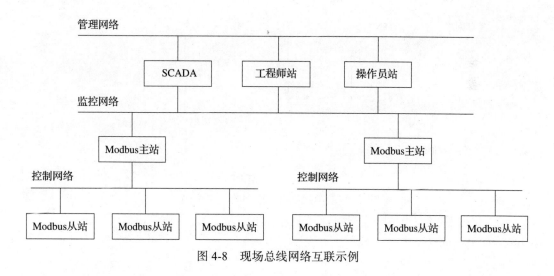

图 4-8 现场总线网络互联示例

4.3.2 时间敏感网络

时间敏感网络(TSN)是工作于数据链路层的协议标准,相对于工业以太网,TSN 在不断提高网络实时性,并在兼容以太网和 IP 的路上走得更远。沿着工业以太网的思路,TSN 成为工业领域的研究热点,陆续有一些公司推出了支持 TSN 的控制器和交换机产品。TSN

支持实时数据传输，同时完全向下兼容以太网，从概念和设计上来说，比工业以太网更进了一步。主要体现在以下两方面。

- 在同一个网络部署下面，做到实时数据和非实时数据并行。在 OT 子系统中，TSN 支持实时和非实时数据传输，在 OT 和 IT 之间，TSN 支持标准 IT 协议，无须额外增加网关。
- TSN 的实时性很高，通过时钟同步、时间感知整形器机制能够实现微秒级的同步，满足严苛的工业控制类应用要求。而这些标准机制都属于 802.1，保持对以太网的兼容性。这一点区别于工业以太网的硬实时，如 PROFINET IRT 或 EtherCAT 飞速传输技术，都采用了定制 ASIC 芯片，与标准以太网不兼容。

如图 4-9 所示，主机、控制器、SCADA、管理网络之间均可通过 TSN 实现网络互联，它打破了严格的系统层级。实际情况中，为保证控制网络的稳定性、监控网络的独立性，仍然会划分不同子网，但仅仅是划分子网，网络构建可以完全基于以太网基础设施。这里须澄清一件事，虽然 TSN 完全兼容标准以太网，但并不意味着采用标准以太网就可以获得高实时性，TSN 的高精度时钟同步和微秒级实时性，需要专用芯片来实现，只不过专用芯片向下兼容以太网，可降级在以太网链路上传输非实时数据，而工业以太网之前的硬实时方案与标准以太网不兼容，这是最大的差别。

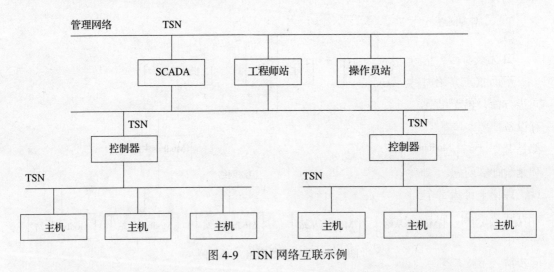

图 4-9 TSN 网络互联示例

如果要在两个系统之间基于 TSN 传输实时数据，那么整条网络链路都要采用 TSN，包括节点、交换机等，如果某个环节为以太网不支持 TSN，则无法保证实时性。通常实时性要求仅限于有限范围内，只要有限范围内的所有节点采用 TSN 连接，就具备了实时通信能力。

TSN 最初来自音视频领域的应用需求，从音视频数据领域延伸至工业领域和汽车领域，最初被称为音视频桥接技术（Audio/Video Bridging，AVB）。音视频网络需要较高的带宽和最大限度的实时数据传输，借助 AVB 能较好地传输高质量音视频，它在传统以太网络的基础上，通过保障带宽、限制延迟和精确时钟同步 3 个方面，提供优异的服务质量，以支持各种基于音频、视频的网络多媒体应用。传输音频和视频信息需要遵守严格的时序规则，如果音频或视频分组不能按指定的时序规则到达目的地，则接收设备可能会出现视频帧丢失、音频质量差的问题。此外，还需要可预测的延迟，保证视频和相关音频流之间的同步。

IEEE 802.1 工作组在 2005 年成立了 AVB 音频视频桥接任务组，开始制定基于以太网架构的音视频传输协议集，并在随后的几年里成功地解决了音频视频网络中数据实时同步传输的问题，这立刻受到汽车和工业领域相关人士的关注。2012 年，AVB 任务组在其章程中扩大了时间确定性以太网的应用需求和适用范围，同时将其改名为现在的 TSN 任务组。TSN 成为基于以太网的新一代网络标准，具有时间同步、延时保证等实时性功能。TSN 由一系列标准组成[1]，每个标准规范都可以单独使用，只有在各个规范协同工作的情况下，TSN 才能充分发挥潜力。各功能及标准如下所示。

- 时间敏感应用的定时和同步：IEEE 802.1AS。
- 调度和流量整形（时间选择器）：IEEE 802.1Qbv。
- 抢占式序列：IEEE 802.1Qbu。
- 冗余网络的路径控制和保留：IEEE 802.1Qca。
- 流量限制：IEEE 802.1Qci。
- 无缝冗余：IEEE 802.1CB。
- 无线桥接：IEEE 802.1Qbz 和 802.1ak。

下面重点介绍时钟定时和同步、调度和流量整形，两者与 TSN 实时性密切相关。时钟同步方面，由于端到端（End-to-End）的传输延迟具有难以协商的时间界限，因此网络中所有设备需要共同的时间参考，以完成时钟同步。对于通信、工业控制等领域，由于所有任务都是基于时间基准的，因此精确时钟同步是基础标准，TSN 首先要解决网络中的时钟同步和延时计算问题，以确保整个网络的任务调度具有高度一致性。时间同步可通过不同技术实现，理论上可为每个终端设备和网络交换机配备 GPS 时钟，基于 GPS 秒脉冲进行同步，这种方式成本高，而且无法保证 GPS 时钟能够始终接入卫星信号。TSN 网络的时间通常来自一个中央时钟源，它基于 IEEE 1588 精确时间协议（全称为网络测量和控制系统的精密时钟同步协议标准）完成时间同步，IEEE 1588 的基本思想是通过硬件和软件实现网络设备的时钟与中央设备主时钟同步，实现同步建立时间小于 10 μs。相比纯软件方式的网络时间协议（Network Time Protocol，NTP），IEEE 1588 的同步精度要高很多。

基于交换机端口转发机制的限制，在标准以太网中，实时性难以保证。尤其在网络利用率很高的情况下，延迟变得非常严重，多端口交换机常用的存储转发策略和带宽预留能力

---

[1] 地址为 https://1.ieee802.org/tsn/。

不足，如果网络流量过大，它可以拒绝数据报，即使使用了以太网帧优先级标识，优先级高的数据报也可能会丢失。而调度和流量整形允许在同一网络上共存不同优先级类别的流量，每个类别对可用带宽和端到端延迟可分别定义不同的要求。

调度和流量整形的实现思路和 PROFINET IRT 有一些共通的地方，PROFINET IRT 将每个周期的时间分片，分割为确定性通道和开放性通道，强制在一个周期内将时间拆为两个时间片，通过时间触发，对时间要求严苛的数据采用确定性通道，保证数据传输的实时性和确定性。IEEE 802.1Qbv 定义了时间感知整形器（Time Awareness Shaper，TAS），它在硬件内部建立多个软件数据列队并引入传输门的概念，门有开 / 关两种状态，每个队列由预先设定的周期性门控制列表来控制，动态地为数据队列提供开 / 关控制。传输过程仅选择那些数据队列的门为"开"状态的信息并开放传输端口，保障时间要求严苛的队列免受其他网络信息的干扰。TSN 单个网络集成了实时工业控制、OT 和 IT、音视频，听起来非常吸引人，但与此同时意味着产品相对复杂，复杂性往往对产品成本、质量和可靠性等方面产生影响，这可能成为实施 TSN 的障碍，目前 TSN 相关的设备成本还是很高。

4.3.3 接入层、汇聚层与核心层

管理网络如果再往上延伸是什么样子？工厂内管理网络连接到机房交换机，最后通过路由器连接到远端或互联网。交换机分三层，分别为接入层、汇聚层与核心层。通常将网络中直接面向用户连接或提供网络访问的部分称为接入层，接入层交换机负责连接主机到网络，具有低成本和高端口密度特性。汇聚层介于接入层与核心层之间，汇聚层交换机作为多台接入层交换机的汇聚点，处理来自接入层的所有数据流量，并提供到核心层交换机的上行链路。

汇聚层交换机具备更强大的性能、更少的端口和更快的交换速率，汇聚层是可选项，很多小型网络没有汇聚层。网络主干部分则称之为核心层，由于核心层交换机通过高速转发，提供优化可靠的骨干传输结构，因此核心层交换机具有最高的可靠性、性能和吞吐量。汇聚层交换机与核心层交换机都具有虚拟局域网（Virtual LAN，VLAN）功能，实际硬件载体为三层交换机（普通交换机只能基于 MAC 地址转发，工作在数据链路层，而三层交换机可基于 IP 转发，工作在第二层和第三层），虽然三层交换机有时可替代路由器实现跨网段通信，但三层交换机最主要的作用是加快大型局域网内部的数据交换，其路由功能也多是围绕这一目的而展开的，它的路由能力不及同级别的专业路由器。

通常，处于同一个局域网中各个子网间的互联由三层交换机代替路由器，而局域网与公网或外网之间如果要实现跨地域的网络访问，则通过路由器完成。如图 4-10 所示，不同子网的数据在核心层高速转发、路由。从接入层、汇聚层到核心层，越往上数据越集中，如果交换机出现故障，越往上产生的影响越大，核心层交换机通常设计有主备，以保障网络正常工作。

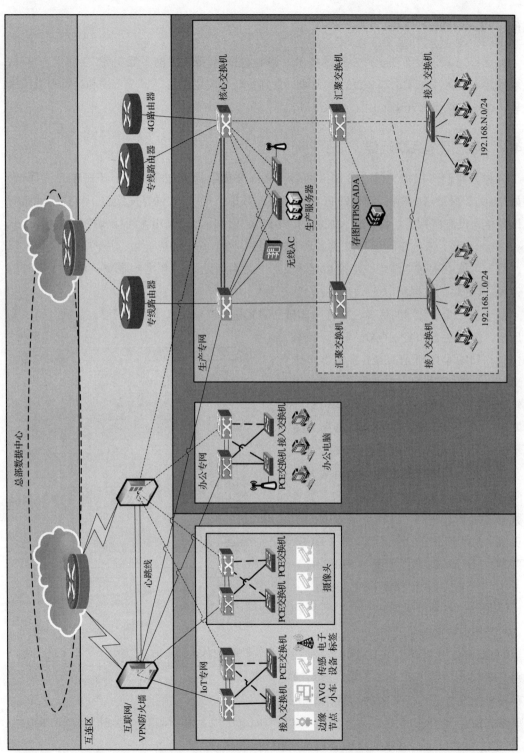

图 4-10 接入层、汇聚层与核心层

4.4 无线网络互联

在无线通信领域涌现了许多新的技术，例如 5G、窄带物联网、低功耗广域网等，有些技术虽然很早就存在了，却一直默默无闻，直到物联网应用爆发，以及市场和政策多重因素推动，突然变得流行起来，例如 4G Cat-1。

4.4.1 无线网络互联延伸

同样，我们可以把无线设备接入网络互联部分描绘得更加完整。对于短距无线通信，例如 Wi-Fi，通过 AP 接收多个 Wi-Fi 终端设备的数据，AP 连接的是交换机，再往上就跟有线设备接入没有区别了。对于较大规模的 Wi-Fi 覆盖，通常会采用无线接入控制器（Access Controller，AC）来统一管理和配置多个 AP 设备，对于安全性或者数据漫游要求很高的场景，数据可能会通过 AC 统一汇聚后接入交换机。除此之外，考虑到带宽、单点故障等因素，Wi-Fi 终端的数据均由 AP 直接发送至交换机。

蓝牙是无线个域网的代表，它有一套自己的完整协议框架，除了物理层、数据链路层和应用层，还包括 L2CAP、GAP 等蓝牙特有的协议。如图 4-11 所示，BLE 控制器负责定义射频、基带等偏硬件的规范，并抽象出逻辑通信链路；BLE 主机负责在逻辑链路的基础上进行更为友好的封装，屏蔽 BLE 技术细节，让 BLE 应用调用更为方便。

如果在个域网范围内通信，蓝牙节点之间可基于 BLE 协议实现通信，如果需要将数据连接到互联网，则需要通过网关来实现。网关硬件部分的配置可以是"BLE+以太网""BLE+Wi-Fi"或者"BLE+4G"，网关向下接收 BLE 报文，向上通过以太网、Wi-Fi 或 4G 将采集的数据上报给后台，网关作为数据的统一出口。

RFID 通信更简单，RFID 属于一对一识别，RFID 读写器读取标签数据，然后通过有线或无线方式连接更大的网络，RFID

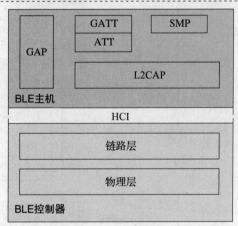

图 4-11 BLE 协议框架

读写器本身可承担网关角色，硬件配置可以是"RFID+以太网""RFID+Wi-Fi"或者"RFID+4G"，例如 RFID 手持终端盘点设备读取 RFID 标签信息，并通过 4G 传输给后台仓储管理系统。

虽然基于蜂窝网络的数据采集设备的产品形态比较简单，但考虑到无线链路的移动性，蜂窝网络该如何在不同节点之间建立连接，实际的端到端数据链路要复杂得多。除了无线接入之外，还需要提供用户终端认证，维护活跃移动节点的位置（小区）信息，并在用户终端移动时为它切换基站。回看 4G 网络体系结构，接入网设施是用户终端接入网络的第一跳，eNodeB 起着链路层中继的作用。核心网是管理中枢，负责管理数据，对数据进行处理和分发，核心网的本质是路由交换，为方便理解，可以把它当成一个非常复杂的路由器。

P-GW 网关是用户终端数据报在进入公共因特网之前遇到的 4G 基础设施的最后一部分，如果以 P-GW 之后为界线，对于外部而言，P-GW 看起来像其他网络路由器，核心网中 4G 节点的移动性隐藏在 P-GW 背后，如图 4-12 所示。

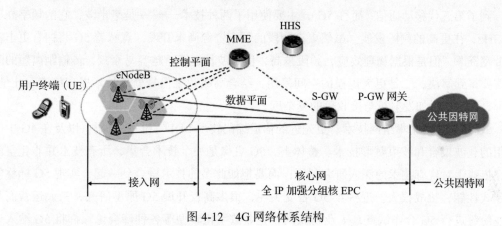

图 4-12　4G 网络体系结构

4.4.2　5G：下一代蜂窝网络技术

回顾移动通信的发展史，每一代都有代表性的技术。第一代通信使用模拟技术和频分多址技术（Frequency Division Multiple Access，FDMA），将通信总带宽划分为多个信道，信道之间相互独立，每个用户分配一个信道，这样多用户可同时通信。第二代移动通信使用数字调制技术和时分多址技术（Time Division Multiple Access，TDMA），并开始探索码分多址技术（Code Division Multiple Access，CDMA）。TDMA 很好理解，时分复用，允许多个用户在不同的时间片（时隙）使用共享信道，每个用户使用预分配的时间片，用完资源立刻释放。第三代移动通信强化了 CDMA 技术，码分多址属于第三种共享信道的方法，多个用户可以在相同时间、相同频率下通信。CDMA 的技术原理源于扩频技术，它采用远高于待发送信号带宽的高速伪随机码（Pseudorandom Noise，PN），对待传输信号进行调制，使得原始信号成为宽带信号，最后经载波调制发射出去；接收端使用完全相同的伪随机码，对接收的宽带信号做逆变换，将宽带信号变换回原始信号。

第四代移动通信引入了多输入多输出（Multiple Input Multiple Output，MIMO）技术和正交频分复用（Orthogonal Frequency Division Multiplexing，OFDM）技术。MIMO即空间复用，是第四种共享信道的方法，在发送端和接收端都使用多根天线，于是收发之间构成了多个信道的天线系统，以此提高信道容量。FDMA将总带宽划分为多个信道，每个信道有足够的带宽，OFDM相当于把一个信道进一步分成多个子信道，因为一个信道所能提供的带宽通常比传送一路信号实际所需带宽要大得多，如果一个信道只传送一路信号非常浪费，所以为了充分利用信道的带宽，发明了OFDM技术。将一个信道拆成多个子信道，每个子信道分配一个子载波，子载波之间相互正交（正交是数学上的概念），这样一串数字信号可以平均分配到多个子载波上，在一个信道内同时传输，提升传输效率，而OFDM会解决好子载波间的干扰问题。

到了第五代移动通信（简称5G），主要使用了两种技术——一是毫米波，它的频率高于24 GHz，往更高的频段发展。虽然更高频段的频谱资源尚未开发，意味着5G将拥有更丰富的带宽资源，但是根据物理效应，频段越高，信号波长越短，越容易衰减，传输距离短的问题需要得到解决；二是更大规模的空间复用，结合高级数字信号处理技术提高信道吞吐量，代价是进一步增加发射机与接收机的复杂度。

5G还采用了密集组网技术、更先进的信道编码技术LDPC和Polar码，以及在4G中已使用的载波聚合和波束赋形技术。整体上，5G更像是一个技术合集，所有技术并非凭空而来，依赖于对现有技术的深入研究利用，而要把如此多的技术融合到一起，实现5G标称的跨越式性能，挑战很大。近些年5G备受关注，很多高校开展5G原型研究，三大运营商与企业纷纷进行5G合作试点，工业物联网、企业数字化转型等各种峰会论坛都将5G纳入讨论议题。

目前5G定义了3个场景，分别为移动增强带宽（enhanced Mobile BroadBand，eMBB）、高可靠低时延连接（ultra Reliable Low Latency Communication，uRLLC）以及海量物联（massive Machine Type Communication，mMTC），如图4-13所示。3个场景目标不同，对应的技术要求也不一样。

eMBB增强移动带宽是以人为中心的应用场景，表现为超高的数据传输速率，目标峰值速率大幅提升至超过10 Gbps，广覆盖下的移动性增强，未来移动网速的需求将得到满足，eMBB可理解为对上一代移动网络性能的直接升级，让用户获得极致网速体验。对于uRLLC高可靠低时延连接，应用于要求连接时延小于1 ms，且高速移动时可靠性达99.99%的场景。这类场景主要面向车联网和工业自动化领域，对实时性和可靠性要求很高，属于任务关键型物联网应用。mMTC海量物联则面向海量物联网应用，支撑更大规模的泛在连接，此场景数据速率较低，对时延不敏感，终端成本更低。

第 4 章　工业物联网网络连接　◆　103

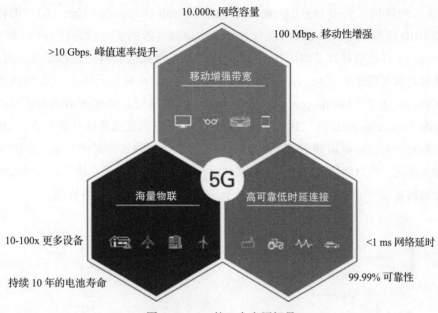

图 4-13　5G 的 3 个应用场景

上述 3 个应用场景构成了 5G 的发展蓝图，有人说 5G 像万金油，既要求网速快，又要低时延，还支持海量连接。不同场景对于网络特性要求不同，有些甚至是矛盾的。例如，用户收看高清演唱会直播时，在乎的是画质（带宽和速度），时效方面，整体延后几秒甚至十几秒，用户也可以接受。而远程驾驶在乎的是时效性，时延超过 10 ms 都可能导致严重事故，对于带宽要求却并不高。不同场景的要求截然不同，5G 如何一一满足，由此 5G 网络引入切片的概念。

简单说来，切片相当于把一张物理上的网络，按应用场景划分为多张逻辑网络，不同逻辑网络将服务于不同场景，每张逻辑网络对应一个切片，网络运营商可以选择每个切片所需的特性，例如低延迟、高吞吐量、连接密度、频谱效率、网络容量和网络效率等。通过网络切片，可以优化网络资源分配，实现最大化成本利用率，切片时可将不必要的功能移除，并且按需添加新特性，满足多元化场景的要求。那么切片的对象是谁、如何切片、切片的前提条件是什么呢？

切片涉及接入网功能拆分，核心网功能下沉。对比一下 4G 和 5G 网络架构的差别：接入网部分，4G 基站包括基带处理单元（BaseBand Unit，BBU，主要负责基带信号调制）、远端射频单元（Remote Radio Unit，RRU，主要负责射频处理）及天线三部分。BBU 和 RRU 之间通过光纤连接，RRU 与天线之间通过馈线连接。对于上行链路，终端设备发送的信号通过基站天线接收，由 RRU 进行射频处理，变成基带信号，再传输给 BBU 进行信号解调，最后得到用户终端发送的数据，BBU 将处理后的数据发给核心网。

5G 接入网采用了集中／分布单元（Centralized Unit/Distributed Unit，CU/DU）两级架构，它将 BBU 拆分成 CU 和 DU 两部分，并以所处理内容的实时性来区分 CU 和 DU，如图 4-14 所示。CU 负责处理非实时协议和服务，DU 负责处理实时协议和服务，而 RRU 和天线合并成有源天线单元（Active Antenna Unit，AAU）。在核心网部分，5G 将核心网拆分为 New Core 和 MEC（Multi-access Edge Computing）两部分，MEC 早期被称作移动边缘计算（Mobile Edge Computing），2016 年将它扩展为现在的多接入边缘计算概念。MEC 移动到和 CU 单元一起，即所谓的下沉（离基站更近），以达到缩短时延的效果。应该说，因为应用场景多样化，所以网络多样化。网络多样化，催生了切片需求，切片要求网元能灵活移动，网元与网元之间的连接也要足够灵活，于是有了 CU/DU 这样的新架构。

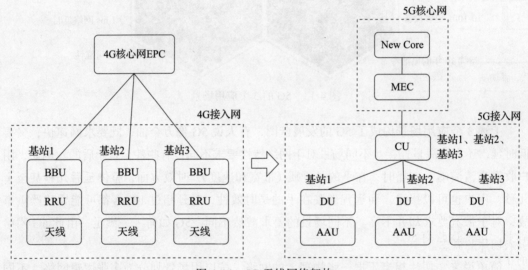

图 4-14　5G 无线网络架构

以上从架构角度讨论切片，具体实现则依赖于软件定义网络（Software Defined Network，SDN）和网元虚拟化（Network Function Virtualization，NFV）。把一张物理上的网络按应用场景切分为多张逻辑网络，意味着网络功能是可编程的。网元功能虚拟化，指硬件上直接采用 IT 厂家的 x86 通用服务器，软件上开发自己的虚拟化平台，由通用软件实现以前的核心网网元功能。

5G 核心网采用基于服务的架构（Service Oriented Architecture，SOA），这一点借鉴了 IT 领域的服务化理念，它把具有多项功能的核心网拆分为多个具有独立功能的个体网元，每个网元实现自己的服务。如此一来，5G 的网元大大增加了，虽然网元看上去很多，但实际上底层都是通用硬件，通过虚拟化平台虚拟出不同功能。这样就比较容易扩容和缩容了，也容易升级和切割资源，相互之间不会造成太大影响。

5G 核心网是模块化的、软件化的,NFV 是网络切片的先决条件。这样,接入网可作为边缘云,核心网对应核心云,5G 网络设施变成了资源池,边缘云与核心云的通用服务器之间通过 SDN 进行配置连接,如图 4-15 所示。

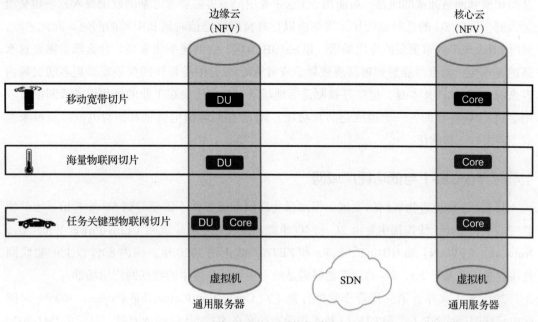

图 4-15 5G 网络切片

2019 年 6 月,工信部正式向中国电信、中国移动、中国联通和中国广电发放 5G 商用牌照,国内运营商 5G 频段划分如表 4-1 所示,中国正式进入 5G 商用元年,比预期时间提前了半年。获得 5G 商用牌照后,运营商开始采购设备、建设基站,网络搭建完成后向消费者提供服务、收取资费,手机厂商则在这个过程中陆续推出 5G 设备。

表 4-1 运营商 5G 频段划分

运营商	5G 频段	带宽	5G 频段号
中国移动	2515～2675 MHz	160 MHz	N41
	4800～4900 MHz	100 MHz	N79
中国联通	3500～3600 MHz	100 MHz	N78
中国电信	3400～3500 MHz	100 MHz	N78

2019 年 10 月,三大运营商公布 5G 商用套餐,并在 11 月正式上线 5G 商用套餐。5G 网络和终端设备的普及率以及 5G 网络的资费水平,都成为影响 5G 大规模商用的重要因素。运营商的 5G 网络建设策略是先从数据网络消费热点区域开始,而非全面铺开,按需建设。

目前 5G 存在的主要挑战是刚需落地场景匮乏，需要找到好的场景，能充分发挥 5G 的优势。笔者认为 5G 对于较大范围移动、同时对网络速度和时延有较高要求的场景，将发挥重要作用，传统的 Wi-Fi 虽然可以进行信号覆盖，但是需要部署大量 AP，并且要解决 AP 之间切换和网络拥塞的问题，而使用 5G 意味着用户不再需要考虑基础设施投入，一切交给运营商，同时 5G 的低时延切片又将解决以往蜂窝网络通信时延和中断的问题。除此之外，5G 仍需进一步探索更多的应用场景。以 eMBB 为例，它的速率非常高，什么场景需要这么高的速率呢？大家可能想到超高清视频，或者 AR/VR，但是超高清视频需要更多的视频内容来源，而 AR/VR 本身，也在寻找刚需落地场景，有些已经在工业的远程设备诊断中有应用尝试。5G 存在的另一个挑战是芯片功耗，5G 工作时峰值电流很高，对电池续航带来挑战，需要进一步优化。

4.4.3　4G Cat-1 与低功耗广域网

尽管 5G 将促进物联网的发展，但海量物联网的爆发并不需要等到 5G 才开始。当前物联网的中长距离无线连接主要由 2G 和 4G 承载，以及低功耗广域网（Low-Power Wide-Area Network，LPWAN）如 NB-IoT、LoRa 和 ZETA。截止到 2020 年，国内 80% 以上的物联网终端连接还是基于 2G，2G 的速率能够满足绝大多数中低速率的物联网应用场景。

2018 年上半年，第三代合作伙伴计划（3rd Generation Partnership Project，3GPP）向国际电信联盟提交 NB-IoT 和 LTE-M 技术作为物联网在 5G 时代的候选方案，以满足 IMT-2020 中描述的 5G LPWAN 要求。3GPP 承诺 5G LPWAN 将继续通过演进 LTE-M 和 NB-IoT 作为 5G 规范过程的一部分，并且 3GPP 同意不会为 5G 研究新的 LPWAN 解决方案。而且大多数 NB-IoT 和 LTE-M 设备的固件都可以通过升级支持 5G。NB-IoT 和 LTE-M 是 3GPP 为物联网应用开发的两种 LPWAN 技术，基于低带宽蜂窝通信协议，专为少量数据传输的物联网设备而设计，具有较低成本和较长电池续航的特点。

NB-IoT 和 LTE-M 均为 4G 技术，最初设计时确保了它们可以在 LTE 网络中进行带内操作，并且可以共享 LTE 频谱资源。NB-IoT 与 LTE-M 的出现并非偶然，由于物联网的普及，如果使用 LTE 传统蜂窝网络将消耗太多功率，而且对于不经常传输数据且数据量很少的场景，完全是大材小用。物联网需要一个能够提供低功耗和广覆盖的解决方案，它要满足以下 4 个要求。

- ❑ 技术成本低，支持更广泛的部署。
- ❑ 低功耗，电池的使用寿命长。
- ❑ 覆盖范围广，可以连接到地下、建筑物内和农村环境中的设备。
- ❑ 高连接容量，今后将会有大量的物联网设备接入物联网，产生巨大负荷。

3GPP 按终端能力等级划分了多个类别（Category，Cat），不同等级代表终端所支持的数据处理能力（下行、上行速率）和调制编码能力。3GPP Release 8 定义了 Cat-1、Cat-2、Cat-3、Cat-4 以及 Cat-5，手机用户终端属于 Cat-4，它的最大下行速率为 150.8 Mbit/s，上行速率为 51.0 Mbit/s，满足语音通信和上网视频娱乐的需求。Cat-1 代表使用 LTE 网络连接物联网设备的早期尝试，Cat-1 既然很早就推出来了，为什么之前没有广泛使用呢？这个问题结合下文 2G/3G 迁移转网部分再分析，暂且放一放。

之后 3GPP Release 13 发布了 NB-IoT 和 LTE-M，NB-IoT 标称最高下行速率为 0.68 Mbit/s，上行速率为 1 Mbit/s，实际在 200 kbit/s 左右，市面上出货的 NB-IoT 模组，单频模式下速率基本在 20 kbit/s 左右，带宽为 200 kHz，相对 LTE 的 20 MHz 小了很多，窄带由此而来。LTE-M 也叫 eMTC（enhanced Machine Type Communication），3GPP 对 LTE-M 的定位是中等速率的物联网接入，移动性也满足要求，LTE-M 支持需要实时通信的设备，并支持语音，它的上行链路和下行链路速度达 1 Mbps。

NB-IoT 和 LTE-M 代表了蜂窝物联网的演进方向，看起来也有分工，于是各个国家开始推动和部署，在国内便是红红火火的 NB-IoT 网络建设。2017 年 6 月，工信部发布《关于全面推进移动物联网（NB-IoT）建设发展的通知》[一]，该政策进一步推动了中国 NB-IoT 网络建设，要求加快推进网络部署，构建 NB-IoT 网络基础设施。基础电信企业要加大 NB-IoT 网络部署力度，提供良好的网络覆盖和服务质量，全面增强 NB-IoT 接入支撑能力。

2017 年年末，我国实现了 NB-IoT 网络覆盖直辖市、省会城市等主要城市，基站规模达到 40 万个。到 2020 年，NB-IoT 网络实现全国普遍覆盖，面向室内、交通路网、地下管网等应用场景实现深度覆盖，基站规模达到 150 万个。

应用推广方面，开展 NB-IoT 应用试点示范工程，促进技术产业成熟。鼓励各地因地制宜，结合城市管理和产业发展需求，拓展基于 NB-IoT 技术的新应用、新模式和新业态，开展 NB-IoT 试点示范，并逐步扩大应用行业和领域范围。通过试点示范，进一步明确 NB-IoT 技术的适用场景。2017 年实现基于 NB-IoT 的 M2M（机器与机器）连接超过 2000 万，2020 年总连接数超过 6 亿。具体应用于以下 4 个领域。

- 推广 NB-IoT 在公共服务领域的应用，推进智慧城市建设。以水、电、气表智能计量、公共停车管理、环保监测等领域为切入点，结合智慧城市建设，加快发展 NB-IoT 在城市公共服务和公共管理中的应用，助力公共服务能力不断提升。
- 推动 NB-IoT 在个人生活领域的应用，加快 NB-IoT 技术在智能家居、可穿戴设备、儿童及老人照看、宠物追踪及消费电子等产品中的应用，加强商业模式创新，增强消费类 NB-IoT 产品供给能力。
- 探索 NB-IoT 在工业制造领域的应用，服务制造强国建设。探索 NB-IoT 技术与工业互联网、智能制造相结合的应用场景，推动融合创新，利用 NB-IoT 技术实现对生产

[一] 地址为 http://www.miit.gov.cn/n1146295/n1652858/n1652930/n3757020/c5692719/content.html。

制造过程的监控和控制；拓展 NB-IoT 技术在物流运输、农业生产等领域的应用，助力制造强国建设。
- 鼓励 NB-IoT 在新技术新业务中的应用，助力创新创业。鼓励共享单车、智能硬件等"双创"企业应用 NB-IoT 技术开展技术和业务创新。

在产业链构建方面，加快 NB-IoT 芯片、模组、网络设备和物联网应用服务平台的研发，在 2017 年，NB-IoT 终端模块价格还是过高，影响用户进行大规模部署的意愿，其模块价格应至少与 2G 模块相当时，才能有些许取代的动力，于是有了各大运营商的大规模补贴政策。

NB-IoT 在国家大力支持下如火如荼地开展了 3 年多，目前已初具成效，产业链初步成型。自 2016 年标准冻结，到 2019 年实现大规模商用，NB-IoT 仅用了 3 年时间。在完备 NB-IoT 应用环境和生态体系的过程中，国家可以说是不遗余力，从政策指导方针、频段确认、牌照发放，继而由电信业者、设备业者等大厂带动，催生国内 NB-IoT 产业链，进一步由地方政府提供示范项目，从公共民生服务领域导入 NB-IoT 应用。我国从 3G 时代开始发力全球标准化，到 5G 时代，具有了一定的话语权。政策大力支持的背后，蕴含了运营商、设备商的众多专利成果，一旦纳入 5G 标准，将有助于中国产业自主化。

截止到 2019 年，我国已建成 NB-IoT 基站超过 70 万个，连接数过亿，主要集中在"远程抄表、智能烟感、智能井盖"等应用场景。回过头来看《关于全面推进移动物联网（NB-IoT）建设发展的通知》，它预期在 2020 年，NB-IoT 的连接数超过 6 亿，而目前显然远未达到这个目标，我国大部分 NB-IoT 连接集中在少数城市，在全国范围内达到普遍的程度还有很大的距离，大量基站处于轻载、空载状态。通知中关于 NB-IoT 的 4 个应用领域，只有公共服务领域由于政策力推，有一些规模化应用，其他领域的应用，市场反馈平平。这里面有很多需要解决的问题，例如多终端并发连接能力，单一频段同时接入终端数量仍旧受限；网络的覆盖率没有想象的简单，有些城市即使完成布网，事实上具体信号质量也有落差；而信号覆盖不足，导致 NB-IoT 终端需要不断地寻找和连接基站，功耗变大，5W 的电池支撑不了 10 年续航，弱化了 NB-IoT 的低功耗优势。这些问题和基站建设以及覆盖水平有关，随着运营商加大投入，会得到一定程度的改善。

NB-IoT 主要工作在 4 个频段，包括 800 MHz、900 MHz、1800 MHz 和 2100 MHz，其中 800 MHz 和 900 MHz 为 NB-IoT 的全球主流频段，产业供应链相对成熟。中国移动重点在原来的 GSM900 网络频段上部署 NB-IoT，这意味着中国移动将把一部分 2G 的频段资源腾出来给 NB-IoT，随着 2G 频谱资源减少，中国移动 2G 网络用户体验将下降。由于中国电信 NB-IoT 部署在 800 MHz 频段，就是原来的 CDMA2000 1x，带宽 15 MHz，低频承载，信号穿透力强，因此电信的 NB-IoT 网络部署速度是最快的。中国联通 NB-IoT 部署在 900 MHz 和 1800 MHz 频段。其 900 MHz 频谱的资源比较受限（仅 6 MHz 带宽），1800 MHz

频段虽然带宽足够，但是频段较高，产业链也相对不成熟，这些因素都影响了部署进度。三大运营商 NB-IoT 频段划分如表 4-2 所示。

表 4-2 三大运营商 NB-IoT 频段划分

运营商	上行频率	下行频率	带宽
中国移动	890～900 MHz	934～944 MHz	10 MHz
	1725～1735 MHz	1820～1830 MHz	10 MHz
中国联通	909～915 MHz	954～960 MHz	6 MHz
	1745～1765 MHz	1840～1860 MHz	20 MHz
中国电信	825～840 MHz	870～885 MHz	15 MHz

NB-IoT 有 3 种部署方式，分别是独立部署（Stand-alone operation）、保护带部署（Guard-band operation）和带内部署（In-band operation），如图 4-16 所示。独立部署不依赖 LTE，不会对 LTE 形成干扰，适用于重耕 GSM 频段；保护带部署利用 LTE 边缘保护频带中未使用带宽的资源块；带内部署则是占用 LTE 的资源，利用 LTE 载波中间的资源块。3 种部署方式中，独立部署最自由，保护带部署带宽资源有限，信号强度较弱，而且容易与 LTE 系统发生干扰，需要考虑与 LTE 网络的协调和干扰影响。

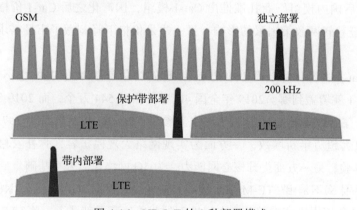

图 4-16 NB-IoT 的 3 种部署模式

2020 年 4 月，工业和信息化部办公厅发布《工业和信息化部办公厅关于深入推进移动物联网全面发展的通知》[⊖]，推动 2G/3G 物联网业务迁移转网，建立 NB-IoT（窄带物联网）、4G（含 LTE Cat-1）和 5G 协同发展的移动物联网综合生态体系，在深化 4G 网络覆盖、加快 5G 网络建设的基础上，以 NB-IoT 满足大部分低速率场景需求，以 LTE Cat-1 满足中等速率物联需求和话音需求，以 5G 技术满足更高速率、低时延联网需求。

在蜂窝连接的市场分布中，高速连接占据 10% 的份额，中速率连接占比 30%，低速窄

⊖ 地址为 http://www.gov.cn/zhengce/zhengceku/2020-05/08/content_5509672.htm。

带连接占比60%。之前低速窄带主要由2G承载，中低速主要由2G/3G及标准LTE承载，随着此次工信部正式发文，2G退网再次提上议程，可以预见的是，将逐步停止新增2G物联网用户，并引导到LTE Cat-1和NB-IoT。

为什么4G Cat-1最近备受关注？Cat-1在3GPP Release 8的时候就已经发布了，而高通公司早在2010年便推出了Cat-1的方案，它并非新技术。那时候大家觉得它的速率不上不下，速率没有Cat-4快，跟2G相比价格又高了很多，就没有推广起来。基于静态的、主动上报的应用场景，如智能抄表，可继续沿用NB-IoT，但这些场景在实际部署中所面临的挑战需持续解决，例如三表（水表、电表和燃气表）和道路井盖因工作环境常处于信号难以覆盖的室内或地下，数据传输受到影响，信号不断通断影响到功耗的整体表现。同时，更多要求实时性、移动性且一定带宽传输能力甚至语音通信能力的场景，在2G/3G退网以后，需要有技术接替。

NB-IoT由于只支持基站重选，不支持切换，一般都用于不怎么移动的领域，因其低速率的特性，NB-IoT承接了部分2G市场，却难以承接2G/3G"语音通话、中速率、移动连接"部分的市场需求。随着2G/3G业务迁移转网变成现实，开始启用4G Cat-1来满足中等速率物联网需求和语音需求。由于紫光展锐、ASR等国内芯片厂商发布了高性价比的Cat-1芯片，之后国内模组厂商扎堆推出Cat-1模组，国产化之后Cat-1价格下来了。一边是2G/3G业务迁移转网政策因素的影响，另一边是价格下降刺激了市场需求，双重因素下Cat-1火了。

Cat-1和Cat-4兼容，可以简单地把Cat-1理解为限速版4G，基站也不用升级，4G基站铺到哪，Cat-1就覆盖到哪。2019年全国4G基站累计544万个，而2019年新建的4G基站为172万个，占4G基站总数的32%，作为参考，2G/3G基站数量为297万个。2019年新建4G基站数远超历年新增数，一方面为实现网络大规模扩容，弥补农村地区覆盖的盲区，提升用户体验；另一方面提升核心网能力，为5G网络建设夯实基础。

低中速率为什么不是由LTE-M来承接呢？按理说，根据3GPP规划，NB-IoT承接低速率部分，LTE-M负责中等速率部分，在国外例如北美地区也部署了一些LTE-M网络。在国内，虽然LTE-M与NB-IoT并非直接竞争关系，但与已经抢得市场先机的NB-IoT相比，运营商对LTE-M的态度并不积极，产业链几乎空白，LTE-M涉及新的基础设施建设，当前运营商正将更多的资源投入5G建设，也很难有多余的资金投入。

2020年7月，国际电信联盟召开的ITU-R WP 5D#35远程会议宣布：3GPP 5G技术（含NB-IoT）满足IMT-2020 5G技术标准的各项指标要求，正式被接受为ITU IMT-2020 5G技术标准。值得重点关注的是，本次通过的3GPP技术集，包含了中国提交的3GPP NR+NB-IoT RIT。它分别针对5G的不同场景，NR针对eMBB和uRLLC场景，NB-IoT则针对mMTC的场景。这两个技术标准的通过，使得5G三大业务场景均有相应的标准支持，意味着产业有了演进方向，NB-IoT 是 5G 时代的标准，这给产业链上相关企业吃了定心丸，可以继续投入，未来 NB-IoT 的持续发展，大家拭目以待。

NB-IoT 是基于蜂窝的 LPWAN 技术，其他非蜂窝 LPWAN 技术包括 LoRa、Sigfox 和 ZETA，它们大多数工作在 Sub-GHz 频段（<1 GHz），网络信号穿透力强，非蜂窝 LPWAN 技术为物联网规模化应用部署提供了新的选择，它们通常体现以下特点。

- 距离远、覆盖范围广，可达数十公里。
- 低功耗，电池寿命长达 10 年。
- 通信频次低、传输数据量少、数据速率低、占用带宽小。
- 传输时延不敏感，对数据传输实时性要求不高。
- 满足规模大部署要求的低成本。

产品形态上，包含终端节点和网关，终端节点与网关之间通过 LPWAN 协议通信，例如在一个园区，所有终端节点数据通过网关汇聚后再发送到服务器上，和蜂窝 LPWAN 相比，无须每个节点支付流量费用，并且终端节点与网关之间的距离可根据实际场景需要布置，有时通过布置多个网关实现信号稳定覆盖，有效保证终端节点信号的连接质量，在智慧园区、小区、矿井和工厂车间中得到应用。由于节点无须直连到远端服务器，相比蜂窝 LPWAN，它们的功耗还要低很多，续航方面更具优势。

4.4.4 物联卡的流行与挑战

基于蜂窝连接的物联网应用催生了物联卡。物联卡帮助智能终端设备实现联网和身份认证，由运营商统一提供，仅面向企业用户进行批量销售，需要企业用户实名认证，不面向个人用户。物联卡广泛用于智能表计、车载智能终端、共享单车智能锁、移动支付、智能摄像头、自动售卖机和智能摄像头等场景。从外观上看，物联卡和普通的 SIM 卡没有差别。功能上，两者均可实现联网和收发短信等功能，有些物联卡还可以支持语音通话。物联卡使用专用号段，下面以中国移动物联卡为例。

- 采用以 144、10647、10648 开头的 13 位物联网专用号段，支持短信和 GPRS 功能，容量为 12 亿。
- 采用 1476、1724、1789、1849 开头的 11 位物联网专用号段，支持语音、短信、GPRS 功能。

手机插入 SIM 卡之后才能连接运营商网络，实现打电话上网等通信功能，网络运营商将 SIM 卡作为终端身份证件。SIM 卡虽小，但它是一颗完整的 IC 芯片，包含微处理器（MCU）、程序存储器（ROM）、工作存储器（RAM）、数据存储器（EEPROM）以及串行通信单元。SIM 卡保存的数字信息可供蜂窝网络对终端身份进行鉴别，并对通话时的语音信息进行加密。SIM 卡有 6 个或 8 个管脚，至少需要连接其中的电源（VCC）、复位（RST）、时钟（CLK）、接地端（GND）和数据 I/O 口（DATA）管脚。SIM 卡诞生之初是一张和信用卡同样大小的卡片，大家更熟悉的是以下 3 种卡：第一种 Mini SIM，俗称大卡，尺寸为 25 mm×15 mm，相当长的时间里大多数手机使用的都是 Mini SIM 卡；第二种 Micro SIM，俗称小卡，尺寸为 15 mm×12 mm；第三种 Nano SIM，俗称 Nano 卡，尺寸为 12 mm×9 mm，Nano 卡或小卡加上卡套可以装在大卡的卡槽里，如图 4-17 所示。

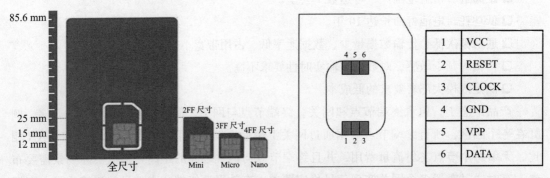

图 4-17　SIM 卡尺寸和管脚

实体 SIM 卡长时间使用或多次插拔后可能出现接触不良的现象，而且插拔卡虽然尺寸不断在变小，但还是要求终端设备具有配套的卡槽，卡槽的结构和走线对于一些智能穿戴设备来说还是太大了。此外，插拔卡里面的用户信息是固定的，往 SIM 卡写入运营商数据之后不可更改，物联卡是用户与运营商之间的契约，若要切换运营商则只能换卡。

为解决上述问题，嵌入式 SIM 卡（Embedded-SIM，eSIM）诞生了，eSIM 将传统 SIM 卡直接嵌入设备芯片，而不是作为独立的可移除零部件加入设备，由于用户无须插入物理 SIM 卡，因此具备抗震、稳定性更强的优点。eSIM 的本质还是 SIM 卡，不过它是一颗直接嵌在电路板的可编程集成电路，因为其可编程特性，支持通过 OTA 方式进行远程配置，更新运营商配置文件，实现网络切换，所以从技术角度，用户将不必来回插拔，频繁更换 SIM 卡，而是可以通过应用或网页直接访问远程服务，即可在全球范围内将智能终端设备连接到选定的当地网络，并且能动态切换，使设备始终处于优质网络中。

这一做法将允许用户更加灵活地选择运营商套餐，或者更换运营商，eSIM 解除了用户和运营商的直接绑定，虽然对于用户来说，切换运营商变简单了，但对运营商来说，用户黏性变小了。当前，出于对 eSIM 空中写入配置文件过程的安全性担忧以及对运营商利益带来的冲突，国内 eSIM 并不支持运营商切换。也有专业人士指出，无论是传统的实体 SIM 卡，还是 eSIM，在网络互联的情况下，都支持 OTA，也都支持码号切换，eSIM 的出现，其实和绑不绑定运营商没有关系，只是它加速了人们对于携号转网的期望。

物联卡的使用，协助传统行业在数字化过程中完成连接这一环节，而这同样带来了一些挑战，无论对于终端厂商还是企业最终用户。当终端厂商开始生产新增了蜂窝网络连接功能的物联网终端时，就面临着生产和供应链环节的挑战。原有的终端设备经过多年发展，已形成非常成熟的供应链体系，能够进行规模化无间隔生产，现在将物联功能嵌入终端设备，例如增加 4G 通信功能，一个客观事实是，三大运营商在全国不同地区的 4G 网络覆盖是有差异的，终端设备在每个地域部署时最终要连接到当地运营商网络中，为保障服务质量和使用体验，应选择该地域网络覆盖最好的运营商，这导致终端设备商出货时，可能需要根据不同地区出不同的货，不同的货搭配不同的 4G 模组。这样一来，原来同一个终端设备，现在有了多个型号。这给元件采购、生产安排及发货核对等环节带来了额外的工作。

采用多模芯片在增加一些成本的情况下，可在一定程度上改善上述问题。通信模组配置好了，接着要搭配物联卡，虽然各家运营商可以做到"一点开卡、全国接入、统一资费"，但终端厂商在生产规划时，可能要根据订单来源采购当地具有优质网络运营商的物联卡，以此保障用户体验和网络服务质量，这在一定程度上增加了终端厂商的工作量。前面提到的 eSIM 技术，有可能帮助终端厂商改善物联卡多地域购买的问题。当终端设备发往销售地后，eSIM 再通过远程写卡接入当地首选的运营商。

再看对企业最终用户的影响，如果物联卡由终端厂商提供，打包在终端设备中，预估每月流量开销和设备使用年限，那么企业用户基本上对物联卡是无感知的，没什么影响。对于小用量物联卡的企业用户来说，这是最便捷的方式，不用管理物联卡的购买、账单核对、流量扩充和销卡等工作，而且物联卡用量小的时候，企业也不具有好的流量议价能力，不如由终端设备商打包提供。

对于大用量的企业客户，有可能考虑统一和运营商或代理商约定物联卡的框架协议，然后安排人员管理物联卡，这个工作可能会落到集团的综合部门，具体到每个地域子公司，由信息员或类似岗位职责的人来负责物联卡的管理。如果和手机上插拔卡的过程一样，那么物联卡买回来后，快速装到终端设备上就可以用了。如果终端设备要拆开外壳才能把物联卡插进去（例如一些工业数据采集装置），就比较麻烦，需要企业客户先购买物联卡，寄给终端厂商，由终端厂商在设备组装环节将物联卡一起安装完并测试好再出货给企业客户。这样一来，企业客户内部增加了流程。不要轻视一个小步骤，当物联卡的需求体量足够大而且又非常分散时，增加流程意味着企业组织要增加人力来实施，并对人员进行培训，而且流程变更在初期可能会引起人员不适。

4.4.5 无线信号穿透性和绕射性

无线接入方式绕不开讨论无线信号的穿透性和绕射性。采用有线连接方式传输的信号在长距离传输过程中，电信号发生衰减，对于无线空口方式，信号的衰减更厉害。为保证无线链路正常通信，须考虑无线信号的有效覆盖范围和传播距离，而穿透性、绕射性以及传播损耗（自由空间传播损耗，波长越长，损耗越小）与信号覆盖和传播距离密切相关。

根据物理学衍射效应原理，电磁波波长越长，信号的绕射能力越强，电磁波具备绕开障碍物的能力。比方说电磁波的波长是 10 m，那么宽度为 1 m 的障碍物自然挡不住它。由于低频段的电磁波波长较长，绕射能力强，因此传输距离远。相应地，高频段的电磁波绕射能力较弱。根据波粒二象性原理，由于波长越短，频率越高，它的能量越大（$E=hc/\lambda$，E 为能量，h 为普朗克常量，c 为光速，λ 为波长；c/λ 即频率），因此高频段电磁波的穿透能力更强。当然这也要看能量的数量级，例如 X 射线的频率比可见光的频率高，X 射线能穿透绝大多数非金属物，甚至还可以穿透薄铝，对于通信用途的无线电波，它的频率远低于 X 光，也低于可见光，可见光的穿墙能力我们在平时生活中可以体会——基本没有，无线电波的穿透力就更弱了。频率高的信号穿透力强，衰减也快。整体上看，高频率电磁波的波长短，绕射能力弱，穿透力强，衰减快，传输距离短。我们家里的路由器分 2.4 GHz 和 5 GHz 两个工作频段，2.4 GHz 频段穿墙能力比 5 GHz 强，指的是 2.4 GHz 信号的绕射能力强，并非指穿透力。

因为低频段信号绕射能力强，覆盖广，所以低频段是黄金频段，频谱资源宝贵。例如 GSM900 频段，它是目前覆盖最广的网络，在偏远地区，有时没有 4G 信号，只有 2G 信号。截止到 2020 年，国内仍有 2 亿多的手机用户，使用的是 2G 信号，就是这个原因。随着国家政策推动 2G/3G 物联网业务迁移转网，未来 2G 频段将腾挪出来用于 4G、5G 网络的部署，以此提高 4G 的覆盖范围。除了频段资源有限这个重要因素，信号功率、接收灵敏度及天线增益，对于信号的传输距离和网络覆盖范围均有重要的影响。

信号发射功率越强，传播距离越远。就像两个人在村口隔着一段距离喊话，如果听不清楚，那就嗓门再大点，提高下音量。发射功率不断加大，是否信号覆盖问题就解决了？答案是否定的。首先，对于射频发射链路，基带信号经过调制并通过载波上变频到射频信号时，通过前端增益放大器对信号进行放大，再通过天线发射出去，而增益放大器对功率的放大是有限度的，在一定范围内，放大器的输出功率与输入功率呈线性关系，随着输入功率增大，放大器进入非线性区，其输出功率不再随输入功率的增加而线性增加，最终达到截止饱和。其次，发射功率过强会对其他设备造成干扰，抑制其他设备正常通信，并且出于环境和人体安全考虑，也要求对发射功率做严格限制，例如美国联邦通信委员会（Federal Communications Commission，FCC）制定了不少针对电子设备的电磁兼容性和操作人员安全等一系列标准，这些标准被广泛使用并得到全球不少国家的技术监督部门或类似机构的认可。同时，发射功率也受到发射端功率易得性的限制，如尺寸大小，使得发射机本身能输出的最大功率受限。

接收灵敏度指接收机（射频接收链路）能够正确识别出有用信号时的最小功率。无线设备接收灵敏度越高，可捕获弱信号的能力越强，若接收的信号能量低于它的接收灵敏度，设备将无法解析收到的数据。接收灵敏度受三方面因素影响，分别是带宽范围内的热噪声、系统的噪声系数及解调所需信噪比（Signal Noise Ratio，SNR）。还是上面村口聊天的例子，接收灵敏度类似人的听力，同样的说话音量，如果对方听力不好，就听不清楚讲什么，讲话的人就要加大音量。如果对方听力极好呢，哪怕音量较小，也听得清楚。

接收机灵敏度与发射机制、接收机技术强相关，这也是无线通信最令人激动的部分。CDMA、OFDM、CSS、M-FSK、QAM 等各种调制技术；分组码、卷积码、Turbo 码、Polar 码等各种编码技术；SFBC、Beamforming、MU-MIMO 等多天线技术；接收机方面有信道均衡、Rake 接收机、最小均方误差算法、最大似然算法、Turbo 均衡等各种算法广泛应用于提升接收灵敏度。

天线增益影响的也是功率，天线增益用于衡量天线朝特定方向收发信号的能力，相同条件下，天线增益越高，电磁波传播距离越远。天线增益于对提升移动通信系统的运行质量非常重要，它决定了蜂窝边缘的信号电平，增加增益就能够在确定方向上增大网络的覆盖范围。

天线是无源器件，根据能量守恒定律，它通过能量集中，即能量重新分配实现了对信号的增益放大。天线增益是指在同等输入功率的条件下，实际天线与理想辐射单元在空间同一点处所产生的信号的功率密度之比，它定量地描述了天线对输入功率的集中辐射程度。增益与天线方向图有密切的关系，方向图主瓣宽度越窄，副瓣越小，增益越高。

天线分全向天线和定向天线，全向天线无方向性，向四面八方发射信号，前后左右都可以接收信号，而定向天线只能向特定方向发射信号。

天线增益的单位通常使用 dBi，dBi 的参考基准即为全向性天线，例如 2 dBi、3 dBi 天线增益。想要信号传播距离远，要使用定向天线，而想要覆盖范围大，则使用全向天线，或者波瓣宽度大的定向天线。在实际应用中，往往会根据场景来匹配合适的天线。

结合上述影响信号传输距离和覆盖范围的各种因素，分别以 NB-IoT 和 ZETA 为例，举两个具体的例子。按照 NB-IoT 空口设计规范，它的覆盖能力应该比 4G 更强，适用于厂区、地下车库、井盖这类对深度覆盖有要求的场景。首先，NB-IoT 虽然可部署于任何频段，但考虑覆盖需求，一般选择在 1 GHz 以下低频段部署；二是功率方面，因为是窄带信号，在同等能量的情况下，它的功率谱密度更高，NB-IoT 单位带宽所携带的能量比 4G 更高，理论上覆盖距离更远；三是重传机制，相比传统方式，NB-IoT 支持更多次数的重传，而重传增加了信号被成功接收的概率。

ZETA 同样工作在低频段，使用 Advanced M-FSK 调制方式，发射端能效高。其次通过频点索引调制方法带来接收灵敏度提升，相对牺牲了部分频谱效率。最后采用 OFDM 接收机方式，有效抑制干扰和噪声，同样是提升了接收机灵敏度。根据香农原理，当追求频谱效率时，在同样带宽下，速率越高，信噪比越高，接收端对接收到的信号能量要求越高，相应的传输距离越短；而追求能量效率时，传输速率低，牺牲了频谱效率，降低了信噪比要求，即提升了接收机灵敏度。

4.5 数据互通：OPC UA

开放平台通信统一架构（OPC Unified Architecture，OPC UA）是目前备受业界关注的技术，OPC UA 被认为是有前途的、能实现持续信息交换的标准。在介绍技术细节之前，应先弄清楚它的发展背景及期望达成的目标。当前企业 IT 管理运营系统对于工厂现场实时工艺过程数据和设备运行状态数据有着强烈的需求，企业需要打通 OT 与 IT 层级的限制，实现横向与纵向互通，工业物联网要打破信息孤岛，而 OPC UA 的目标正是横向与纵向互通，包括智能设备之间横向的 M2M 通信、控制设备到监控网络再到生产系统和企业 IT 系统的纵向通信，如图 4-18 所示。它致力于以同一种语义，使得计算机、控制器、设备和系统等都能相互理解，从而完成协作交互。OPC UA 是一个跨越 OT 与 IT 的技术标准和规范，如果将 OPC UA 与 TSN 相结合，由 OPC UA 实现数据互通，解决语义互操作问题，由 TSN 实现网络互联，解决通信实时性问题，这将给工业网络带来很大变化，OPC UA over TSN 同样是目前的研究热点。

4.5.1 应用层协议还是技术标准体系

对 OPC UA 的认识，人们的第一个疑问是，OPC UA 属于一种标准、技术体系还是应用层通信协议？最简单的情况是把它当作一种应用层协议来使用，就像 MQTT、HTTP 一样。由于 OPC UA 纳入很多技术，包括多种通信机制、信息模型等，因此它不仅是一种应用层协议。OPC UA 在 2011 年成为 IEC 62451 标准，标准与规范层面，旨在统一协调，使得不同厂商的数据在交互时有统一的规范，确保协同一致。其核心在于统一，而实现在于各种"集成"[◯]。OPC UA 包含 3 个集成：1）通信集成，把通信的客户端 / 服务器（Client/Server）、发布 / 订阅（Pub/Sub）机制予以集成，确保连接性；2）基础信息模型、垂直行业信息模型集成，信息模型定义标准的数据结构和规范，这样可以降低在具体项目中的工程成本，避免编写大量的程序和各种驱动接口；3）信息安全机制集成，确保信息被安全地发送出去。这些集成要素是对原有技术进行统一，整体上是一个创新，形成了一个实现多源异构网络数据互通的方案。

◯ 来自深入浅出 OPC UA 经典十五问，地址为 http://article.cechina.cn/20/0420/12/20200420120133.htm。

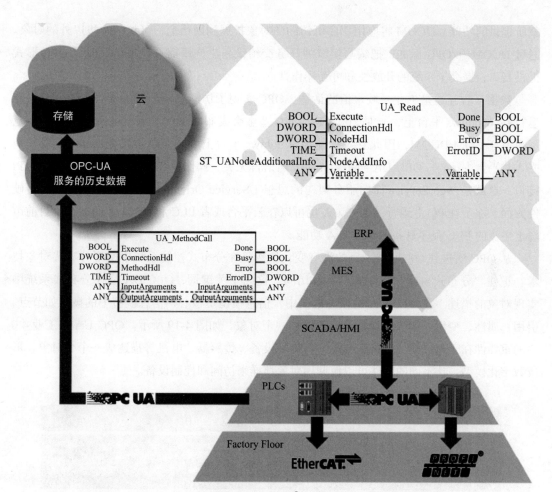

图 4-18　OPC UA 横向与纵向数据互通[一]（经 OPC UA 基金会授权引用）

OPC UA 的前身为 OPC（Object Linking and Embedding for Process Control），OPC 的重要概念是"对象访问"，以快速实现基于 Windows 的应用程序和现场过程控制应用之间的互通。在此之前，为了存取现场设备的数据，每个应用软件开发商都需要编写各自专用的接口函数，由于现场设备种类繁多，且设备不断升级，给用户和软件开发商带来巨大的负担，因此迫切需要一种具备高效、开放和可互操作性的即插即用设备驱动程序，OPC 标准应运而生，它基于微软的 OLE、COM/DCOM 技术（Distributed Component Object Model，分布式组件对象模型）。为实现对象与编程语言无关而制定了 COM 标准，它使得两个应用程序通过对象化接口通信，而无须知晓对方是如何创建的对象。例如，用 C++ 语言创建的 Windows 对象，它提供了访问接口，用户可以使用其他语言编写对象访问程序，通过该接口访问对

[一] 地址为 https://opcfoundation.org/wp-content/uploads/2015/09/OPC-UA-Interoperability-For-Industrie4-and-IoT-CN-v3.pdf。

象所提供的功能。DCOM 将应用程序可访问的对象扩展到网络上，可访问本机以外的对象。通过 DCOM 和 OPC 标准，把编写接口的任务交给设备生产厂商，设备出厂时以 OPC 形式提供接口，提高了系统的开放性和可互操作性。

数据互联互通是工业领域永恒的话题，OPC 实现了访问接口与开发语言无关，它只能运行在 Windows 平台上，于是 2008 年，OPC 基金会发布了 OPC UA。由于 OPC UA 规范不再基于 COM/DCOM，因此它不仅能在 Windows 平台上实现，也可以在 Linux 以及其他嵌入式平台中运行。OPC UA 与平台无关、与语言无关、操作系统无关，提供跨平台的 API 接口，这就是 Web Service 面向服务架构的思想（Service Oriented Architecture，SOA）。硬件方面，除了在 PC 上运行，OPC UA 也可以在云平台或者 PLC 和 ARM 上面运行，目前市场上主流的 PLC 很多具备了 OPC UA 功能。

从 OPC 演进到 OPC UA，目的没有变，依然是在分布式控制系统中实现分布式对象技术。记住"分布式对象技术"和"对象访问"这两个关键词，OPC UA 是在分布式系统中实现对象的描述。在 OPC UA 的模型框架中，信息模型是核心，信息模型中的概念如节点、引用、属性、变量、方法，都是致力于描述一个对象，如图 4-19 所示。OPC UA 在工业 4.0 中的重要性在于通过面向对象的技术，将物理设备、传感器、电机等描述成一个个对象，形成数字化模型，让不同的软件可以像调用对象那样来访问和控制设备。

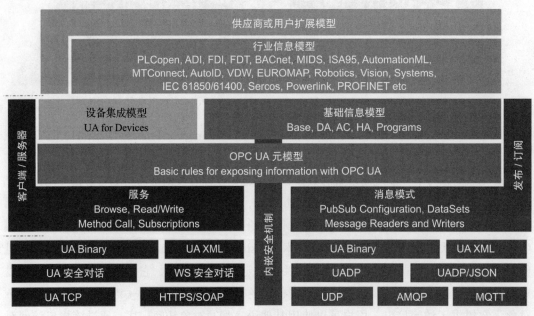

图 4-19　OPC UA 模型框架

OPC UA 模型框架涉及很多内容，在网络层级方面，OPC UA 基于标准的 TCP/IP 协议，可通过二进制格式或 XML 格式传输数据，对应 OPC UA 标准定义的两个传输协议——UA TCP（一种优化的基于 TCP 的二进制协议）和 HTTP/SOAP[○]，以满足不同的场景需要。UA TCP 注重速度和性能，而 HTTP/SOAP 层级简单且对防火墙友好，图 4-20 清晰地表示了这种层级关系。对于 UA XML 模式，在 HTTP 基础上使用了 SOAP 信封，XML 格式的 SOAP 消息作为 HTTP 的报文被打包发送。

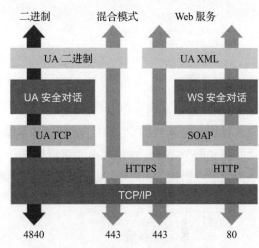

图 4-20　OPC UA 传输规范（经 OPC UA 基金会授权引用）

4.5.2　信息模型

4.5.1 节提到 OPC UA 的 3 个集成，第一个是通信集成，从 OPC UA 模型框架中可以看到，它既支持 C/S 模式，又支持发布 / 订阅模式。C/S 模式是传统 IT 应用系统的典型架构，客户端与服务器之间通过请求 / 响应的方式通信；发布 / 订阅模式适合于物联网数据采集场景，各种传感器节点周期性的发布消息，通过中间的消息代理转发，不同的消费者按需订阅这些消息。消息的发布者不会将消息直接发送给订阅者，而是将发布的消息按主题或内容分类，发布到消息代理，发布者无须了解存在哪些订阅者；同样地，订阅者可以按需订阅一个或多个感兴趣的主题，无须在意发布者。关于 C/S 模式和发布 / 订阅模式，会在第 7 章做详细介绍。

第二个集成是通信安全机制集成，OPC UA 定义了两类安全协议——UA-SecureConversation 和 WS-SecureConversation，两者都是基于证书建立连接，分别对应上面的 UA TCP 和 SOAP 传输协议，OPC UA 采用内嵌安全机制来保障数据互通的安全。关于 OPC UA 安全机制的介绍，可参考 Wolfgang Mahnke 编写的《OPC 统一架构》第 7 章内容。

第三个集成是基础信息模型和垂直行业信息模型集成。信息模型是 OPC UA 重要的一部分，前两个集成解决数据传输的问题，信息模型则解决语义的问题，让不同对象之间相互理解。OPC UA 在很大程度上采用了面向对象的思想，通过面向对象技术，将物理设备、传感器、电机等描述成一个个对象，形成数字化模型，使得不同软件可以像调用对象那样访问和控制设备。举个例子，针对一个电机，它包含哪些基本属性（特征）、具备哪些方法，如何把它抽象出来定义为一个类（类可以简单理解为对象的模板，对象是类的实例），例如针对一个电机类的示例定义如下。

○　定义来自图书《OPC 统一架构》6.4 节。

```
public class motor {
float current;
float frequency;
float speed;
int direction;
float temperature;
void start();
void stop();
}
```

在上述电机类的定义中,电机的基本特征包括电流、频率、转速、方向、温度以及启动和停止两个操作。在程序中,可将类进行实例化,基于类这个模板创建具体的对象实例,下面例子中创建了 motor1 和 motor2 两个实例。

```
motor motor1, motor2;
motor1.current=3;
motor2.current=5;
motor.direction=CCW;      // 逆时针转动
motor.start();
wait(30);
motor.stop();
```

OPC UA 的目标是所有对象在语义上相互理解,如何做到相互理解?这意味着对象暴露更多的信息,比如在电机的例子中,除了提供温度值,OPC UA 允许提供更有效的展示数据语义的可能性,它允许对外展示测量的温度是由什么特定类型的传感器设备提供的,测量精度是多少,并允许暴露该种传感器设备所支持的温度传感器类型。通过暴露更多的语义,OPC UA 服务器允许客户端通过解释对象所提供的语义来处理复杂任务。相互理解后就能实现数据互通了,数据互通的一种形式是通信双方私下约定协议,另一种形式是建立通用行业标准和规范,大家都遵循同样的规则。OPC UA 采用第二种形式,工业领域如此复杂,建立一个普适的模型,满足所有的场景需求,显然是不现实的,哪怕勉强实现了,也必然会导致系统效率下降,兼容的东西太多了会损失性能,于是在 OPC UA 模型框架中可以看到,它采用了信息模型分级,并划分了 3 个层级,分别是基础信息模型、行业信息模型及特定厂商扩展模型,越往上针对性越强,普适性越弱。

通过信息模型的标准和规范,可以定义对象的方方面面。基础信息模型是行业信息模型和特定厂商扩展模型的基础,定义了一个框架和基本元素,行业信息模型是针对特定垂直行业制定的模型,在基础信息模型的基础上,将行业信息添加进来;特定厂商扩展模型则是将供应商的特定信息添加到模型中。这种层级差别,不同层级信息的详细程度不同,其实也体现在类的层次结构以及继承关系上。

还是上面的电机例子,我们创建 3 个类,分别是"电机""三相异步电机""007 供应商三相异步电机",如图 4-21 所示。

"电机"是通用的类,"三相异步电机"是一种特定形式的电机,"电机"是父类,"三相异步电机"是子类,它可以继承电机的所有属性和方法,并且拥有自己独有的特征,如三相电压、三相电流、电机转矩;而"007供应商三相异步电机"是"三相异步电机"的子类,也是"电机"的子类,它继承了父类的特征,并且额外增加了厂商自定义信息以及事件功能。采用类的层次结构,一方面客户端能够调用父类的方法处理父类及其子类所有的通用请求,此时客户端将忽略子类的特定信息,这样在构建大型系统时,可以快速获取通用数据;另一方面,必要时客户端调用子类的特定方法处理子类的特定信息。OPC UA 规定类的层次结构信息由 OPC UA 服务器提供,并可以对外暴露。

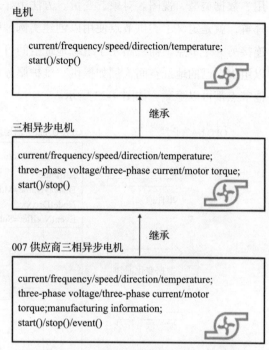

图 4-21 类的层次结构及继承关系示例

OPC UA 以对象为基础,对象可包含变量和方法,通过引用互相连接。这和面向对象程序设计方法非常相似。对象、变量和方法,在 OPC UA 中都被定义成一个个节点(Node),节点是 OPC UA 的基础,节点之间通过引用(Reference)连接起来。例如对象可包含变量、方法,对象是一个节点,它的变量和方法也是节点,对象节点通过引用访问它的变量节点和方法节点,OPC UA 信息模型其实就是节点的网络,或者称为结构化图(Graph),由节点和引用组成的结构化图称作 OPC UA 的地址空间,结构化图可以描述复杂的结构化信息,实现对象的完整描述,如图 4-22 所示。OPC UA 服务的开发,其实就是创建节点,建立节点之间的引用关系,然后提供统一规范的访问接口。

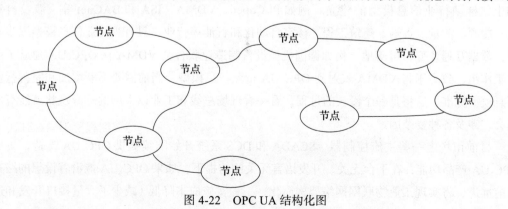

图 4-22 OPC UA 结构化图

OPC UA 一共有 8 种类型的节点,分别是对象、对象类型、变量、变量类型、方法、引用、数据类型、视图。对象、变量、方法很好理解,对象类型、变量类型、数据类型也不难理解,就是定义了类供节点使用以创建实例,引用是节点之间的相互关系,通过一个节点能连接另一个节点,而视图用于组织地址空间可见节点和引用。通过视图,OPC UA 服务器可以组织自己的地址空间,例如提供"维护服务器"的视图,只显示包含维护信息的节点,其他节点都可以隐藏,如图 4-23 所示。

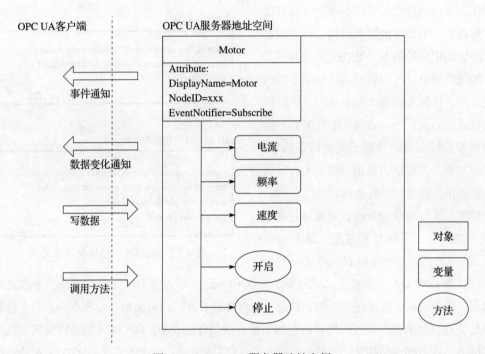

图 4-23　OPC UA 服务器地址空间

回到 OPC UA 信息模型,OPC 基金会目前正在与多个组织合作,在基础信息模型的基础上,推动行业信息模型的建立。例如 PLCopen、VDMA、ISA 和 BACnet 等,涉及自动化、能源、测量、运输、建筑工程、楼宇自动化和石油等行业。只有当行业信息模型逐步建立,数据互通才变得可落地。例如德国机械设备制造业联合会 VDMA 在 OPC UA 建立了多个工作组,致力于将 VDMA 映射到 OPC UA 行业信息模型。当前需要不断增加和完善行业信息模型标准,这将是一个漫长的过程,看一看现场总线和工业以太网的标准现状就能有所体会,涉及各种复杂因素。

目前市场上一些主流控制器、SCADA 和 DCS 系统开始陆续提供 OPC UA 支持,集成 OPC UA 产品功能,在平台无关、开发语言无关的前提下,如果 OPC UA 能沿着设想的路径向前推进,将实现工业物联网网络架构简化、工程实施成本降低(减少了大量接口开发和适配工作)、厂商依赖风险降低并消除信息孤岛。技术是好的，也有人提出担心，觉得 OPC UA 要做的是一统的东西，大一统可能导致整个协议栈变得很重，无法轻量化，并且性能无法做到最优，这些都是 OPC UA 要考虑的问题。

4.6 本章小结

本章系统地介绍了工业物联网的网络连接技术。首先介绍了 OSI 参考模型，对于读者理解网络层级有很大的帮助。然后介绍了网络连接技术中涉及的两个方面——网络互联和数据互通。网络互联部分，分别介绍了有线网络互联和无线网络互联，在第 3 章的基础上，对设备接入部分网络互联结构图进行更完整的描绘。接着了解并对比了不同网络连接技术各自的特点和优劣势，为读者正确选择合适的网络连接方案提供了依据。其中涉及一些新技术，新技术的诞生和推广，是技术和市场以及政策多重因素共同推动的结果。最后介绍了 OPC UA 统一架构，它是工业 4.0 目前比较有前景的技术标准，本章对它的背景、思想、模型框架和信息模型做了详细介绍。

第 5 章

边缘计算

忽如一夜春风来，如今边缘计算备受关注，各种工业互联网论坛、云计算峰会和人工智能领域，都在讨论边缘计算。工业互联网产业联盟（Alliance of Industrial Internet，AII）、边缘计算产业联盟（Edge Computing Consortium，ECC）、OpenStack 基金会、欧洲电信标准协会（European Telecommunications Standards Institute，ETSI）等都在对边缘计算做相关定义。什么是边缘计算？为什么会有边缘计算？它是一个全新的概念吗？谁在担任边缘计算的角色？边缘计算的参考架构是怎样的？和边缘计算相关联的概念 AIoT——带边缘处理能力的智能节点，它的发展情况如何？作为边缘计算和工业大数据在工业物联网领域的标杆性应用之一，预测性维护的效果如何？本章将对上述内容逐一进行介绍。

由于边缘计算在靠近物或数据源头的网络边缘侧，对工业而言，工业自动化领域发展了这么多年，早已经有许多成熟的工业现场应用系统，例如分布式控制系统（Distributed Control System，DCS）、数据采集和监视控制系统（Supervisory Control and Data Acquisition，SCADA）、制造执行系统（Manufacturing Execution System，MES），研究这些系统的发展脉络，结合目前边缘计算的理念，进行一定深度的思考，将给我们带来不一样的启发。

本章目标

- 了解边缘计算的基本概念。
- 理解边缘计算的特点和面向的场景。
- 了解谁在担任边缘计算的角色。

- ❑ 了解边缘计算目前的市场竞争格局。
- ❑ 了解边缘计算和云计算的关系以及边云协同。
- ❑ 了解 AIoT 的发展情况和驱动力。
- ❑ 熟悉轻量级 AIoT 硬件体系架构。
- ❑ 认识预测性维护及其开发流程。
- ❑ 了解 DCS 分布式控制系统。
- ❑ 认识 SCADA 数据采集与监视控制系统。
- ❑ 研究工业现场应用系统的演进与边缘计算的融合。
- ❑ 充分认识边缘节点续航陷阱。
- ❑ 准确估算边缘节点功耗,并对续航能力进行综合评估。

关键术语

边缘计算、实时性、安全性、网络带宽优化、工业网关、工控机、边云协同、人工智能物联网(AIoT)、嵌入式硬件架构、轻量级边缘智能、预测性维护、分布式控制系统(DCS)、数据采集与监测控制系统(SCADA)、制造执行系统(MES)、续航能力、电池容量、一次电池和二次电池。

5.1 边缘计算:新瓶装旧酒?

边缘计算的概念刚出来的时候,很多人的第一反应是"这是哪个行业、组织或者公司为了拉动市场需求而创造出来的新词汇吧?"关于边缘计算,边缘计算产业联盟将其定义为"在靠近物或数据源头的网络边缘侧,融合网络、计算、存储、应用核心能力的分布式开放平台,就近提供边缘智能服务,满足行业数字化在敏捷连接、实时业务、数据优化、应用智能、安全与隐私保护等方面的关键需求。"OpenStack 基金会对边缘计算的定义是"为应用开发者和服务提供商在网络的边缘侧提供云服务和 IT 环境服务。边缘计算的目标是在靠近数据输入或用户的地方提供计算、存储和网络带宽。"

云计算近几年得到普及,云计算的价值和商业模式也逐步被公众接受。边缘计算是相对于云计算而言的,它将云计算的计算、存储和网络能力下沉到靠近数据源头的地方。虽然有些领域把边缘计算称为分布式云计算或第四代数据中心,但工业领域的人并不认同这种说法。对工业领域而言,边缘计算的应用是自然而然的事情,很多工业现场应用系统天生就涉及数据即时处理,只是以前受限于硬件的处理能力,他们反对将边缘计算定义成一个单纯的互联网词汇和概念。

什么是靠近数据源头呢？这个范围就比较宽泛了，比如在工厂车间现场靠近传感器数据采集的地方，利用工业网关或工控机就近提供数据分析处理能力，这属于边缘计算；整个工厂的数据上传到云平台之前，数据在工厂内的本地服务器上被预处理，该本地服务器属于边缘计算。为了获得高性能、低延迟的服务，例如为支撑无人驾驶、虚拟现实和远程医疗等应用场景，移动运营商纷纷部署多接入边缘计算（Multi-access Edge Computing，MEC），MEC 以边缘云的形式，下沉到靠近用户的基站侧，以达到缩短时延的效果，亦属于边缘计算。Gartner 2019 年新兴技术成熟度报告指出[⊖]，边缘分析（Edge Analysis）和边缘人工智能（Edge AI）处于期望增长阶段，边缘分析和边缘人工智能将越来越多地被用于对时延敏感（例如自动驾驶）、易受到网络中断影响（例如远程监测、面部识别、自然语言处理）或数据密集型（例如视频分析）的应用中。

5.1.1 为什么提出边缘计算

从边缘计算的定义可以看出，边缘计算主要是为了解决实时性、网络可靠性、数据安全性等问题，如图 5-1 所示。物联网时代下，数字化和智能化浪潮席卷各行各业，包括制造、能源电力、交通、物流、农业、医疗和政府公共事业，越来越多的终端与设备联网，随着联网设备数量激增，将给云端带来网络带宽压力。如果将设备数据全部传入云端处理，不仅成本巨大，还将花费更多的时间，由于网络不稳定时，系统可用性会变差，因此未来将会有相当比例的数据直接在网络边缘侧进行分析、处理，这正是边缘计算的实践场景。如果把大脑比作云端，那么边缘计算就是神经末梢，自行对前端的刺激进行处理并将处理后的特征信息反馈给大脑。

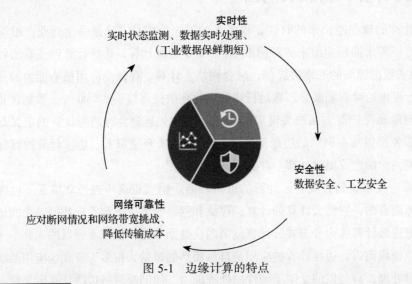

图 5-1 边缘计算的特点

⊖ 地址为 https://www.gartner.com/smarterwithgartner/5-trends-appear-on-the-gartner-hype-cycle-for-emerging-technologies-2019/。

工业现场很多数据的保鲜期很短，如果不能及时处理，就会迅速变质，数据价值呈断崖式跌落。例如在车床刀具监测过程中，会通过采集机床主轴负载数据，并在边缘侧实现刀具加工过程中的实时状态监测和寿命预测管理，发现异常立刻预警。钢铁厂轧钢板的过程中，轧机依靠多个伺服电机协同驱动轧制过程，伺服电机控制不允许出现丝毫偏差，否则可能导致整块钢板报废。为保证轧制质量，须以微毫秒级的采样率实时监测伺服电机的运转是否正常。这两个例子，均对数据处理的实时性（实效性）有明确要求，工业现场的数据处理类似于"走钢丝"，边缘计算将发挥不可替代的作用。

除了网络可靠性和实时性这两个因素之外，工业领域对数据安全的要求也十分严格。例如石油化工行业，设备工艺参数决定其产品质量和生产成本，是企业的核心数据，如果把这些关键数据上传到云端，存在企业核心知识产权泄露的风险。边缘计算将数据从原来的集中式管理演变为分布式管理，提高了数据的安全性。

近年来，物联网安全攻击事件频发，防范数据灾难的一个必要措施是采取隔离手段，边缘计算从根源上在本地保障数据安全。除了企业自身对数据安全的要求之外，有时出于国家政策层面的原因，要求数据脱敏后才能上传到云端，而边缘计算就承担了数据脱敏预处理的工作。

5.1.2　谁在担任边缘计算的角色

对边缘计算的特点及其要解决的问题有了基本了解之后，再来了解由谁担任边缘计算的角色。概括起来主要分为三类：工业网关、工控机和服务器。在第3章介绍过工业网关，由于工业通信网络接口种类繁多，协议繁杂且互不兼容，因此需要通过工业网关进行各种协议转换，工业网关支持常用的工业协议，通过协议转换降低设备接入的难度，实现访问的统一性。业界有些公司专门研发此类工业网关并推出标准化产品，兼容市面上的众多工业控制器。

除了数据解析协议转换之外，工业网关还具备一定的数据处理能力。工业网关硬件厂商通过提供标准的开发框架，使得开发人员能够在框架内基于C和Python等开发语言嵌入自定义逻辑。这些工业网关换个名字就变成了边缘计算网关。当然，不仅换了名字，作为边缘计算网关，更强调它的数据处理能力，例如处理器主频、内存和FLASH存储比普通的工业网关配置高；同时强调和云端的对接，即不间断的互联网接入能力，它可以通过以太网、Wi-Fi或4G等网络链路，保证设备无论身处何处都能够互联互通，这些边缘计算网关支持各种工业云平台，数据直接上云。表5-1为某边缘计算网关典型配置。

表5-1　边缘计算网关典型配置示例

指标项	指标说明
CPU	ARM Cortex-A8，主频1 GHz
内存	512 MB DDR3

(续)

指标项	指标说明
存储	16 GB FLASH
以太网端口	2 个 100 Mbps 以太网接口
数字输入输出	4 路数字输入、4 路数字输出
蜂窝通信制式	LTE、WCDMA、CDMA2000 EVDO、EDGE、GPRS
SIM 卡座	抽屉式卡座 ×2，双 SIM 卡备份
工业串行接口	RS-232×1、RS-485×1
Console 端口	RS-232×1
Wi-Fi	可选，802.11 a/b/g/n
定位	三重定位，GPS/BDS/LBS 定位
机械特性	导轨或壁挂式安装、无风扇散热、金属外壳、IP30 防护等级
工作环境	工作温度 −30～+65 ℃、存储温度 −40～+85 ℃、工作湿度范围 5%～95%（非凝结状态）、防凝露
电源	供电范围 9～32 VDC，紧凑插拔式接线端子

　　第二类承担边缘计算角色的是工控机，工控机大量应用于测控和自动化领域，如 DCS、SCADA 以及数控系统 CNC 等。工控机的定义是，"工控机（Industrial Personal Computer，IPC）是一种加固的增强型个人计算机，采用总线结构，是一种对生产过程及机电设备、工艺装备进行检测与控制的硬件总称。工控机具有典型的计算机特征，如 CPU、硬盘、内存和外设接口，并具有操作系统、控制网络和协议、计算能力以及友好的人机界面。不同的是，工控机能够在环境恶劣的条件下运行，由于对数据安全性的要求更高，因此通常会对工控机进行加固、防尘、防潮、防腐蚀和防辐射等特殊处理。

　　通俗地讲，工控机是专为工业现场而设计的计算机，而工业现场环境振动大、灰尘多、电磁干扰强，经常要求连续不间断作业。与普通计算机相比，工控机应具备更高的可靠性和更好的扩展性。与工业网关或其他小型微控制器相比，工控机具有更高的数据处理性能。

　　笔者曾经与一家全球工控机出货量排名前三的公司的人员探讨过，他们新出的边缘计算服务器和工控机有什么区别。当时得到的回答是没区别，就是工控机。无论是工业网关还是工控机，当它们承担了边缘计算的角色时，难免会有人觉得，这是不是新瓶装旧酒？在边缘计算概念诞生之前，它们一直存在着，在工业现场运行并发挥着作用。最近一些厂商在推广边缘智能服务器（Edge Intelligence Server，EIS），如果看硬件载体本身，好像也没有什么创新，很多基于工控机或标准 x86 服务器，被人说成新瓶装旧酒似乎也不为过。不过有一个区别是非常重要的，在软件架构层面，边缘智能服务器采用的是云原生思维，边缘与云端紧密协同，由云端全局统一调度与管控边缘节点资源，软件功能随时更新与分发，支持物联网平台连接、数据管理及边缘分析。如果回忆一下以往工控机上的软件升级（备份、补丁、更新以及监视)、硬件资源的分配，就能体会这种理念的巨大差别。目前西门子、戴尔、英特尔和研华等都在推出各自的边缘智能服务器。

第三类承担边缘计算角色的是服务器，将数据中心的服务器搬到现场机房，它就变成边缘计算服务器了，由云端的集中式变为现场的分布式。服务器部署到现场之后，须考虑多节点管理问题，当企业同时拥有成千上万个分布式边缘计算节点时，将给管理人员和运维人员带来非常大的挑战，以标准化方式对边缘节点进行纳管和统一维护就变得非常重要了，不同的工业解决方案商有不同的应对策略。从目前来看，边云协同是主流思想，基于云的管理工具以实现对边缘节点的远程可视化管理。

事实上，应当把边缘计算理解为一种理念，任何具备一定程度的数据计算、存储、网络通信能力的硬件设施都可以称为边缘计算。

5.1.3 边缘计算领域有哪几类公司

边缘计算领域目前主要有三类公司，分别是硬件厂商、云计算服务商和移动运营商。第一类是硬件厂商，包括工业网关、工控机、服务器硬件厂商。硬件厂商根据市场的需求，致力于不断推出能满足行业应用场景的边缘计算产品，同时在边缘智能服务器上发力，影响整个端边云架构。

第二类是云计算服务商，例如 OpenStack 基金会将边缘计算定义为在网络边缘侧提供云服务和 IT 环境服务，有些公司将边缘计算称为分布式云计算或第四代数据中心。在边缘计算厂家里，自然有云计算服务商。以亚马逊 AWS、微软 Azure、阿里云和华为云为代表的云计算服务商，在云计算领域积累了庞大的用户群，并拥有先进的大数据处理能力，这些公司发展边缘计算的整体思路就是边云协同，将边缘和云端紧密结合，充分发挥边缘的低延迟、安全等特性，同时结合云端强大的数据分析能力。例如 AWS 在 2017 年推出了边缘计算框架 AWS IoT Greengrass，通过 Greengrass 将 AWS 云端服务扩展到本地设备，能够在边缘对设备产生的数据进行操作和处理。

第三类是电信运营商，一直以来，运营商的角色是提供数据管道服务，数据通过蜂窝网络实现长距离传输。虽然看上去边缘计算和运营商没有什么关系，但运营商显然不满足于被管道化，尤其是 5G 时代，为了获得高性能、低延迟的服务，移动运营商纷纷部署多接入边缘计算（MEC）。MEC 属于核心网部分，如果和接入网的集中单元（Centralized Unit，CU）一起下沉到离基站更近的地方，将进一步推动网络实现超低时延，并带来更佳的用户体验。

MEC 多接入边缘计算和网络切片是 5G 的两大关键技术，以支撑 5G 的三大应用场景。其中 MEC 对于移动增强带宽和高可靠、低时延连接两个场景而言非常重要。MEC 并非一个新概念，在 4G 和 5G 网络中均可部署。早在 2014 年，欧洲电信标准协会 ETSI 就启动了

MEC 标准化参考模型项目，并成立了移动边缘计算规范工作组，以推动移动边缘计算标准化，基本思想是一样的，就是把云计算平台从移动核心网络内部迁移到移动接入网边缘，实现计算及存储资源的弹性利用。这其实和云计算服务商的路线是一样的，只不过电信运营商的资源池位于移动核心网络和移动接入网络，而且现在的核心网由于网元功能虚拟化，因此硬件方面也慢慢地由原来的专用硬件，变成了 x86 通用服务器。既然都是服务器，大家当然可以做某种程度上相似的事情。

MEC 概念一方面将传统电信蜂窝网络与互联网业务深度融合，以减少移动场景业务交付的端到端延迟，利用移动网络边缘就近提供电信用户 IT 所需服务和云端计算能力，创造高性能、低延迟与高带宽的电信级服务环境，实现网络中各项内容、服务以及应用的高速下载，从而改善用户体验，同时节省带宽资源。另一方面通过将计算能力下沉到移动边缘节点，提供第三方应用集成，为移动边缘入口的服务创新提供了更多的可能性。

ETSI 在 2016 年的时候将 MEC 概念从移动边缘计算扩展为多接入边缘计算，不再局限于蜂窝网络，而是延伸至其他无线接入网络如 Wi-Fi 等。至此，MEC 可看作一个运行在移动网络边缘的、运行特定任务的云服务器。MEC 改变了移动网络和业务分离的状态，可以将业务（包含内容、服务和应用）下沉到移动网络边缘，为移动用户提供服务。电信运营商一直以来在努力避免被管道化（单纯为互联网提供数据服务的管道），由于当前电信市场的发展逐渐趋于饱和，因此单纯依靠流量业务的增量很难带来收入的快速增长，同时用户对于电信运营商提供的传统语音、短信服务的依赖度不断下降，运营商的利润也开始不断下降，MEC 可理解为运营商的一个抓手，这样我们也就不难理解为什么运营商会花很大力气投入 MEC 了。

5.2 边缘计算和边云协同

工业网关、工控机、服务器承担了边缘计算的角色，即使没有后面要介绍的边缘计算框架，它们也可以解决实时性、安全性以及网络可靠性的问题，在工业现场发挥重要的作用。然而让边缘计算发挥更大威力的，则是边缘计算和云计算两者的结合，即边云协同。随着物联网、大数据等技术的不断发展，企业正在加速数字化业务流程转型，大型研发制造企业在世界各地组建工厂。通过云，企业可以跨地域在全球范围内观察整个业务流程，对企业整体运营状况进行分析，从而确定最佳投资比例。

对于企业而言，云计算或数据中心不可或缺，它们在企业数字化转型过程中扮演着重要角色。尽管如此，如果完全通过云平台或数据中心集中维护所有的数据，数据量可能过于庞大，而且对生产现场的所有数据进行收集也不太现实。对于边缘计算和云计算协同，云计算聚焦于非实时、长时间跨度的数据分析，能够在周期性维护、业务决策等领域发挥特长；

边缘计算则聚焦于实时、短时间跨度的数据分析,支持本地快速决策。边缘节点能将处理后的特征信息输出给云端,支撑云端更精准的数据分析。反之,云端通过数据分析,对业务规则进行调整和优化,并下发给边缘,于是边缘能基于新的业务规则处理数据。

边云如何协同? GE 在 2015 年发布 Predix 的时候,相对前沿地推出了边缘计算平台——Predix Machine。Predix Machine 的架构主要包含三部分:一是边缘对设备的南向接口,通过协议适配,Predix Machine 可以支持不同的工业通信协议,实现数据采集和反向设备控制;二是边缘对云端的北向接口,Predix Machine 将处理后的数据或者原始数据通过 HTTP、MQTT 或 WebSocket 等 IT 协议传输到云端做进一步分析;三是容器化的本地分析能力,Predix Machine 支持在边缘端运行由云端训练过的算法模型,这些算法模型通常由不同语言或者工具开发,通过容器封装,实现数据的本地实时处理,并提供即时决策反馈和设备反向控制。

AWS 于 2016 年发布了 Greengrass 边缘计算框架,通过 Greengrass 将 AWS 的服务扩展到边缘端,微软随后在 Build 2017 大会上推出了 Azure IoT Edge,还有 DELL 发起的开源边缘计算框架 EdgeX Foundry 等,这些边缘计算框架通常都提供数据预处理和数据脱敏、消息转发、协议转换等服务,并支持容器化部署,将云端服务扩展到边缘。

最近几年,基于云原生和边缘计算相结合的思想,边缘计算云原生开源方案相继推出。关于边云协同和边缘计算参考架构,如边缘节点集中管理、边缘应用部署和管理、跨层级设备接入和管理,将在第 7 章进一步介绍。

边缘计算并非只是传统意义上负责数据收集和转发的网关,它具备提供智能化运算的潜力,以此反馈并输出可操作的决策。以往智能化运算只能在云端完成,而如今可将云端的计算框架轻量化之后,通过裁剪、合并等简化手段,迁移至边缘端,使得边缘端能够运行云端训练后的算法模型。边缘计算须在单个节点或几个有限节点组成的小规模集群中,实现计算资源隔离,边缘计算不像云计算那样有理论上无限的计算存储资源,对资源隔离所产生的额外开销比较敏感,而基于容器技术的资源隔离对处理器、内存和存储资源的开销都非常小,可以实现毫秒级开启和关闭容器,容器的生命周期管理也非常高效,可见容器技术将成为边缘计算的标准技术。

5.3 AIoT:带边缘处理能力的节点

AIoT=AI+IoT,即人工智能物联网,这是从 2018 年开始兴起的概念,它融合了 AI 技术与 IoT 技术,通过物联网在终端和边缘端产生并收集数据,利用 AI 技术和大数据分析手段,实现数据化基础上的智能决策,AI 增强了物联网决策能力,而物联网为 AI 提供训练算法的数据。广义上,AIoT 指 AI 与物联网在实际应用中的落地融合,它并非一个全新的技术,二者的结合既可以发生在终端和边缘端,也可以发生在云端。本节重点介绍终端和边缘端 AIoT 的发展脉络和理念。

5.3.1 SoC 嵌入式硬件架构解析

先从传感器说起,我们正处于一个数据大爆炸的时代,工业领域同样如此,传感器将物理信号变为电信号,通过 A/D 模数转换获得数值,后续再对数值进行处理。传统的传感器通常是分立式的,不具备数据处理能力,而随着低功耗技术、数字电路技术和 MEMS 技术的发展,有些厂商通过新技术将传感器和微处理器以及通信单元集成到单颗芯片中,使传感器具备数据处理、自校准、自补偿和自诊断功能,并称其为智能传感器。与传统传感器相比,智能传感器在功耗、性价比、可靠性、精度(某些场景下)方面,有着显著的提升,如图 5-2 所示。

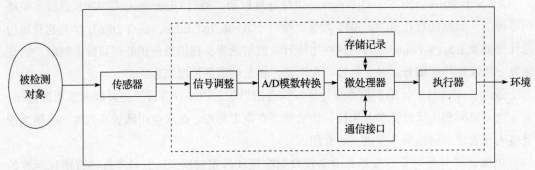

图 5-2 智能传感器功能框图

智能传感器反映的是单个芯片上集成了一个完整的电子系统,这便是系统级芯片(System on Chip,SoC),有时也称为片上系统。SoC 强调的是一个整体,在此之前,需要电路板上的各种电子元器件、芯片和互连线路共同配合才能实现其功能。在集成电路领域,SoC 的定义是"由多个具有特定功能的集成电路组合在一个芯片上形成的系统或产品,其中包含完整的硬件系统及其承载的嵌入式软件。"

SoC 是对处理器、数字信号处理器(Digital Signal Processing,DSP)、存储器、通信接口模块、电源管理模块、射频前端模块(针对无线 SoC)、ADC/DAC 模拟前端模块以及嵌入式软件的集成。在使用 SoC 技术设计应用系统的过程中,除了那些无法集成的外部电路或机械部分,其他电路全部集成在一起。

以一个经典射频 SoC 为例,图 5-3 所示为其功能框图。对于嵌入式领域或者低功耗市场,处理器(Central Processing Unit,CPU)以 ARM 平台为主,从早期 ARM7、ARM9 和 ARM11,再到 ARM Cortex,Cortex 细分为 Cortex-A、Cortex-R 和 Cortex-M 三个系列。Cortex-A 系列面向高端的基于虚拟内存的操作系统和用户应用,Cortex-R 系列针对实时系统，Cortex-M 系列则针对微控制器。

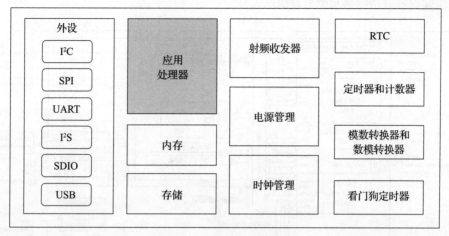

图 5-3 射频 SoC 功能框图

简单地说，Cortex-A 系列是应用于移动领域的 CPU，如手机处理器，Cortex-R 和 Cortex-M 系列是应用于实时控制领域的 MCU，如意法半导体公司推出的 STM32 微处理器就是基于 Cortex-M 架构，广泛应用于嵌入式领域如消费电子和物联网市场。

在内存和存储方面，内存通常采用 SRAM，存储则是 FLASH。电源管理单元负责给芯片提供多路 DC 直流电压；时钟管理单元负责从不同时钟源获取时钟信号并分发给 SoC 的不同组件。实时时钟（Real Time Clock，RTC）是一个低功耗计时器，能够在系统掉电时保持时间信息。定时器和计数器（Timer/Counter）可用于计时或计数，延伸应用如事件捕捉或生成事件。ADC/DAC 分别是模数转换器和数模转换器。在应用程序死机的情况下，看门狗定时器（Watchdog Timer）可以强制重启系统以跳出锁定状态，对于低功耗蓝牙、Wi-Fi 等射频芯片，它们还包括射频收发链路和天线组件。

除了上述主要组件，还有各种各样的外设接口，如 I²C、SPI、UART、SDIO、I²S、以太网及 USB 等，如图 5-3 所示。射频 SoC 最耗电的部分是处理器和射频收发器，然后是外设部分，外设工作电流通常在百微安到数毫安不等。在 SoC 基础之上，产品的电路设计将简化很多，电路板上就主要是一些电阻电容、保护电路、高精度晶振（如需要）和匹配天线（针对射频 SoC）。

图 5-4 显示了基于 ARM Cortex-M 架构的 STM32 SoC 功能框图[○]，主要包括图 5-3 介绍的功能单元，同时将片上总线标了出来。片上总线负责功能单元之间的互联，例如 AMBA 片上总线规范主要包括高性能系统总线（Advanced High performance Bus，AHB）和高级外设总线（Advanced Peripheral Bus，APB），AHB 用于高性能模块如 CPU、DMA 和 DSP 等

○ 地址为 https://www.st.com/resource/en/datasheet/stm32f405og.pdf。

之间的连接，而 APB 主要用于低带宽的周边外设之间的连接如 UART 和 I²C，通过 AHB/APB 总线标识可对功能单元类型做快速区分。

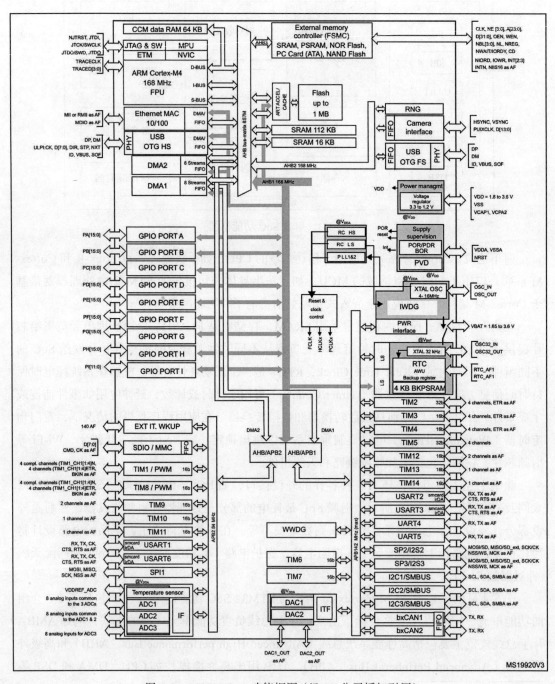

图 5-4 STM32 SoC 功能框图（经 ST 公司授权引用）

5.3.2 轻量级边缘智能

人工智能是一种以接近人类智能方式做出反应的智能应用,本质是对人类思维进行模拟。该领域的研究包括机器人、语言识别、图像识别、自然语言处理和专家系统等。从1956年正式提出至今,经过了半个多世纪的发展,曾受到多方质疑。随着大数据的积累、算法的革新以及计算能力和网络能力的提升,人工智能得到加速发展。金融、安防、交通、能源、物流和医疗等领域都在尝试应用人工智能技术,并在某些细分场景取得了一定的成功。

人工智能的发展之路依然很长,想要在产业大规模应用方面突飞猛进,须依赖于芯片、算法、云计算等基础层面技术的不断创新。人工智能分不同等级,初级是让机器具备观察和感知能力,做到有限度的理解;更进一步是让机器获得自适应能力,解决它在训练过程中未曾遇到过的问题,目前主要的突破在于让机器做到一定程度的理解和推理。

机器学习(Machine Learning)和深度学习(Deep Learning)是两个和人工智能密切相关的概念。机器学习是一种实现人工智能的方法,最基础的机器学习是使用算法解析数据,从中学习,然后对真实世界中的事件做出判断、决策和预测。较之传统方式中为解决特定任务硬编码的软件程序,机器学习采用大量数据来训练自己,迭代优化算法模型,从数据中学习如何完成任务,常见的机器学习算法如决策树、聚类、贝叶斯分类、支持向量机等。

深度学习是机器学习的一个分支,当下深度学习在计算机视觉、自然语言处理领域的应用远超其他传统的机器学习方法,是目前最热门的机器学习方法。深度学习模拟人脑建立逐层堆叠的神经网络结构并进行分析学习。虽然深度学习概念的灵感来自对人类大脑的理解,但是深度学习的模型并非大脑模型,它通过数据输入、反复训练,寻找最佳权值和偏置,从而实现泛化各个模型的能力。

深度学习的局限在于模型训练时需要大量的样本,现实情况中遇到小样本问题时,深度学习就很难发挥作用了。图 5-5 说明了三者的关系。

图 5-5 人工智能与机器学习、深度学习之间的关系

轻量级边缘智能，即前面描述的终端或边缘端AIoT，是物联网在边缘端结合人工智能技术的应用。轻量级边缘智能有什么优势呢？边缘计算主要解决实时性、网络可靠性和安全性等问题，如果与AI结合，意味着边缘端具有理解能力，能进行即时的智能决策，这对于自动驾驶、预测性维护、工业自动化及机器人等领域有着重要的价值。

AI分为训练（Training）、测试（Test）和推理（Inference）三部分，训练指利用大量数据组成的数据集（通常是已标注数据），通过不断学习，调整模型参数，得到一个在此数据集上表现良好的模型。模型训练出来后，利用新的已标注数据集来验证模型，得到结果，此过程称为模型测试。训练和测试通常会反复迭代进行，合并为一个任务即模型的生产过程。

当模型测试评估的结果较好时，开始应用于实际当中，这时只需要把未经标注的图像、视频、语音等数据输入模型，模型将会产生对应的结果，这个过程就是推理。虽然训练和推理有很多类似的基本运算，但两者对计算和存储的资源要求差别很大。对于训练过程，要求计算精度高，训练过程如果精度达不到要求，那么推理阶段的准确性就无从保证，高精度意味着硬件要支持具有较长的浮点数或定点数。训练是一个反复的过程，要经历多次迭代，计算量很大。训练过程须处理大量数据，对内存和带宽的要求很高。对于推理，运算和存储的要求远低于训练过程，模型一旦确定，数据进来→计算→得出结果，整个过程相对较快。由于实际场景千差万别，因此推理速度、硬件成本和能效是比较重要的考虑因素。

云端有大量的资源可用，非常适合训练以及大规模集中式推理，可将AI能力以服务的形式开放给用户。考虑到资源的有限性，终端和边缘端以中小规模推理为主，训练的需求暂不明确。训练和推理都涉及大量计算，例如深度学习神经网络训练，需要大量的数据操作，事实上恰恰是GPU对神经网络的加速能力使得深度学习变得流行，如果没有合适的硬件加速训练，恐怕直到今天这一波人工智能热潮都不会兴起。

AI芯片主要有3种——图形处理单元（Graphics Processing Unit，GPU）、现场可编程逻辑门阵列（Field Programmable Gate Array，FPGA）以及定制集成电路（Application Specific Integrated Circuit，ASIC）。云端训练和推理以GPU为主，也有ASIC和FPGA的方案，边缘端则主要采用ASIC和FPGA加速器方案。GPU、FPGA和ASIC均为半导体领域的成熟技术，如果学过数字电路课程，对它们应该均不陌生。

为了满足人工智能对算力的要求，上述AI芯片都在不断提高硬件加速能力。GPU最初为图形显示和渲染等任务专门设计，后来逐步拓展到通用计算如科学计算和人工智能领域，通用性较好，因此称为通用GPU（General Purpose Graphics Processing Unit，GPGPU），由于它的运行单元占芯片面积比例很大，因此峰值运算性能高，擅长数据并行处理，但整体能耗较高。

GPU 广泛应用于个人电脑、工作站和游戏机等领域，例如电脑上的独立显卡。在人工智能领域，GPU 主要服务于云计算或数据中心，也有一些能耗、成本要求不敏感的边缘端应用在使用 GPU。

FPGA 包含大量的可重构逻辑单元阵列，支持硬件层面的大规模并行计算，由于 FPGA 的硬件可编程能力使它可以更快地部署新的算法和应用，因此 FPGA 在原型验证和仿真过程中有着广泛的应用。虽然 FPGA 通过硬件重构方式灵活地实现了 AI 应用，但灵活意味着成本和能效方面相比其他方案有一定的差距。开发 FPGA 须采用专门的硬件编程语言如 Verilog、VHDL，有一定的学习门槛。

ASIC 为面向应用的定制芯片，任何定制芯片都属于 ASIC，ASIC 可以不用像 GPU 那样兼顾图形处理和科学计算任务，架构完全针对 AI 的实际需要来设计。目前各种处理单元如 TPU、NPU 和 BPU 等，都属于这个范畴，例如 Google 推出的张量处理单元（Tensor Processing Unit，TPU）负责神经网络的推理加速工作，采用 ASIC 专用推理电路以降低成本，当 ASIC 包含一个或多个处理器内核时，它其实就是 SoC。

边缘端 AIoT 可理解为增强了数据运算能力的 SoC，边缘端 AI 芯片基本上是 SoC 形式，通过 SoC 整体设计来优化硬件效率。由于边缘场景多样化，针对不同场合开发不同的 SoC，因此市场上有了各种硬件加速能力的 SoC。

云端和边缘端有时需要协同工作，一种协同方式是云端训练模型，边缘端部署模型并进行推理。随着边缘端能力的不断增强，越来越多的计算工作将在边缘端执行。对于云端训练的模型，如何在边缘端导入，就涉及工程化的问题。例如一个模型用 Python 或 C++ 语言开发、训练，之后进行封装，在边缘端导入模型时，看到的只是模型描述及其输入输出参数。

虽然推理框架和 AI 芯片原厂工具保证了模型在边缘端被正确识别，但模型部署过程仍可能会遇到某些算子（卷积、池化和激活等函数）在硬件加速器上不支持的问题，例如 NPU 支持的算子有限，于是需要很多工程化的工作才能够使模型正常工作。模型导入后，还须完成嵌入式应用开发，最后形成完整的解决方案。

AIoT 是一个比较宽泛的概念，不同的人有不同的理解。我们回到它最初的定义，利用 AI 技术实现物联网数据化基础上的智能决策，均属于 AIoT 范畴。如果范围再扩大一些，凡基于物联网数据分析并得出判断、决策和预测结果的，都属于 AIoT。例如工业领域设备状态监测和楼宇健康监测对数据处理实时性有较高的要求，通过引入边缘计算，在数据采集之后对一些常规指标做简单计算，利用其最大最小值、均值或峰值判断以触发报警，如果涉及更复杂的分析，则利用机理模型和专业的数字信号处理算法计算特征值，进一步提供决策依据。在这些应用中，并不涉及 AI 芯片，也没有硬件加速的概念，只是常规的微处理器甚至是单片机，在内存和存储够用的情况下，它们也能运行一些基本算法，实现轻量级边缘智能。

5.4 预测性维护

预测性维护是一种现代化的工业设备维护及运营策略，由于涉及现场数据采集和分析，因此需要边缘计算的支持。预测性维护从兴起到膨胀后跌入谷底，再到复苏，历经了多个阶段，人们逐步认清了其适用性和局限性。

5.4.1 预测性维护的兴起

根据全球加工行业报告，企业每年由于非预期停机造成的损失巨大，而其中相当一部分比例的损失是可以预防的。来自德勤的一份关于预测性维护与数字供应网络的研究报告中指出[一]，无预警的设备故障停工每年给工业制造企业带来大约 500 亿美元的损失，拙劣的维护策略还可能致使工厂的总生产能力降低 5% 到 20%。有时人们很难确定一台设备应该工作多久之后下线检修，与此同时，需要权衡因潜在故障发生导致停机所带来的生产时间损失。这种两难处境迫使大多数维护团队做出取舍，要么冒着停机的风险最大限度地使用设备，要么提前更换新部件来延长设备的正常运行时间，或者凭借过往经验来预判故障可能发生的时间，以提前解决问题。

工业设备的维护大致分为 3 种策略——修复性维护（Reactive Maintenance）、预防性维护（Preventive Maintenance）和预测性维护（Predictive Maintenance）。

- 修复性维护：属于事后维护，亡羊补牢。设备出现问题之后，安排人员进行诊断并维修。
- 预防性维护：属于事前维护，基于时间、设备性能、现场使用工况等综合因素对设备进行定期维修，更多还是凭人的经验。
- 预测性维护：属于事前维护，通过采集安装在设备上的各种传感器（前装或后装）数据，实时监控设备的运行状态，基于工业模型进行数据分析，准确预测故障何时发生，发现故障隐患时自动触发报警或下达维修指令。

这 3 种维护策略的复杂度逐步增加，相应地，对设备可靠性的保障也逐步增强，如图 5-6 所示。

为什么大家开始重视预测性维护，它解决了什么问题，带来了哪些价值？预测性维护目前是工业物联网领域的重要应用之一。预测性维护和边缘计算的结合，也是工业研究和应用的热点。事实上预测性维护并不是一个全新的理念，在 20 世纪 90 年代，人们就已经尝试在飞机发动机上使用预测性维护，基于传感器采集的数据，对设备进行实时监测和预警，实现方式类似。只是当时受限于工业建模能力和大数据引擎算力，一切都在安静地进行着，并不断地积累工业知识。

○ 德勤《智能维护：预测性维护与数字供应网络》地址为 https://www2.deloitte.com/cn/zh/pages/consumer-industrial-products/articles/making-maintenance-smarter.html。

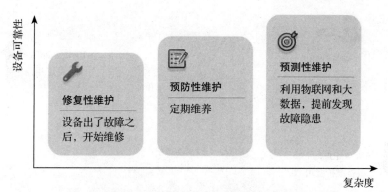

图 5-6 维护策略复杂度与设备可靠性之间的关系

最近几年，随着大数据、人工智能和边缘计算的发展和逐步推进，工业建模流程逐渐成熟，无论在云端还是边缘端，算力逐步增强，预测性维护这种更复杂级别的维护策略，得以实现大范围的应用，不再局限于过去的高端装备。人们希望预测性维护带来哪些实实在在的收益呢？德勤的调研结果显示，预测性维护将降低 20%～50% 的维护时间，包括非计划停机时间，提高 10%～20% 的设备可用性，降低 5%～10% 的设备维护费用，同时能够减少备件库存和人工巡检时间。

除了降低成本和提升效率之外，预测性维护还将带来商业上的潜在增长，为企业增加经济效益。例如工艺设备稳定（设备在容差范围内）能带来更好的产品质量，更好的产品质量意味着更高的客户满意度，这将提升公司品牌形象；减少非计划停机时间意味着设备产能的提升，使得在一定范围内设备能够支撑企业的业务增长，而无须新增设备投入，如图 5-7 所示。对于设备制造商，引入预测性维护服务有可能扭转当前竞争业态，代表了工业服务化和未来商业模式转变的选择，边缘计算和人工智能的发展开启了利用新技术改变预测性维护市场格局的机会大门。

预测性维护通过实时了解设备的工作状态，突破了传统的点检定修模式，降低了对过往经验的依赖程度，将周期性维护变为有针对性地维修保养，降低了维护成本，变被动维修为主动维修。虽然听起来不错，但预测性维护策略并非适用于所有场景。

美国智能维护中心建议从两个维度对故障进行分类⊖，如图 5-8 所示，纵轴代表故障发生频率，横轴表示故障发生后产生的影响程度，预测性维护适合发生频率不高，影响却很大的故障。如果故障频繁且影响大，说明系统设计有问题，须改进设计。对于发生频率高、影响小的故障，准备更多备件就可以很好地解决。而对于频率低、影响小的故障，传统的维护方法足以应对。有效预测发生频率低但影响程度高的故障，是用户所期望的，尤其在能源电力和高端装备制造行业，对设备故障导致的停机非常敏感。

⊖ 来自图书 *A Systematic Approach for Predictive Maintenance Service Design: Methodology and Applications*，作者 Jay Lee。

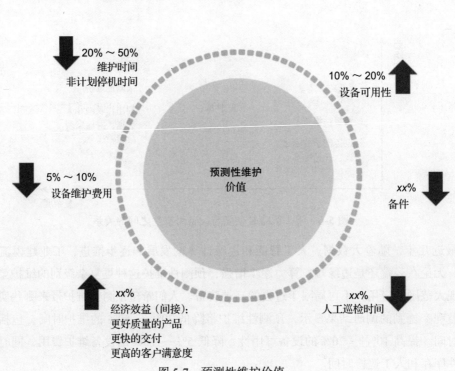

图 5-7 预测性维护价值

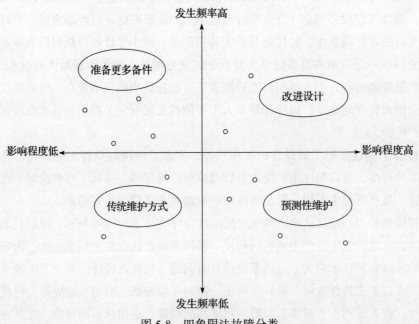

图 5-8 四象限法故障分类

除了故障分类,还需考虑一个重要的前提条件,那就是故障可预测性,设备从潜在故障到性能失效,存在可被检测和发现的潜伏期。有句话叫"病来如山倒",如果故障没有任何可探测的征兆,一旦发生就会导致设备立刻陷入瘫痪状态,连反应的时间都没有,这种情形就无法预测了。对于预测性维护的适用场景,通常认为设备和设施的失效存在一个过程——从潜在故障(Potential)到功能丧失(Failure),在这一段区间内,虽然故障已经发生,但设备仍可运行,且不致产生更大的影响,这段区间称为"P-F间隔"。如图5-9所示,在P点处,设备虽然已经出现潜在故障,但并未丧失功能,F点表示设备已失效。如果在P点之前进行维护,属于预防性维护,有可能过度维修。如果在F点以后维修,则属于事后维护,生产损失和设备损失已经发生。值得注意的是,P-F间隔并非固定不变,即使对同一设备,使用的监测手段越精密,就有可能越早发现潜在故障,留给预测性维护的P-F间隔就越长。

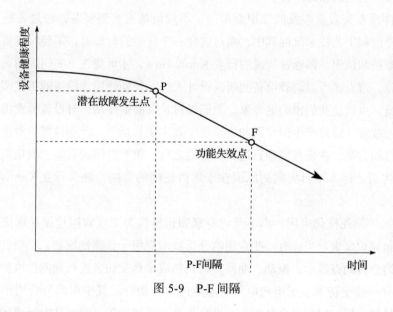

图 5-9　P-F 间隔

5.4.2　如何实施预测性维护

在实施预测性维护之前,需要做详细的可行性分析和方案评审。除了5.4.1节提到的方向性指引之外,须明确列出以下内容。

- 筛选出预测性维护的对象。
- 实施预测性维护的目标结果。
- 设备失效所带来的损失及影响的量化估算。
- 调研设备须实现的功能及可能导致该功能失效的原因。
- 分析关键部件的失效模式并找到可以监控出部件潜在失效点的方法。
- 工厂现有系统的数据采集情况与数据质量摸底。
- 预测性维护整体技术架构和解决方案设计以及预计投入。

❑ 关联组织的人员和流程沟通。

❑ 确定实施阶段和时间周期。

关于预测性维护对象的筛选，有一个简单直接且快速的排序办法——先看谁最贵，然后看设备失效带来的损失有多大，设备失效事故是否频繁发生，是否能预测。预测性维护策略应用比较成功的行业集中在能源、电力发电机组、航空发动机和高铁，它们的共同特点是设备均属于高价值资产，且要求严格控制非计划停机发生的概率，有些甚至要求概率为0%，因为一旦停机，将设备机时换算为产能，损失的价值非常高，所以投资回报率相对容易计算。当前针对旋转机械类部件的分析应用非常多，例如轴承、电机、齿轮箱、涡轮机、压缩机、风机、泵、发电机和锅炉等。

监控部件潜在失效点涉及的知识面很广，不同设备或大型装备，经过长期迭代，均有独特的设计理论和工艺技术沉淀其中，面对这样一个复杂的对象时，需要对设备及其工艺有非常深刻的理解和认识，即通常所说的行业Know-How，才可能在P-F间隔内通过技术手段发现潜在故障。这方面可以请教设备的研发设计人员、长期使用该设备的工艺调参人员以及设备维养人员，也就是我们说的老专家。他们经过长时间地使用，对设备摸索得很透彻，对于设备常见的故障、故障产生的原因和故障发生频次了如指掌。预测性维护解决方案商如果带着公司的通用方案，在梳理完项目情况和价值之后，第一件事情就是去现场调研，并和这些专业人员沟通。许多项目失败的原因在于迷信花哨的算法，缺失行业Know-How，本末倒置。

预测性维护的规模化应用，离不开将专家知识转换为工业数据建模并形成具有行业特征的知识库和知识模板。当前有一些常用的分析技术应用于预测性维护，一项针对机器可靠性解决方案的分析调查显示，振动、油质分析和热成像是受访者进行预测性维护所采用的主要方法，也有一些受访者表示电机电流是有效的分析指标。其中振动分析用得最多，例如时域分析、频域分析、时频联合分析、小波分析和自选图谱等，通过从时域或频域提取特征值，判断部件的真实状态，当振动特征值超过一定阈值或者与数据库中某种类型故障的特征相匹配时，将触发告警。

对于装有内燃机或涡轮机的车辆、建筑机械、船舶和飞机等器械装备，发动机润滑油在润滑、冷却、清洁和防锈过程中起着十分重要的作用。由于物理受压、高温应力、金属磨损颗粒及渗入燃料污染等导致润滑油变质，润滑性能下降，进而导致发动机内部出现磨损，缩短发动机使用寿命并引发潜在故障，因此油质分析作为一种分析手段常用于发动机工况监测。热成像通过非接触式探测红外能量（热量），将其转换为电信号，进而在显示器上生成热图像并显示温度。除了非接触式温度传感器，当具备传感器安装条件时，接触式温度传感器如热电偶同样大量用于设备温度监测。

需求了解清楚，价值分析明确，现场调研完成，接下来是具体的方案实现环节。预测性维护方案实施分 5 个步骤——数据采集、特征提取和降维、模型训练、模型验证、模型部署。数据采集是基础，数据可从设备的通用控制器直接获取，也可以通过加装传感器采集。

采集的物理信号类别很多，例如振动、温度、位移、应变、加速度、电压和电流等。图 5-10 所示为某重型装备上安装加速度传感器，用于振动测量，传感器信号通过同轴线连接到数据采集设备。选择什么样的传感器、动态范围、采样频率，需要在方案阶段精心设计。

信号采集后进行特征提取和降维，例如计算均方值、频谱特征频率分量、阶次分析幅度相位、包络信号幅值等。以振动信号为例，它的采样率在 10 kHz 甚至更高，多个数据采集通道每秒将产生大量的数据，需要对数据进行实时处理，边缘计算可以很好地发挥作用，很多预测性维护项目所使用数据采集硬件也具备边缘数据处理和分析能力。提取特征值后进一步通过降维算法减少变量，新变量之间彼此不相关，通过挤掉原始变量之间可能存在的相关性，降低计算复杂性，过程如图 5-11 所示。

图 5-10　某重型装备上安装的加速度感器

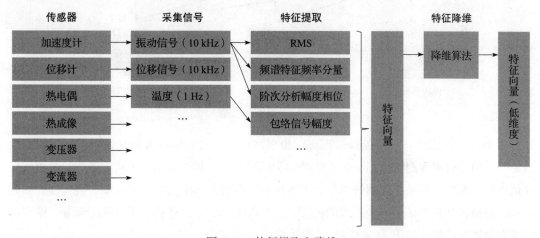

图 5-11　特征提取和降维

提取特征值之后，利用模型分析并输出结果。工业大数据时代，需要利用数据获得可付诸行动的信息，通过数据驱动决策（不一定是决策，也可以是建议），判断设备是否需要更换部件、是否存在潜在故障以及是否停机维护等，如图 5-12 所示。

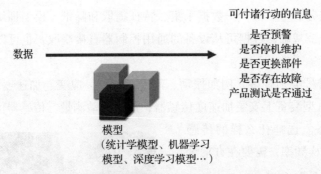

图 5-12　利用数据和模型获取可付诸行动的信息

通常将模型分为三类，分别是健康基准模型、故障诊断模型和寿命预测模型，如图 5-13 所示。在项目中使用哪种类型的模型，取决于有多少数据。如果只有设备正常工况状态数据，也就是通常说的基线，那么只能够使用健康基准模型，当实时采集的数据和历史基线数据有偏差时，模型可以识别出这种偏差并告知用户。如果拥有设备故障数据，故障诊断模型可将实时数据与各种故障类型进行匹配，对故障进行诊断。更进一步，如果建立了良好的故障维护记录档案，包括故障发生的时间、持续的时间、具体的故障原因，这些信息能够用于预测设备寿命。

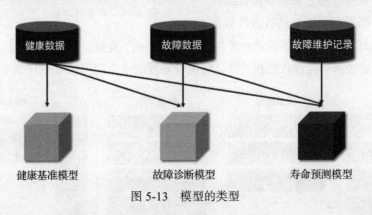

图 5-13　模型的类型

模型在部署之前，需要先经过训练。模型训练需要大量的样本数据，通常会将已有数据集分为训练数据和测试数据。训练数据用于模型训练，测试数据用于验证模型，通过模型评估指标，观察模型是否达到效果。如果指标差，则需要调整模型，再训练、再验证，如此循环，模型训练和验证是一个连续的过程。模型训练和验证完之后，进行模型部署，模型将发挥它的推理作用，如图 5-14 所示。

5.4.3　预测性维护的挑战

从内部看，预测性维护用于优化生产操作，提高设备可用性，降低维护成本。从外部看，预测性维护代表着未来工业服务化的趋势。预测性维护过去几年被很多公司寄予厚望，纷纷布局。鉴于市场存量设备数目相当可观，绝大多数企业还未采用预测性维护，而大型设备维护产生的费用甚至超过设备总体生命周期成本的50%，这笔账一算，各大公司都希望引入此方法来预防设备故障，以此获得收益。然而，预测性维护不是一件容易的事情，在实施过程中会遇到很多挑战，其中缘由，第一是源于对预测性维护的不了解，盲目跟风，别人做了那我也不能落下；第二是源于基础不扎实，贸然开始；第三是预测性维护确实很难实现。

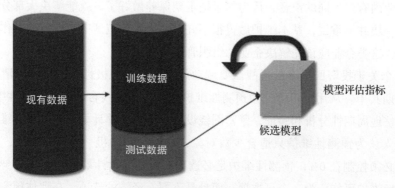

图 5-14　模型训练

预测性维护有它的适用性，适合于故障发生频率低、影响大的场景，现实情况是，当前只要是个工业互联网公司，其市场人员多数都在对外宣称能提供预测性维护解决方案；很多生产型大企业，其IT、OT或者运维团队也纷纷声称公司内部已经在预测性维护方面做了很多工作。对着一台便宜的机器安装一堆传感器做预测性维护，理由是因为设备经常出故障，每次损失都很大，所以要进行预测性维护。如果故障这么频繁，影响又很大，那么直接换一台质量和性能更好的机器，能更好更快地解决问题。

故障诊断模型需要健康数据和故障数据，并且维度要充分，特征向量要能够支撑模型的准确分析和预测，而工业物联网这几年才兴起，很多存量设备由于在设计之初并没有为预测性维护提前做考虑，因此能对接的数据非常有限。如果加装传感器，又会导致投入增大，而工业体系经过多年的发展已经相当成熟，很多设备的维护维修，利润空间本身就不高，设备类型多行业集中度不一，这些都给项目落地增加了困难。

加装传感器改造设备有时会引发推诿扯皮，例如预测性维护方案商完成设备改造后，在设备运行过程中发现了潜在故障和问题，这时最终用户找到设备商，设备商有可能会推托，声称加装改造过程对设备性能产生了影响，才导致此问题。这种情形倒不是无解，只是会让项目推进起来更加费劲，预测性维护方案商和最终用户还要花额外的时间排查并提供数据以证明是设备的问题。

除了数据不足，另一种情况则更严重，那就是缺乏专业Know-How，不知道该采集什么数据，哪些数据是有用的，应在何处增加传感器。待采集数据并非总是振动电压电流这类常见信号,有时遇到产品质量问题,需要追溯到生产工艺环节,包括设备工艺参数和生产状态,找出产品质量不好的原因;什么情况下会导致质量不好;那个时刻设备是否有异常,这些都需要经验的积累。

很多故障难以预测,对于存在 P-F 间隔的故障,可尝试预测,然而很多设备拥有成千上万个零部件以及大量的接线,如何判断设备的磨损和老化程度,要做到抽丝剥茧,这个挑战非常大。业内有些不同的声音,认为如果把定期保养做好了,就能解决大部分问题,而很多企业对这一块并不重视,基本维护做得很不好,也未能规范地落实这方面工作或者敷衍了事流于形式,这类企业应该先解决企业的组织管理问题。

还有一个关于投资回报率的挑战。要调动最终用户的积极性,账要算得清楚,最终用户才愿意长期买单。从用户角度,为预测性维护服务付多少钱合适呢?预测性维护的价值,需要经过完整地周期性分析和验证,紧密围绕设备可用性、非计划停机时间、维护费用等硬指标。有些人认为预测性维护只适合少数对象,如航空发动机、轨道交通等,这些设备的非计划停机必须控制在 0%,预测性维护是必选项,而如果非计划停机允许在 5%~10% 范围内,预测性维护可能变为一个可选项,而且是不那么经济的选项。在评估预测性维护项目时,应该将非计划停机因素纳入进来。

5.5 追溯:工业自动化

工业物联网是 OT 与 IT 的融合,作为支撑体系之一,工业自动化在 OT 侧扮演着重要的角色,工业物联网项目的实施过程中,有时高度依赖工厂的自动化水平,很多数据源于生产现场的自动化系统,数据有了,在靠近数据源头的地方进行数据即时分析处理,就成为自然而然的事情了。

5.5.1 分布式控制系统

在第 4 章介绍过工厂内典型网络结构,分布式控制系统(Distributed Control System,DCS)属于典型的 OT 系统,工作于现场级和车间级,DCS 自带边缘计算基因。边缘计算的一个显著特征是实时性——例如状态实时监测、数据实时处理。如果 DCS 能够直接承载边缘计算的功能,或者对其特定功能模块进行升级后,就能够具备边缘计算的能力,而工业自动化遍布工厂,那么边缘计算在工业现场的落地不再遥远。虽然很多领域都在讲边缘计算,但对于工业现场,到处都在进行着数据实时处理,只是以前受限于计算能力,也没有工业大数据、边云协同和人工智能融合的想法,一旦时机成熟,将自动快速演进。

工业自动化历经多个阶段,伴随着计算机控制技术的发展,从集中控制到分散控制,从模拟信号量到数字化现场总线,无论是在大规模复杂的工业生产过程中,还是在传统的工业改造过程中，工业自动化对于提高产品质量、生产效率以及节能降耗都起着非常重要的作用。

在工业自动化中，集中控制的一个应用示例是直接数字控制系统（Direct Digital Control，DDC），它用一台计算机对整个被控过程进行监测、运算，将结果输出到执行机构，实现对生产过程的管理，如图 5-15 所示。

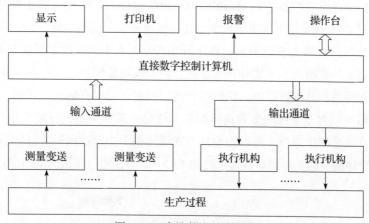

图 5-15　直接数字控制系统

分布式控制系统，也叫集散控制系统，核心思想是将控制功能分散，以此降低风险。在直接数字控制系统中，中央计算机可以同时控制多个回路，然而一旦计算机出现故障，将对生产带来很大的影响。为了提高系统的安全性和可靠性，设计了一种新的系统架构，将控制权分散，采用多个以微型处理器为基础的现场控制站，各自实现分散控制。每个控制站负责几个或十几个控制回路，多个控制站就可以控制整个生产过程，如图 5-16 所示。当某个控制站出现故障时，不会影响整个系统的运行，实现了风险分散。现场控制站通过计算机网络形成的高速数据通道（以太网 TCP/IP），将所有生产信息传送给监控计算机，以便对生产过程进行集中监视和管理，从而形成集中监视分散控制的系统架构[一]，集散控制系统由此得名。

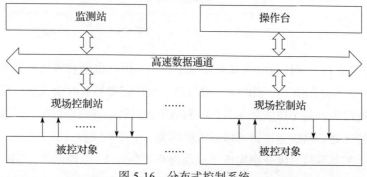

图 5-16　分布式控制系统

㊀　关于 DCS 系统架构，可参考图书《DCS 及现场总线技术》，作者肖军。

早期现场控制站与被控对象之间通过模拟信号标准如 4～20 mA 的直流电流信号，或者 1～5 V 直流电压信号，实现一对一连接。被控对象之间的组网和信息交换还是不太方便，后来出现了现场总线技术，采用数字接口，总线拓扑，给布线方式带来了巨大变化，布线变得简单很多。现场总线是全数字化、双向、多站点的串行通信网络，基于现场总线的控制系统也被称作现场总线控制系统（Fieldbus Control System，FCS），属于新一代 DCS。

进一步，对 DCS 体系结构作更全面的描述，它包含 3 个层级，分别是现场控制级、操作监控级和信息管理级。如图 5-17 所示，由于现场控制站在不同程度上具备了数字计算能力，因此可以分散在工厂范围内，组成分布式系统，负责现场监测和控制。操作监控级主要包括操作员站、工程师站和监控计算机，它们综合现场控制站的所有信息，对全系统进行监视和操作，工程师站可以对全系统的参数进行配置和优化，操作员站进行远程操作和发送指令，监控计算机对全系统集中监视，并以图形化方式展示整个生产过程的实时状态，在出现异常时报警。信息管理级中的工厂信息管理系统如 ERP 和 MES 通过局域网络与操作监控级连接。

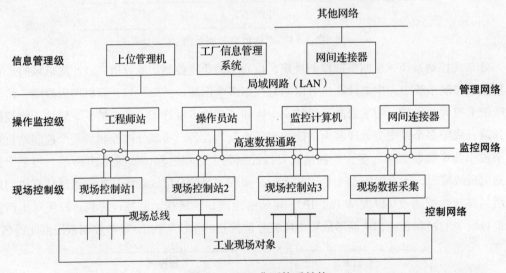

图 5-17　DCS 典型体系结构

MES 系统由于和生产执行及设备调用紧密相关，因此也会和现场控制级直接连接，例如 MES 的控制指令会直接下达到设备，设备的一些状态参数有时会直接上报到 MES 系统。对于这 3 个不同层级，每个层级都在各自的网络中进行通信和交换数据，跨层级的通信需要通过网间连接器互通，网间连接器可以是工业网关、工控机或者三层交换机，用于实现不同子网间的通信。3 个不同层级分别构成了控制网络（C-net）、监控网络（S-net）以及管理网络（M-net），DCS 的三层网络结构是工厂内网络结构的典型示例。

为保证系统可用性和可靠性，DCS 会针对重要设备和网络链路做冗余设计和处理。冗余意味着增加投资，需要在投资增加和系统故障造成的损失之间做权衡。例如现场控制站采用双冗余设计，每个现场控制站将由两个同样的主控单元构成，这两个主控单元和工业现场对象之间通过现场总线或工业以太网组网，任意一个主控单元出现故障，都不会影响现场控制站的正常运行。

在 DCS 系统中，网络连接非常重要，不同层级对网络的速率、实时性、可靠性以及网络隔离的要求是不一样的。控制网络通过双主控冗余提高可靠性，监控网络（高速数据通路）是桥梁，由于以太网的广泛性和成熟性，因此很多 DCS 厂家先后使用以太网作为高速数据通路。监控网络可采用双重化冗余结构，其中任何一条通信线路发生故障时，通信网络仍保持正常的数据传输，这要求现场控制站、监控计算机、工程师站和操作员站这些挂在监控网络上的节点，都具有双网口，最简单的形式是采用多网卡。DCS 的 3 个不同层级中，现场控制站、监控计算机和生产执行系统都可能作为边缘计算节点，取决于实际项目需求。

5.5.2 数据采集与监视控制系统

在 DCS 典型体系结构中，数据采集与监视控制系统（Supervisory Controland Data Acquisition，SCADA），位于操作监控级，重点在于数据采集和监视控制。对于自动化程度高的工厂，自动化设备日常监控和运维将变得非常重要，对于设备管理能力和设备运营数据的监控需求迫切，须实时了解设备的运行状态和使用情况，SCADA 通常是标配。SCADA 系统收集现场所有设备的状态告警以及故障信息，并以图形化的方式呈现，这种图形化方式通常很直观，它把整个生产工艺流程描绘出来，并实时更新，当出现任何异常时，图形界面上立刻以醒目的颜色或文本进行提示，一目了然。这样现场运作员或中控室监控人员可以立刻根据提示信息进行处理和干预，必要时通过远程控制对设备的启停进行干预，如图 5-18 所示。

在工业物联网应用中，SCADA 将发挥重要作用。如果所有的设备相关信息都由 SCADA 采集，意味着 SCADA 成为一个数据收集器，SCADA 可以对接 MES，接收 MES 下发的指令，并传递给设备，同时设备生产过程中的状态以及工艺数据，可以通过 SCADA 上传给 MES，供 MES 执行调度。SCADA 也可以对接物联网平台，为物联网平台提供"人机料法环"中的"机"（设备）和"法"（工艺方法）两个要素的数据，如图 5-19 所示。

将 SCADA 部署于生产现场，如果数据采集和监视控制的规模较大，并且对数据的刷新率有较高要求（例如每秒刷新一次），则 SCADA 将使用服务器，以保证运行性能。以往 SCADA 多采用 C/S 架构，SCADA 服务器部署于工业现场，然后在监控计算机、操作员站或中控室等地方按需部署有限数量的客户端。随着 IT 技术的发展，B/S 架构的 SCADA 也陆续推出，B/S 架构最大的好处是统一了客户端，不再需要专门开发，浏览器就是客户端，SCADA 界面通过浏览器呈现。

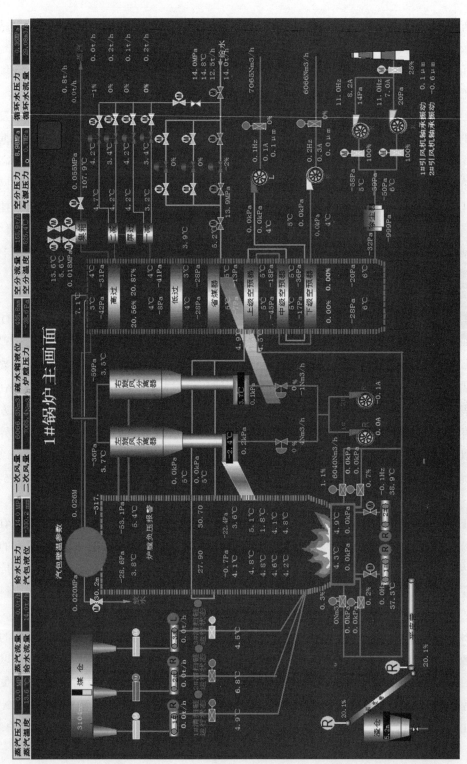

图 5-18 SCADA 界面示例（经浙江中控技术股份有限公司授权引用）

以往大家觉得浏览器不适合大量图形控件的实时刷新，而这恰好是 SCADA 的基本要求。SCADA 仍以 C/S 架构为主，随着网页前端技术的进步，这方面的限制将逐步得到解决和优化。如果在 SCADA 服务器上再跑一些算法和数据分析处理，这不就是边缘计算吗，例如 SCADA 连续监测电机电流和温度，并对变化趋势进行分析，或者对设备能耗和设备业务量进行联合分析，优化能源管理。在工业现场，有时反而比较容易找到边缘计算的承接载体。

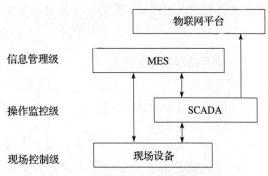

图 5-19　SCADA 对接物联网平台

对 SCADA 进行单独介绍是因为关于 SCADA 和 DCS，普遍存在一些认知上的误区。SCADA 作为 DCS 的操作监控级，属于 DCS 的一部分，这本来比较好理解。DCS 相对而言有一定的架构限制和要求，而有些应用场合可能只是简单的 PLC 数据采集外加一个上位机界面（Human Machine Interface，HMI），谈不上 DCS。人们有时会把这种简单应用称为 SCADA，看起来它和 DCS 没什么关系。正因如此，有些人把 DCS 和 SCADA 当成两个不同的系统来比较，并且争论什么情况下是 DCS，什么情况下属于 SCADA。比如有一种观点按行业划分，认为 DCS 应用于流程行业，偏重于控制，而 SCADA 面向离散制造业，偏重于数据采集和监控。另一种观点按监测的开关量和模拟量的数量规模、信号变化快慢以及控制单元和现场之间的距离来划分。

事实上，它们和属于什么行业以及监测什么信号没有关系，虽然 DCS 起始于仪表自动化，确实偏重于控制，而 SCADA 之前在电力行业有很多应用，更强调数据采集与监控，但这些都不应成为划分 DCS 和 SCADA 的标准。

5.6　边缘节点续航陷阱

对于感知层的物联网设备或边缘计算节点，有一个易忽视的问题即续航。在产品设计与研发阶段，很多项目更关注产品的功能实现，例如数据采集精度、协议对接、与平台通信功能是否正常、空中升级是否稳定、安装固定方式是否可靠、防水防尘等级是否满足要求等，供电方式同样需要在这个阶段明确。如何估算物联网设备和边缘节点的功耗，如何评估电池的续航能力，如何满足环境和可靠性要求，这些因素对于规模化应用的项目至关重要。

5.6.1　被忽视的续航陷阱

如果物联网设备具备外部供电条件，那么续航基本上不是问题，例如生产车间大型自动化装备,能够提供足够的功率输出为物联网设备供电。如果外部无法为物联网设备供电呢?尤其体现在**可移动、户外、无源监测对象、后装物联改造等场景**。下面举两个例子加以说明。

1. 医药冷链在途实时监测

这是典型的户外移动场景。医药产品的运输条件一直非常严苛,国家市场监督管理总局对于医药运输途中的温湿度自动监测有明确的要求,摘录部分内容如下。

第四条 系统温湿度测量设备的最大允许误差应当符合以下要求。
(一)测量范围在 0～40℃之间,温度的最大允许误差为 ±0.5℃。
(二)测量范围在 –25～0℃之间,温度的最大允许误差为 ±1.0℃。
(三)相对湿度的最大允许误差为 ±5%RH。

第五条 系统应当自动对药品储存运输过程中的温湿度环境进行不间断监测和记录。

系统应当至少每隔 1 分钟更新一次测点温湿度数据,在药品储存过程中至少每隔 30 分钟自动记录一次实时温湿度数据,在运输过程中至少每隔 5 分钟自动记录一次实时温度数据。当监测的温湿度值超出规定范围时,系统应当至少每隔 2 分钟记录一次实时温湿度数据。

第六条 当监测的温湿度值达到设定的临界值或者超出规定范围,系统应当能够实现就地进行声光报警,同时采用短信通信的方式,向至少 3 名指定人员发出报警信息。

配送医药以医药专车为主。对于医药专车,温湿度传感器和数据采集设备是它的标配,属于前装方式,医药专车在出厂时,就已经具备了温湿度自动监测功能,数据采集设备从车辆上取电,不存在续航问题。随着市场的扩张,地域的拓展,医药冷链物流公司不断加大投资,通过医药专车形成全国性的网络覆盖成本将非常高,于是有些人开始与快递物流公司合作,部分线路采用快递网络的普通运输车辆,使用医药保温箱维持储存条件,药品置于保温箱内,内置实时温湿度采集设备,类似于后装方式。

本节暂且不讨论物联网设备要解决的无线信号在车厢以及医药保温箱内的穿透问题,为了满足医药运输途中的温湿度采集频次要求,物联网设备的电池续航时间必须足够长,不允许物联网设备在运输途中因电量耗尽导致的温湿度监控中断,这意味着医药断链事故,且后果严重。在设计阶段,要充分估算物联网设备的功耗,并对电池续航能力进行综合评估,全面考虑实际业务场景的使用要求,包括数据实时性、通信质量和工作温度范围等。

2. 资产管理

对于实体企业,资产管理是一个长期的共性需求。资产是一个宽泛的概念,它泛指企业经营过程中涉及的各种生产资料,如高价值的自动化生产装备,工厂内作业车辆,或者是各种零备件、库内无源工具以及低值易耗品。资产管理要求准确地掌握资产的地理分布情况、使用数量、使用情况（是否闲置）、健康状况。

传统的资产管理方式，大部分依赖于人工线下手动盘点，例如一年两次全面盘点，盘点实效性非常低，现场不清楚资产数量，资源调拨需求无法及时预警，或某个厂区过量申请造成了闲置浪费。每次全面盘点时间跨度可能超过 15 天，加上异常处理如盘盈盘亏或盘点不符（型号/成本中心/责任人/状态），需要 30 天以上的时间，加上总部不定期输出的盘点任务，需要花费大量人力物力进行盘点，且盘点准确性对人的依赖性非常高，部分资产责任人与使用人账实不符的问题无法通过盘点发现。

为了提升资产管理效率，企业引入各种技术和管理手段，在物联网感知层，条码、RFID 无源标签等，均广泛应用于资产盘点、流转追溯。但是普通条码标签或 RFID 无源标签基本无流转记录，资产管理效果很一般，因为还得靠人工主动盘点，人的主观能动性是个非常不确定的因素，所以在某些行业或企业中，资产管理的有效性很低。

近几年业界也在探索有源标签方案的应用，有源标签主动上报消息，系统接收后实时统计，实时盘点，可追溯性好（目前有源标签成本还是很高，这阻碍了它的大规模应用）。有源标签需要外部供电或者电池供电，对于无源类资产如库内无源工具，由于它无法给有源标签供电，因此需要评估电池供电时有源标签的续航问题。标签多久发射一次信号、标签的使用寿命是多久、标签是否要保持侦听以具备双向通信能力、标签是否工作于低温环境，这些都考验着电池的续航能力。

如果续航时间不足，有源标签不再发射信号，在系统里，资产处于消失状态。以共享单车为例，当它的电池电量用完而又未能及时得到电能补充时，这台单车就成了僵尸车，系统里不可见，用户也无法使用。如果这种问题大规模出现，为了排查问题，反而导致大量的人力投入增加，产生额外的管理成本，无疑是非常糟糕的。

可能有人会问，续航时间不足，那么用更大容量的电池不是就解决了吗？这将延伸出 4 个方面的问题。

- 安全性：电池容量越大，越不安全，想象一下医药示例中，路途的颠簸、车辆在外面暴晒时产生的高温、货物之间的相互挤压，一堆大容量电池在车厢里将会是潜在的安全隐患。
- 成本：在过去的若干年里，电池技术的进步是缓慢的，电池容量一直制约着很多行业的发展，想要增加容量，就需要增加相应的成本。
- 体积限制：电池的比容量有限，比容量是指单位质量或单位体积电池所获得的容量，大容量意味着大体积，很多场景对物联网设备的体积有严格要求，塞一块体积巨大的电池，显然不可行。
- 衍生管理成本：医药示例物联网设备使用可充电电池，在低电量或电量耗尽时，需要安排工作人员给设备及时充电,设备随着医药配送线路流转时,需要保障设备的发放、回收以及调拨,这将增加衍生管理成本。增加任何小的操作环节,都对企业组织的管理能力提出了额外要求,落实不到位,有时候会影响项目的效果,试点阶段用户体验差,项目直接推广不下去。

5.6.2 边缘节点功耗估算

续航时长与电池容量以及节点功耗直接相关。理论条件下,续航时长 = 电池容量 / 节点单位时间平均功耗。电池容量受环境温度、工作电流、自放电等因素影响,而节点平均功耗与它的硬件功能单元以及应用场景业务要求密切相关,需要综合评估。对于物联网设备,尤其是 SoC 嵌入式硬件架构,它的功耗主要来自处理器、外设和射频收发器。

举个具体的例子,低功耗蓝牙设备的核心采用 SoC 架构,处理器基于 ARM Cortex-M4,BLE 5.0 射频收发器,并带各种外设接口,如 I²C、SPI 和 UART。该物联网设备需要实现界面交互,通过 SPI 连接 128×32 点阵液晶模块。设备需要实时采集振动状态,通过 I²C 接口连接了三轴加速度传感器。各功能单元电气参数如图 5-20 所示。

处理器参数	值	说明	LCD 屏幕	值	说明	加速度传感器	值	说明
MCU 工作电压(V)	3	BLE 芯片处理器	LCD 屏幕工作电压(V)	3.3		加速度传感器工作电压(V)	2.5	
MCU 工作电流(mA)	6.5		LCD 屏幕工作电流(mA)	0.9		工作电流(mA)	0.011	
MCU 闲置电流(mA)	0.03		LCD 屏幕背光功耗(mW)	350	背光电压 3.5 V 电流 100 mA			
BLE TX 工作电流(mA)	6.4	发射功率 P_{RF} = 0 dBm						
BLE RX 工作电流(mA)	5.4	1 Mbps/1 Mbps						
SPI & I2C 外设工作电流(mA)	0.05	SPI 速率 2 Mbps						

图 5-20 各功能单元电气参数

假定 MCU 一直处于工作状态,没有休眠,BLE 处于单纯广播状态,即只有 TX 链路工作,广播间隔 100 ms,在一个广播周期内有效广播时间大约 3 ms,占空比为 3 ms/100 ms=3%。在每小时周期内,屏幕点亮显示时长 15 min,以满足用户操作要求,占空比 15 min/60 min=25%。另外还有 SPI 与 I²C 外设接口的功耗,以及加速度传感器功耗,它们的功耗很小,可忽略不计。物联网设备总平均功耗约为 108 mW·h,如图 5-21 所示。

	电压（V）	电流（mA）	功耗（mW）	占空比	平均功耗（mW·h）
MCU	3.0000	6.5	19.5	100%	19.500 00
BLE	3.0000	6.4	19.2	3.00%	0.576 00
屏幕	3.5000	100	350	25.00%	87.500 00
SPI 外设接口	3.0000	0.05	0.15	25.00%	0.037 50
加速度传感器	2.5000	0.011	0.0275	100.00%	0.027 50
I²C 外设接口	3.0000	0.05	0.15	100.00%	0.150 00
物联网设备总平均功耗					107.791 00

图 5-21　物联网设备总平均功耗

屏幕外设、实时传感器数据采集、射频接收链路维持侦听，这些功能对电池消耗非常大。在产品设计阶段，需要对这些需求谨慎评估，保持足够的敏感度，充分考虑其对续航的影响。如果续航方面的优先级最高，必要时应该折中，裁剪某些非核心功能以降低功耗。

实时传感器的数据采集虽然自身功耗可能很小，但它使得 CPU 一直处于工作状态，无法休眠，CPU 功耗较大。射频接收链路维持侦听时，RX 接收链路处于工作状态，为了能准确接收到每一条指令，侦听的时间窗口还要足够长，同时 CPU 也无法休眠，可见保持链路侦听是很耗电的。

有一些常用的方法应对这些情况，例如在物联网设备与平台之间改长连接为短连接，数据上报完成后，物联网设备主动断开连接并进入休眠状态，通过软件定时、周期性唤醒，或者外部事件通过中断触发唤醒。射频接收链路侦听，不需要 100% 全开，例如每秒钟侦听时间窗口为 10 ms，在平台端只要保证下发的指令时间大于 1 s，平台发送的远程指令就能够被侦听到。另外，平台端可以做指令缓存，指令发送不成功时，先缓存下来，物联网设备端则采取轮询方式，在它下一次唤醒的时候，查询平台缓存区，检查是否存在待执行的指令。

5.6.3　电池续航能力评估

电池续航能力与电池容量直接相关，这个很好理解。与电池容量相关的电化学性能参数包括容量和比容量、能量和比能量、功率和比功率、倍率、循环寿命。

电池容量是指在一定的放电条件下可以从电池获得的电量，单位为 A·h 或 mA·h，物理学公式为 $Q=I·t$，它是最常用的表示电池输出能力的参数，例如某规格锂亚硫酰氯（Li/SOCl₂）的电池容量为 1200 mA·h，广泛用于物联网设备。比容量是指单位质量或单位体积的电池容量，比容量对于动力电池而言是最重要的参数，例如用于新能源汽车的锂离子电池，汽车空间是有限的，比容量越高，意味着同等质量或体积下，电池的容量越大，续航里程越大。

电池能量等于电池容量乘以工作电压，单位为 W·h（也就是焦耳），它表示电池在一定条件下对外做功所能输出的电能。例如锂离子电池标称工作电压为 3.7 V，容量为 2200 mA·h 时，电池能量为 2200 mA·h × 3.7 V = 8.14 W·h。比能量即单位质量或单位体积电池能量。

关于电池续航能力的对比，需要注意不同类型的电池切勿直接比较电池容量，应该比较电池能量。举一个生活中的例子，某笔记本电池容量为 4910 mA·h，数字上还比不上某智能手机电池容量 6000 mA·h，笔记本电池体积比 10 块手机电池还大，难道笔记本电池的容量密度低？显然不是，答案是工作电压不同。手机上用的锂离子电池工作电压通常 3.7 V，而笔记本电池工作电压可能是 10.8 V，有些则更高，因为它是多个电池串联加并联，笔记本电池能量大很多。对于同类型的电池，大家习惯于直接比较 mA·h。

功率即单位时间内电池所输出的电能，单位为 W，和平时说的功率概念是一样的。比功率也称作功率密度，指单位质量或单位体积电池输出功率，单位为 W/kg 或 W/L。比功率反映了电池承受的工作电流。

倍率指电池充放电时，充放电电流与额定容量的比值，倍率通常用 C 表示。例如额定容量为 2 A·h 的电池以 2 A 电流进行放电，则倍率为 2 A/2 A·h=1 C。若放电电流为 1 A，则倍率为 1 A/2 A·h=0.5 C。倍率越大，电池以越大的电流进行快速充电或快速放电。

循环寿命针对的是二次电池（可充电电池），它与电池续航也有关系，随着充放电次数的增加，电池容量逐渐降低。电池寿命包括使用寿命、充放电寿命。使用寿命为电池容量降至规定值（通常以初始容量的百分数表示，例如 60%）之前，反复充放电过程中累积的放电时间之和。充放电寿命指电池容量下降至规定值之前可反复充放电的次数。使用寿命和充放电寿命从两个不同的维度反映电池寿命，对于锂离子电池，常用的是充放电寿命。

回到电池容量的讨论上，出厂电池都有标称容量（会注明在特定电流、特定温度条件下的容量），由于电池容量会随着放电电流、环境温度以及截止电压的不同而变化，因此实际续航时长要考虑这些因素。还是以锂亚硫酰氯电池 ER14250 为例，它属于一次电池（不能循环使用），以下是某型号锂亚硫酰氯电池电性能参数。

标称容量：1.2 A·h（在 1 mA，+25 ℃，2.0 V 截止电压条件下的放电容量）。

标称电压：3.6 V（在 0.1 mA，+25 ℃条件下）

最大持续放电电流：15 mA。

最大脉冲电流能力：50 mA。

工作温度范围：−60 ~ 85 ℃。

该电池在 +25 ℃时的典型放电曲线如图 5-22 所示[一]，截止电压为 2.0 V，标称容量即放

[一] 锂亚硫酰氯电池技术特性地址为 https://www.evebattery.com/product/2.html。

电电流为 1 mA 时的容量。如果放电电流大于 1 mA，例如 10 mA，则容量为 0.9 A·h。

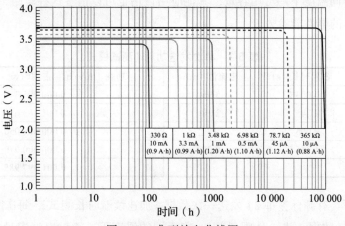

图 5-22　典型放电曲线图

在不同温度和放电电流条件下的容量曲线如图 5-23 所示，在 +25 ℃ 条件下具有最佳的电池容量，高温或低温都会降低电池容量。在 0.1～1 mA 区间具有较好的电池容量，在过大或过缓的放电电流时，电池容量会降低。

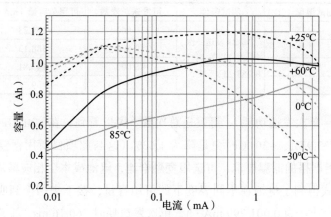

图 5-23　不同温度和放电电流条件下的容量曲线

仍然以前面的资产管理为例，某低功耗广域网有源标签采用了 CR2450 锂锰一次电池，电池容量为 600 mA·h。有源标签的电性能参数如下。

单次发送功耗（测试模式）：0.001 497 mA·h（明细见表 5-2）。

单次发送耗时（测试模式）：0.253 23 s（明细见表 5-2）。

单次发送功耗（工作模式）：0.001 799 mA·h。

单次发送耗时（工作模式）：0.260 16 s。

休眠电流：2 μA。

测试模式相对于实际工作模式,区别在于未开启某些复杂功能,测试模式简单,更利于估算电池在不同温度下的可用容量,其他应用评估也可以借鉴这种思路,表 5-2 为有源标签在测试模式下的电性能参数。

表 5-2 单次发送功耗(测试模式)

	占用时长(s)	电流值(mA)	功耗(mA·h):占用时长 × 电流/3600
休眠唤醒	0.003 23	5.96	0.000 005 347
发送数据	0.245	21.8	0.001 483 611
进入休眠	0.005	5.8	0.000 008 056
休眠	1.746 77	0.002	0.000 000 970
			0.001 497 985

测试模式下,有源标签每 2 s 发送一次数据(加速续航时长测试),每次时长为 0.253 23 s(休眠唤醒 + 发送数据 + 进入休眠时间),在不同的温度下,测试电池容量能支撑多少次发射。为避免数据的偶然性,每个温度条件下用 5 个有源标签,取发射次数的最低值,结果如表 5-3 所示。

表 5-3 电池可用容量占比(测试模式)

电池型号	测试温度(℃)	测试条件	可发送总次数	可用总容量(mA·h)	可用容量占比
CR2450(标称容量为 600 mA·h)	25	每 2 s 发送一次,每次发送时长 0.253 23 s	330 600	495.23	82.54%
	0		259 100	388.13	64.69%
	−20		96 000	143.81	23.97%
	−30		6530	9.78	1.63%

可用总容量 = 单次发送功耗 × 可发送总次数。可以看到,在 −20 ℃时,可用容量急剧降为标称容量的 23.97%,−30 ℃时更是降为 1.63%(这与此项目所用锂锰电池温度特性有关,如果项目有更严格的低温要求,可选用宽温电池,电池成本会相应增加很多)。

通过测试模式得到了电池在不同温度下的可用容量,接下来切换到实际工作模式。工作模式下单次发射功耗为 0.001 799 mA·h,单次发送耗时 260.16 ms。工作模式下,根据资产管理的实际需求,标签发射间隔设定为 30 min、60 min、120 min 以及 180 min。计算不同发送周期下,标签的 1 天总功耗,如表 5-4 所示。可以看到,标签发射间隔周期越长,休眠功耗占比越大,越不能忽略。

表 5-4 不同发送周期标签的 1 天总功耗

发送周期(min)	1 天发送次数	1 天发送功耗(mA·h)	1 天休眠功耗(mA·h)	1 天总功耗(mA·h)
30	48	0.086 352	0.047 993 062	0.134 345
60	24	0.043 176	0.047 996 531	0.091 173
120	12	0.021 588	0.047 998 266	0.069 586

（续）

发送周期（min）	1天发送次数	1天发送功耗（mA·h）	1天休眠功耗（mA·h）	1天总功耗（mA·h）
180	8	0.014 392	0.047 998 844	0.062 391

说明

1天发送功耗 = 1天发送次数 × 单次发射功耗

1天休眠功耗 = 1天休眠时长 × 休眠电流 2 μA

1天休眠时长 = 24时 − 1天发送次数 × 发送单次耗时 260.16 ms

1天总功耗 = 1天发送功耗 + 1天休眠功耗

标签续航年限（单位年）= 电池可用总容量/1天总功耗/365天，如表5-5所示。考虑到此案例中标签整体设计寿命不超过5年，对于续航年限超出5年的，仍算作5年。同时考虑电池本身自放电率，对于一次电池，室温下通常自放电率每年不超过2%，工艺好的电池年自放电率可低于1%，超出5年时，自放电率增大。通过测试标签的功耗，衡量电池的可用容量，基于"电池可用容量/节点功耗"即可算出续航时长。

表 5-5 标签续航年限

发送周期（min）	一天总功耗（mA·h）	工作温度（℃）	电池可用总容量（mA·h）	续航年限（年）
30	0.134 345	25	495.23	10.10
		0	388.13	7.92
		−20	143.81	2.93
		−30	9.78	0.20
60	0.091 172	25	495.23	14.88
		0	388.13	11.66
		−20	143.81	4.32
		−30	9.78	0.29
120	0.069 586	25	495.23	19.50
		0	388.13	15.28
		−20	143.81	5.66
		−30	9.78	0.39
180	0.062 391	25	495.23	21.75
		0	388.13	17.04
		−20	143.81	6.31
		−30	9.78	0.43

5.6.4 一次电池和二次电池

电池的分类方法很多，按外形可分为扣式电池、圆柱形电池和方形电池；按壳体材料可分为软包装电池、铝壳电池和钢壳电池；按用途可分为3C电池和动力电池。此外，还可以按正负极材料分、按电解质分等。而一次电池和二次电池则是按电池是否可循环使用划分的。一次电池用完即止,不能循环使用,二次电池虽然可以循环充放电使用,但是有循环寿命限制。

1. 一次电池

一次电池即原电池(primary cell、primary battery),是指放电后不能再充电的电池。一次电池应用广泛,例如平时生活中接触到的5号电池(AA,直径为14 mm,高度为49 mm)和7号电池(AAA,直径为11 mm,高度为44 mm),大部分是一次电池(也有二次电池如镍氢电池),以碱性锌锰电池最常见,它的负极材料是锌,正极为二氧化锰,电解质为氯化铵,电压1.5 V。之所以称为碱性电池,是因为电解质呈碱性,有些一次电池电解质为氢氧化钾,是典型的碱性物质,电池使用时间长了或长时间不使用,会存在漏液问题,这是因为碱性电解质对金属和塑料有腐蚀性,电池漏液的直接后果是腐蚀电池匣的簧片,导致锈蚀、接触不良或不导通,通常还伴随爬碱现象,在电池负极上凝集有许多白色结晶。如果将电解质形态由液态改为不能流动的糊状物,可以改善漏液问题。

5.6.3节的例子中涉及的锂亚硫酰氯电池($Li/SOCl_2$,简称锂亚电池)和锂锰电池(Li/MnO_2)是物联网场景中常用的一次电池,它们都是以金属锂为负极,锂亚电池的正极为$SOCl_2$,锂锰电池的正极为MnO_2,这些锂系一次性电池统称为锂原电池。

2. 二次电池

二次电池又称为充电电池或蓄电池,是指放电后可通过充电的方式激活活性物质从而继续使用的电池,例如镍氢电池、铅酸电池和锂离子电池。镍氢电池正极为$Ni(OH)_2$,负极为金属氢化物,电解质为氢氧化钾溶液,电压为1.2~1.3 V,与镍镉电池相当,能量密度是镍镉电池的1.5倍以上,可快速充放电,低温性能良好。镍氢电池的设计源于镍镉电池,在改善镍镉电池的记忆效应上,有极大的进展,它以金属氢化物取代负极原来使用的镉材料。

记忆效应指电池长期不彻底充电、放电,易在电池内产生结晶,降低电池容量的现象。电池记录用户日常的充、放电幅度,时间久了就很难改变这种模式,不能再做大幅度充电或放电,这种现象一般存在于镍镉电池,镍氢电池较少,锂离子电池则无此现象。虽然镍氢电池比锂离子电池安全,但它的比能量低于锂离子电池,同等电池容量下,镍氢电池体积要大很多。

铅酸电池是一种电极主要由铅及其氧化物制成,电解质是硫酸溶液的蓄电池。一个单体铅酸电池的标称电压是2.0 V,能放电到1.5 V,充电到2.4 V。在实际应用中,通常用6个单体铅酸电池串联起来组成标称12 V的铅酸电池,还有24 V、36 V、48 V等规格。铅酸电池充电时间久,而且要定时补充蒸馏水。铅酸电池大量用于燃油汽车、电动自行车、电动摩托车,但随着环保观念的不断加深,以及锂离子电池工业的快速发展,尤其是电动车新国标颁布后,未来锂离子电池是趋势。与铅酸电池相比,锂离子电池的优点相当明显,能量密度高,续航时间长,但铅酸电池使用更安全,造价成本也相对较低。

与传统二次电池相比，锂离子电池的质量比能量和体积比能量高，约为镍氢电池的2倍，铅酸电池的3倍。在电动汽车领域，锂离子电池的质量比能量最高，是动力电池的首选体系。它的循环使用寿命长，无记忆效应，可随时充放电而不影响电池容量。工作电压高，通常工作电压为3.7 V，是镍氢电池的3倍。使用温度范围宽，能在 -20～60 ℃环境下工作，高温下放电性能优良，有些锂离子电池的工作温度还可以更低。自放电低，远低于镍氢镍镉电池。不含有重金属汞、铅、镉等有害元素，环境友好。锂离子电池的主要缺点是成本较高，并要求有保护电路以防止过充电。另外比能量高，活性大，安全性是很大的挑战。

锂离子电池的原材料主要包括正极材料、负极材料、电解质和隔膜。按正极材料划分，主要有钴酸锂电池 $LiCoO_2$，磷酸铁锂电池 $LiFePO_4$，三元锂电池 NCM（$LiCo_xMn_yNi_{1-x-y}O_2$），锰酸锂电池 $LiMn_2O_4$。钴酸锂电池广泛应用于手机等3C类电子产品上，理论比容量高[⊖]（273 mA·h/g），电压高（3.7 V），适合大电流放电，生产工艺简单，抗过充、高温安全性能一般。磷酸铁锂电池稳定性、循环性能和安全性能优异，但它的理论比容量低（170 mA·h/g），电压低（3.4 V），大电流性能不好。锰酸锂电池电压高（3.8 V），抗过充性能好，安全性能好，容易制备。缺点是理论比容量低（148 mA·h/g）且可提升空间小。三元锂电池综合了单一组分材料的优点，Ni 有助于提高电池容量，Co 提高材料导电性及倍率，Mn 用于改善电池安全性能，体现明显的三元协同效应，三元锂具有良好的市场前景，是目前动力电池的主流方向。

经实际测试，相比于其他电池，锂亚电池和钛酸锂电池在低温下（-30 ℃及以下）的表现不错，对低温要求严苛的工业物联网场景，可优先考虑该类电池。

5.6.5 电池可靠性测试与认证

在实际使用过程中，电池的安全性非常重要，要求不爆炸、不起火、不漏液，万一发生事故时不能对人造成伤害。可靠性测试主要模拟电池使用不当和极端情况下的表现，常见的测试项如下。

- ❑ 过放电
- ❑ 过充电
- ❑ 短路
- ❑ 热冲击
- ❑ 跌落
- ❑ 振动
- ❑ 挤压
- ❑ 重物冲击
- ❑ 针刺

⊖ 数据来自图书《锂离子电池制造工艺原理与应用》，作者杨绍斌、梁正。

电池可靠性测试安全标准，主要依据国家强制标准 GB 31241-2014[一]，国际标准 IEC 62133[二]。GB 31241-2014《便携式电子产品用锂离子电池和电池组 安全要求》对于便携式电子产品用锂电池和电池组提出了系统完整的安全要求，包括在电安全、环境安全、保护电路及系统保护电路等方面，尽可能地排除锂电池和电池组在使用过程中存在的安全风险。IEC 62133 的适用范围是便携设备用密封二次电池，不仅针对锂离子电池，还包括镍系电池。它只针对二次电池本身的安全要求，不包括电池组保护电路以及系统保护电路的安全要求。IEC 62133 对锂电池的运输安全有额外要求，要求锂电池必须通过 UN 38.3 测试（UN38.3 是联合国针对危险品运输专门制定的《联合国危险物品运输试验和标准手册》的第 3 部分 38.3 款）。UN38.3 是锂电池陆运、航空运、海运的基本前置条件。图 5-24 所示为某锂离子电池性能测试报告。

实验名称	圆柱电池全项测试	检验类别	□初步样品	□小试样品	□中试样品	■其他
检验日期	2017-8-12	电压（V）	3.7	检测依据		GB 31241—2014
电池型号	ICR18650/2600 mAh	批号	201706	内阻（mΩ）		≤ 50
检测项目	检测内容	电池数量		结果		判定
电性能测试	■倍率	A 组	4 pcs	0.2 C 放电容量大于标称容量 0.5 C 放电容量保持在 98.09% ～ 98.63% 1.0 C 放电容量保持在 95.05% ～ 95.57% 2.0 C 放电容量保持在 88.03% ～ 89.71%		合格
	■60 ℃ 7 天	A 组	4 pcs	容量保持在 93.61% ～ 94.26% 容量恢复在 98.97% ～ 99.28%		合格
	■-20 ℃ /60 ℃	A 组	4 pcs	-20 ℃容量保持在 71.52% ～ 74.45% 60 ℃容量保持在 99.43% ～ 99.69%		合格
	■循环	A 组	2 pcs	1# 循环 500 周容量保持率 90.48% 2# 循环 500 周容量保持率 90.25%		合格
安全性能测试	■常温短路	A 组	3 pcs	不起火，不爆炸		合格
	■55 ℃短路	A 组	3 pcs	不起火，不爆炸		合格
	过充 3 C/4.6 V	A 组	3 pcs	不起火，不爆炸		合格
	■强制放电	A 组	3 pcs	不起火，不爆炸		合格
	■燃烧喷射	A 组	3 pcs	电池组件或电池整体未穿透铝网		合格
	■热冲击 130 ℃ /30 min	A 组	3 pcs	不起火，不爆炸		合格
环境性能测试	■跌落	A 组	3 pcs	不漏液，不冒烟，不爆炸		合格
	■振动	A 组	3 pcs	不变形，无漏液、不冒烟、不爆炸		合格
	■重物冲击	A 组	3 pcs	不起火，不爆炸		合格
	■挤压	A 组	3 pcs	不起火，不爆炸		合格

图 5-24 电池性能测试报告

[一] 内容来自中华人民共和国国家质量监督检验检疫总局，地址为 http://openstd.samr.gov.cn/bzgk/gb/newGbInfo?hcno=198F57BF4E750177295C7FC29FE59F7D。

[二] 地址为 https://webstore.iec.ch/publication/32662。

5.7　本章小结

本章从边缘计算的概念和定义开始,讨论了什么是边缘计算,边缘计算要解决什么样的问题,并从实时性、网络可靠性、安全性方面说明了边缘计算的意义。然后分析了谁在担任边缘计算角色,并讨论了边缘计算领域的几类公司。边缘计算是相对云计算而言的,二者为互补关系,如果要让边缘计算发挥更大威力,则需要两者相结合,即边云协同。AIoT人工智能物联网融合了AI技术和IoT技术,这种轻量级边缘智能是物联网在边缘端结合人工智能技术的初步实践,它在SoC基础上,加强了数据运算能力。

预测性维护是边缘计算的一个典型应用场景,本章分析了预测性维护兴起的原因,如何实施预测性维护策略,并讨论了预测性维护面临的挑战。通过分析DCS典型体系结构,可以发现工业自动化自带边缘计算基因,只有理解了DCS的功能层级和相应网络拓扑,才能更好地将边缘计算应用于工业现场,实现边缘计算与工业自动化的完美结合。本章最后讨论了特定场景如可移动、户外、无源监测对象和后装物联改造下的边缘节点续航陷阱,介绍了如何准确估算边缘节点功耗,并对电池续航能力进行准确评估。

Chapter 6 第 6 章

云 计 算

在学习工业物联网平台之前,本章先介绍一下云计算。云计算通过资源虚拟化方式为工业物联网平台提供 IaaS 云基础设施,包括服务器、存储、网络等,是工业物联网平台的基础。工业物联网平台并非一定部署在云上,在企业传统数据中心同样能够部署。如今云计算越来越普及,在软硬件技术日趋成熟以及极佳的商业模式双重因素的驱动下,主流工业物联网平台逐渐围绕云计算构建并支持多云部署,如公有云、私有云。

云计算不仅提供 IaaS 服务模式,还有 PaaS 和 SaaS。本章介绍云计算的一些基本概念,着重在 IaaS 部分,同时延伸一些 IT 概念,如面向服务架构、虚拟化、微服务、容器化、Kubernetes 资源管理、RESTful、C/S 与 B/S 架构。在第 4 章,读者已经接触了一些 IT 网络知识,本章则从 OT 视角切换到 IT 视角。在工业物联网中,OT 与 IT 融合是关键。融合并非生硬地拼接在一起,而是两个技术分支相互影响、相互渗透,我们应看到其中的核心趋势和共性——软件定义。例如对于 5G 技术,软件定义网络和网元虚拟化是实现网络切片以支持多种应用场景的关键技术。对于云计算,软件虚拟化技术将底层硬件抽象为可弹性伸缩、按需使用的资源,软件定义带来了极大的灵活性和深刻的变革。

本章目标

- ❏ 理解云计算与工业物联网平台之间的关系。
- ❏ 了解云计算的发展过程和驱动力。

- 了解云计算知识图谱及层级关系。
- 了解云计算的 3 种服务模式。
- 了解云计算的 3 种部署方式。
- 理解面向服务架构思想和服务化的发展方向。
- 了解虚拟化技术及其产生的效果。
- 了解 Docker 容器技术。
- 梳理 Kubernetes 及其与容器、微服务的关系。
- 理解 RESTful 风格在资源虚拟化背后的重要性。
- 掌握 C/S 与 B/S 架构的区别和联系。
- 理解软件定义对 IT 和 OT 的影响。

关键术语

云计算、弹性、虚拟化、资源池、基础设施即服务（IaaS）、平台即服务（PaaS）、软件即服务（SaaS）、公有云、私有云、混合云、面向服务架构（SOA）、微服务、无服务、Docker 容器技术、容器镜像、仓库、Kubernetes、容器编排、RESTful 风格、C/S 架构、B/S 架构。

6.1 写在工业物联网平台之前

工业知识体系强调的是可靠性、稳定性、延续性以及充分意识到现场资源的有限性；技术的发展是渐进式的。在工业领域深耕多年的工程师，与刚入行不久的新人相比，对事情的判断能力、看待问题的角度和深度方面，优势是明显的。在 IT 领域，技术的变化日新月异，例如编程语言方面，今天流行 Java，明天流行 Python，后天是 Ruby 和 Go，各种开发框架如 Spring、Hibernate、MyBatis 等令人眼花缭乱。大数据方面，热门技术如批处理 Hadoop、微批处理 Spark、实时流处理 Flink、离线查询 Hive、实时搜索查询 Elasticsearch、大规模数据存储 HDFS 和 HBase 等。云计算方面，Docker 容器技术、Kubernetes 应用编排、微服务（Microservice）和无服务（Serverless）等，概念层出不穷。从 C/S 到 B/S，忙完 B/S 又开始部署微服务和容器化，加上各种后端、前端及移动端开发。

很多 IT 研发人员自嘲自己是代码搬运工，框架是别人的，底层技术是别人的，开源组件是由社区贡献的，一通复制、粘贴和裁减操作，换个界面系统就上线了。随着时间的推移，系统越来越慢，有效优化的手段却非常有限。学习进度赶不上技术推新的速度，如果基础能力和开发素养不足，反而工作年限越长越没竞争力，同质化严重，被动地接收各种设计框架和开源库。

工业物联网端到云解决方案是 OT 和 IT 的融合，围绕业务目标设计技术方案时，要回归业务本身，用什么样的技术方案很重要，不能为了创新而创新，淹没在技术的大潮中，迷失了方向。不论是售前顾问、产品、开发人员还是决策层，都需要时刻思考：工业物联网能带来的价值是什么，个人工作的核心竞争力是什么，是否具备差异化的能力。

回顾第 2 章的内容，云计算和工业物联网平台层紧密相关，它主要提供两部分支持，分别是云基础设施 IaaS 和通用 PaaS 基础服务。本章着重在云基础设施部分，延伸介绍云计算理念以及一些重要的 IT 基础概念。这些概念之间，其实有相互关系，有些概念即使看起来是孤立的，事实上对于理解整个工业物联网体系及其发展趋势是有很大帮助的，如图 6-1 所示。知识不在多，如果能够把它们串联起来，从知识点本身跳出来并从更高层次去理解，才是真正做到了深刻理解，最终能够应用自如。

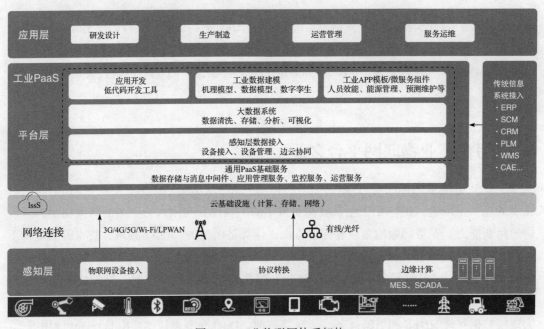

图 6-1　工业物联网体系架构

6.2　云计算为何兴起

云计算从亚马逊 AWS 初创时的牛刀小试已发展为如今巨大的行业生态，各种云遍地开花，政务云、金融云、制造云和教育云等，万企上云的时代已到来。通常认为亚马逊

AWS在2006年发布的简单存储服务（Simple Storage Service，S3）、简单消息队列（Simple Message Queue）以及弹性虚拟计算服务（Elastic Compute Cloud，EC2），正式宣告了现代云计算的到来。从行业视角来看，不妨视2008年为另一个意义上的云计算元年，因为在这一年，在AWS证明了云计算商业模式的可行性之后，越来越多的行业巨头和玩家注意到这个市场并纷纷入局，如微软、Google和阿里巴巴。

在云计算兴起之前，对于大多数企业而言，主流的IT基础设施搭建方式为自行采购硬件或租用互联网数据中心机房（Internet Data Center，IDC）。除了服务器之外，机柜、交换机、宽带、网络配置、软件安装和虚拟化等底层诸多事项需要相当专业的人员负责，需要大量基础设施专家、安全专家和运营专家等人力投入。而且系统调整（例如扩容）周期长，许多开发人员都有过等待服务器就绪的经历。云计算提供了一种非常高效的解决方案，用户从公有云门户网站注册后，只需在网页上轻轻点击几下鼠标，即可自助申请搭建应用所需的软硬件环境（服务器、存储、网络、数据库及中间件），并且可随时根据业务变化，按需扩展和按量计费，用户无须管理数据中心和网络，也无须自行采购、安装和管理硬件，再加上云平台上许多开箱即用的组件级服务，例如数据库、消息队列中间件、机器学习框架、大数据计算与分析组件等，对于许多企业有着极大的吸引力。

以云服务器为例，在门户网站上点击申购，然后像平时填写各种业务申请表单一样，选择云服务器所需配置如CPU、内存、存储、镜像操作系统版本以及公网带宽，确认下单后就可以使用了。图6-2所示为云主机申购示例。

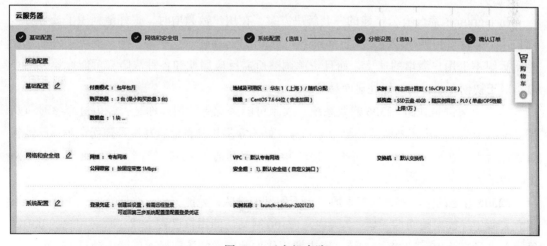

图6-2 云主机申购

云计算为什么变得流行起来？它蓬勃发展的原因是什么？这其中少不了技术和商业双重因素的驱动，一方面是软硬件技术不断成熟，另一方面是云计算带来的全新商业模式所创造的巨大社会价值。技术方面，计算资源虚拟化（Hypervisor）和软件定义网络（Software Defined Network，SDN）不断发展且日趋成熟，越来越多的企业建设超大规模数据中心与高速互联网络，这些基础能力构成了云计算发展的重要基石。云计算拥有5个特征——网络接入、弹性、资源池化、可计量的服务以及按需自服务，它基于网络接入提供用户所需的弹性资源，而弹性建立在资源虚拟化和池化上。

商业方面，云计算的产品和服务形态非常适合新时代的企业端需求，云计算最先满足的是中小企业用户，订阅制与按需计费方式大幅降低了中小企业的入局门槛，而基础设施对架构稳定性方面的需求又为云厂商带来了较高的客户黏性，加上大规模数据中心对高密度多租户支撑所带来的规模化效应，和企业自建数据中心的前期一次性投入加上后期运维持续投入相比，云计算能够成为一门好的生意，一种极佳的面向企业用户的商业模式。按需启用和随意扩展的弹性资源，能够为企业节省巨大成本。同时，云计算使得企业组织和个人得以站在巨人的肩膀上开展业务，更加专注于应用架构的设计和业务实现，从而提高软件和服务的开发效率，加速应用落地。

举两个典型例子，第一个案例是关于初创企业Instagram。Instagram是一款运行在移动端的社交应用，用户彼此能够以一种快速、有趣的方式分享随时抓拍的图片。它于2010年发布，最开始只提供iOS版本，首日用户注册数过万。3个月后用户数突破100万，随后很快到达1000万，一年半后Instagram有了将近3000万个用户。之后Android版本发布，到2012年底，在应用发布两周年之际，用户数突破1亿，2012年被Facebook收购，当时估值达10亿美元。

Instagram依靠公有云搭建的一套解决方案，在用户数激增时，很好地利用了云计算按需使用、弹性可扩展的特性。试想如果Instagram自己构建数据中心，那么购买硬件的速度将永远跟不上用户激增的速度，而且资源调整所需反应周期和各种故障有可能拖累发展速度。对于初创企业，云的好处显而易见。

第二个案例是铁路12306购票系统，大家可能感觉更贴切。你是否经历过寒冬时节从凌晨排队到中午，火车站队伍一眼望不到头，好不容易排到自己，却被告知列车车票已经售罄，最后无功而返，只好明日再来。2011年铁道部开通了12306官网，我们终于可以在网上购票了。

12306开通的第一年，很多人原以为不用忍冻排队，就能买到一张回家的火车票，结果却大失所望，放票瞬间即无票。7天内，12306网站访问用户已占全球互联网用户的0.9%，每天点击量高达10亿人次，系统一度支撑不住如此庞大的访问量而崩溃。针对12306的责难也不绝于耳，为了抢票，还诞生了各种刷票软件和浏览器插件。

从用户访问的角度，12306购票系统的业务逻辑非常清晰，主要功能就是"注册用户""查询余票信息""确认订票""支付票款"和"安全控制"。然而春运场景其实对 12306 购票系统的要求非常高，系统必须具备高性能、高可扩展性以及高可靠性。12306 的每秒查询率（Query Per Second，QPS）过百万是再正常不过的事情，要求支持高并发，在分布式集群上，通过层层负载均衡与容灾手段保障系统的高性能与高可用。12306 的并发高峰都出现在节假日，平时售票系统的压力并不大，如果按峰值来配置资源，闲时将存在资源的极大浪费。云计算的弹性伸缩、高可扩展性、资源按需使用的特点，天然匹配 12306 购票系统的要求。在将余票查询业务切换到公有云，并对订单查询系统进行了改造之后，12306 购票系统有了很大的改善，大家终于可以愉快地购票了。当然，在车票紧张的情况下，定好闹钟，该抢还得抢。

6.3 云计算知识图谱

云计算是综合性载体，它涉及多个技术领域，从底层的虚拟化技术，到各种框架和应用服务，涉及的知识点非常多。很多技术并非云计算独有，要区分"支撑要素"和"包含要素"，云计算或使用了它们，或对某种技术进行了优化升级。例如虚拟化技术从数据中心时代开始，不断迭代，以追求更加优异的资源池化性能。

举个例子，大数据本身就是一个非常大的领域，由于二者几乎同时兴起，且大数据在大规模数据存储与计算方面与云计算有能力交集，有一段时期甚至出现了云计算和大数据概念纠缠不清甚至相互混淆的情况。云计算的成功，得益于很好地利用了这些技术，并将弹性、资源池化及按需自服务的特性发挥到极致，图 6-3 所示是云计算知识图谱。

图 6-3 中整理了云计算涉及的 6 个部分，分别是基础设施、架构、开发、平台、运维和应用。基础设施包括计算、存储、网络和安全。相对于虚拟机，容器属于轻量级虚拟化技术，虚拟机是操作系统级隔离，而容器是进程级隔离，容器是近几年非常热门的技术。

架构代表着理念和思想，它是理念的外在表现，最终落实到具体的业务场景。架构涉及很多框架，为构建高可用应用提供重要支持，例如分布式消息中间件、微服务、容器、Kubernetes 容器编排、OpenStack 开源云计算框架。

平台部分涉及云计算管理和维护，常规的管理工具如日志、监控和身份认证，而数据管理和大数据部分可独立衍生出一个庞大的针对大数据开发工程师的技能图谱。

开发涉及各种语言，例如 Java、Go 和 Python 等云计算时代比较流行的语言。

运维方面，持续集成、持续交付、生产环境蓝绿部署、灰度发布等，确保稳定发版。

应用方面，除了传统互联网的前后端应用，工业物联网时代，行业应用是重要抓手和价值落脚点。

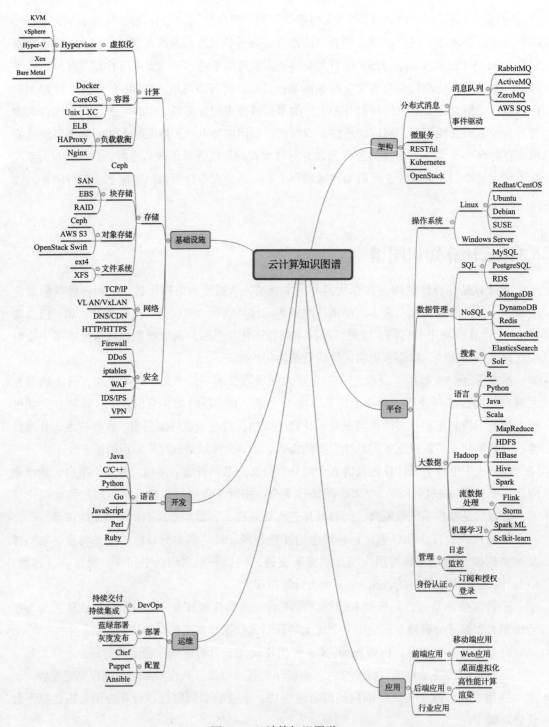

图 6-3 云计算知识图谱

6.4 云计算服务模式

云计算有 3 种服务模式,分别是基础设施即服务(Infrastructure as a Service,IaaS)、平台即服务(Platform as a Service,PaaS)以及软件即服务(Software as a Service,SaaS)。每种云计算服务模式,都通过一定程度的资源抽象,降低了用户构建和部署应用的复杂性。在传统的本地数据中心,团队需负责所有的搭建和管理工作,从采购硬件或租用 IDC 机房开始安装和管理服务器,然后是操作系统和数据库等组件的安装,最后安装应用软件,系统上线。相比之下,云计算用户具有更多的灵活性,除了资源弹性之外,通过 IaaS、PaaS 或 SaaS 服务模式,对上述任务提供不同程度的抽象和自动化,使用户专注于自身业务问题。图 6-4 所示是云计算服务模式所对应栈,越往上云计算厂商提供的服务越多。

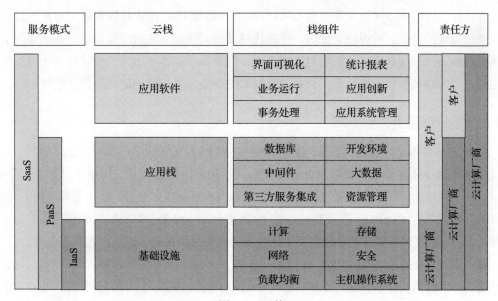

图 6-4 云栈

6.4.1 基础设施即服务

IaaS、PaaS 以及 SaaS 三种服务模式中,IaaS 是最成熟的。公有云服务商最直接的商业模式是通过 IaaS 提供云计算基础设施,用户能够获得计算(服务器)、存储和网络资源。IaaS 不是简单罗列这些资源,而是将资源抽象成一系列可用的服务,用户通过调用 API 或 Web 页面管理控制台进行访问。用户根据需要请求访问虚拟的基础设施资源,IaaS 接到需求后,根据请求在几分钟内完成资源的部署和运行,配置和撤销基础设施可以通过脚本进行。

IaaS 资源就像水电这些公共事业服务一样,成为一种可计量服务,IaaS 对用户申请使用的资源进行计费。用户不用关心数据中心和基础设施是如何运转的,无须考虑物理机、机柜、交换机、带宽、网络配置、软件安装和虚拟化等底层诸多事项。相应地，不对云基础设施进行管理或控制，不过用户可以选择操作系统和栈组件，监控应用软件。基础设施有了，接下来开发人员负责应用程序的设计与开发，测试人员负责代码测试，运维人员负责软件发布与系统运维。如果应用系统需要扩容，用户可以在 IaaS 手动申请更多的资源。更智能的方式是将扩容的过程自动化，IaaS 通过 API 对基础设施做了抽象，应用系统可以实现动态申请或释放资源。

IaaS 是实际中部署最多的服务模式，由于差异性服务不多，因此竞争非常激烈，市场上有许多云厂商提供公有云 IaaS 服务。还有其他一些形式的 IaaS，例如不希望被厂商绑定而采用 OpenStack 开源云计算框架自行开发私有云 IaaS 的大型企业、采用 VMware 商业虚拟化平台构建数据中心或私有云的政企和金融机构，以及裸金属（Bare Metal）这种特殊形式的 IaaS 资源。裸金属服务器相当于云上专属物理服务器，在拥有云计算灵活弹性的基础上（用户可以按需申请裸金属服务器），计算性能与传统 IDC 托管的物理机无差别，且具有安全物理隔离的特点，资源完全独占，性能优越又兼具弹性。相对于虚拟机，裸金属服务器体现出了物理机的优越特性；而相对于物理机，裸金属又能体现出虚拟机弹性的优势。由于硬件独占，因此裸金属价格昂贵，只有对性能和安全隔离要求特别高的场合才会使用。

6.4.2 平台即服务

IaaS 之上是 PaaS，IaaS 和 SaaS 都很好理解，但 PaaS 对于很多人来说则比较抽象。抽象不仅在于概念，还在于它所提供服务的外在形式。任何事物，一旦它的概念里涉及"平台"二字，就变得可大可小。在大家的认知里，很多东西都可以叫作平台，比如展现才能的舞台、计算机硬件或软件的操作环境、门户网站、电商平台、社交平台以及知识分享社区等，平台的共性在于提供了工具或方法，使得用户能够快速实现目标，或者创造新的商业价值。

那什么是 PaaS 呢？相比于纯资源型的 IaaS 服务，PaaS 另外提供各种组件，例如数据库、消息队列、中间件、机器学习工具链、应用开发环境等。也就是说，用户无须对云基础设施进行管理及控制，也不需要自己安装代码编写环境、安装数据库和各种中间件，这些组件 PaaS 都有，并以服务的形式供用户调用。举个例子，我们希望有一套新房子，供家人居住，房子从哪来呢？IaaS 相当于提供了各种装修原材料，水泥、瓷砖、电线、水管和油漆等，你要自己去找施工队，设计装修风格，从建材市场挑选大件家具等。PaaS 除了原材料，同时提供了装修公司的资源，北欧风、中国风或现代风等各种装修风格模板，以及沙发、厨柜各种大件，都是PaaS 平台认证过的，你可以直接挑选，自由组合，不用再跑那么多地方。SaaS 相当于直接购买地产商的精装房，虽然喜不喜欢是一回事，但可以直接拎包入住，你也不用操心装修的事了。

可以这么定义 PaaS：以 API 服务形式提供各种栈组件，如数据库、中间件、大数据和第三方组件等，并提供应用开发环境，研发人员能够用熟悉的语言开发和发布应用。不必考虑基础设施，也无须考虑基础架构和操作系统。用户能够使用云计算厂商所支持的编程语言、库和工具,快速创建和部署自己的应用,PaaS 为开发人员提供了构建应用程序的环境。

通过简单的 API 调用,用户就可以快速集成许多成熟和可靠的第三方组件(可能是用户要交付的整个解决方案的某个功能块,直接整合现成的),不必经历一系列的采购及安装实施流程,这正是 PaaS 的威力。

站在开发的视角,PaaS 类似于传统 PC 软件的集成开发环境(Integrated Development Enviroment,IDE),SaaS 对应传统 PC 客户端软件,只是从单机变成了通过互联网的方式提供给用户,PaaS 将应用软件开发的 IDE 当作一种服务。目前在工业物联网领域,工业 PaaS 主要用于支撑工业 APP 的快速开发和上线,各垂直领域头部企业纷纷推出各自的工业物联网平台。

举个例子,某 PaaS 平台提供了大数据实时计算组件,该组件屏蔽了技术底层环境,为用户提供了统一的实时计算平台服务,降低了实时计算的使用难度和门槛,并提供资源管控、任务管理和监控预警等服务。如图 6-5 所示,通过拖曳方式,用户选择数据源组件(Kafka 集群特定主题)、配置实时计算组件(Flink)和 Sink 组件(实时计算后的结果存储,如 HDFS、Hive 和 Elasticsearch),之后鼠标点击并连接这三部分,形成完整的数据流图,并配置所需集群资源,用户在 PaaS 平台提供的少量页面上即完成了实时计算任务的开发工作。如果从零开发,用户要申请机器、搭建集群、打通各种组件之间的链路,无疑工作量巨大。

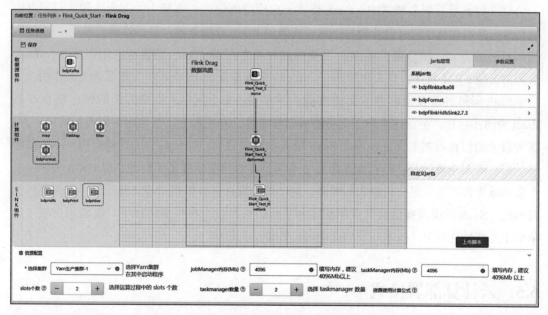

图 6-5　PaaS 平台实时计算组件

3 种云服务模式中,PaaS 是相对不成熟的一种。就像 OpenStack 之于 IaaS,PaaS 同样有开源的框架,例如 Cloud Foundry。Cloud Foundry 是 PaaS 层的开源框架,开源版本由 Cloud Foundry 基金会支持,基金会包括 Pivotal、IBM、EMC 和 VMWare 等公司,商业版本的 Cloud

Foundry，如 IBM Bluemix 和 Pivotal Cloud Foundry，是基于开源的 Cloud Foundry 项目开发的。国内部分工业互联网平台早期也是基于 Cloud Foundry 构建的，随着 Docker 的大热以及容器编排技术的不断成熟，很多已经切换到 Kubernetes。

6.4.3 软件即服务

PaaS 再往上是 SaaS，SaaS 以服务的形式向用户交付完整的应用。SaaS 将一切业务的后台环境都放在云端，用户通过 Web 浏览器就可以获取服务。SaaS 与 PaaS 的区别在于，使用 SaaS 的是软件的最终用户，而使用 PaaS 的通常是软件开发人员。由 SaaS 供应商负责所有的基础设施以及应用的开发和部署，用户只需对 SaaS 应用做一些个性化配置、账号注册与管理。SaaS 解决方案常见于一些非核心业务，例如客户关系管理（Customer Relationship Management，CRM）、企业资源计划（Enterprise Resource Planning，ERP）、办公自动化（Office Automation，OA）和供应商管理系统（Supplier Relationship Management，SRM）等，各大公司选择在非核心业务功能上使用 SaaS 解决方案，只需要支付一定的订阅费，就可以方便地通过互联网访问网页并使用相应的服务。非核心业务并非意味着不重要，只不过从企业研发、设计和生产制造的角度来看，很多 SaaS 化应用属于通用软件，非企业自身业务的紧密系统。

在 3 种云计算服务模式中，SaaS 模式的应用范围最广，也最为大家所熟知。只不过以前是购买单机版软件或者企业版许可证，安装于 PC 机或服务器，最后给员工使用。SaaS 则变成订阅的方式，而且多采用 Web 浏览器这种瘦客户端。SaaS 的典型应用当属 Salesforce 公司的云端 CRM 软件，有人评价 Salesforce 在全球普及 SaaS 模式中发挥了重要的作用。

SaaS 服务的普及面临两方面的挑战，一方面是安全问题。安全方面的顾虑在 IaaS 和 PaaS 中同样存在，企业把生产、交易的数据放在第三方平台上，甚至将应用委托给第三方，需要极大的信任与制度保证，因此 SaaS 服务中更多的是一些公共的工具型应用，不涉及隐私数据。需要注意的是，是否涉及隐私，不同企业的判断标准是不同的，以 CRM 为例，有些公司认为客户信息是公司最大的财富，绝不能出现在自有数据中心之外。另一方面是可管理问题，SaaS 供应商提供对其应用程序和平台的可见性，在很多情况下，随着用户越来越依赖于外部软件资源，技术环节的性能可见性将受到影响。

6.5 云计算部署模式

云计算主要有 3 种部署模式——公有云、私有云以及混合云。美国国家标准与技术研究院（National Institute of Standards and Technology，NIST）给出了云计算的可视化模型[⊖]，包括云计算特征、云计算服务模式和云计算部署模式，如图 6-6 所示。NIST 还定义了社区云，

⊖ 地址为 https://www.nist.gov/publications/nist-definition-cloud-computing。

它类似于公有云，只是访问被限制在特定的云用户社区，此处不做展开。

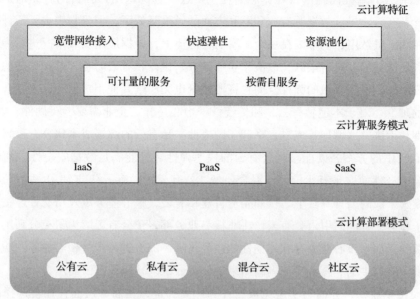

图 6-6　NIST 关于云计算定义

公有云由云计算厂商提供给用户公开使用，云计算厂商负责创建和持续维护公有云及其 IT 资源，这些基础设施都存放在云计算厂商处。例如亚马逊 AWS、微软 Azure、阿里云、华为云和腾讯云，都是公有云厂商。公有云厂商提供了一种多租户环境，即多个用户共享商业资源网络，并为自己所需的资源付费。

在 3 种部署模式中，公有云最符合云计算的 5 个特征，即宽带网络接入、资源池化、弹性、按需自服务以及可计量服务。用户按需消费，动态增加处理峰值负载时的计算资源，尤其是特殊时段突发流量高峰时，可以充分享受公有云弹性带来的似乎无穷尽的资源能力，并在空闲时将资源释放，对于峰均比（峰值/平均值）极高的业务，云计算是极佳的解决方案。公有云自然也是有利有弊，公有云部署模式存在一些风险，例如云上数据隐私问题，某些行业有审计与数据监管的要求，这将成为公有云部署的障碍。公有云线上偶发宕机事故，云计算厂商服务中断时，如果用户没有适当的冗余灾备措施，就只能等待云计算厂商服务恢复，别无他法，这将对业务产生不同程度的影响。

与之相对的是私有云，私有云可以解决公有云面临的部分问题，例如数据隐私和监管问题，在服务中断时用户能够主动采取补救措施。由企业自行搭建、运营，提供给企业内部的不同业务部门使用的私有云称为本地私有云。这种情况下，企业自己管理数据中心，按自身需求采购相应配置的硬件，自己运维，在出现问题时能够第一时间排查。这和传统数据中心有什么区别呢？从业务视角看，没有区别，只是采用了云计算的栈技术来构建，例如

OpenStack、Kubernetes 等。

　　托管私有云的基础设施由云计算厂商提供，这些资源是用户独占的。无论是本地私有云还是托管私有云，虽然数据所有权和隐私方面的风险降低了，但是它失去了云计算最大的特点——弹性。虽然用户仍可以在一个共享的资源池里，根据应用负载情况进行弹性伸缩或扩容，但资源池的容量是有限的，取决于企业最开始建设私有云时物理基础设施的投入，无法像公有云那样，做到真正的弹性。而且资源过剩也无法给其他租户使用，不符合云计算按需自服务的理念。对于本地私有云，和传统数据中心一样，企业需要购买硬件、安装软件，并负责管理和运维，这增加了成本，降低了敏捷性。私有云的部署成本比公有云高。

　　是否有折中的方案，既能享受公有云的快速弹性，又能满足数据安全性方面的诉求？答案是混合云，然而这是有代价的。混合云是"公有云 + 私有云"，它是由两个甚至多个不同云部署模式组成的云计算环境。例如企业自建私有云，核心业务以及所有处理敏感数据的业务部署于私有云，同时引入公有云，将非核心业务部署于公有云。为了充分利用公有云的弹性与资源池，如果核心业务存在周期性的业务高峰，那么进一步将核心业务的功能拆分成更细颗粒度，将其中的非核心功能剥离出来上公有云，以减轻私有云的压力。

　　对于大型企业，一方面为了避免被云计算厂商绑定，在商务层面往往会选择同时和多个公有云厂商合作，以降低风险；另一方面，随着 PaaS 的不断成熟，不同的云计算厂商能够提供差异化服务，用户可能会被某个栈组件的优势吸引而选择 A 厂商，而因为另一个工具组件而选择 B 厂商，最后形成了企业私有云 + 多朵公有云的混合云模式。由于不同云计算厂商环境的潜在差异，以及私有云组织与公有云厂商之间在职责上是分离的，因此混合云架构的创建和部署会变得更加复杂，如图 6-7 所示。

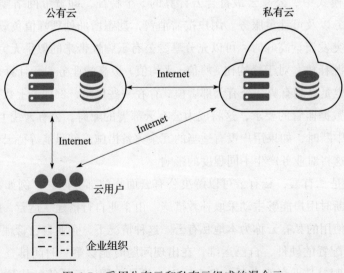

图 6-7　采用公有云和私有云组成的混合云

6.6　上云的挑战：错误预期

企业都期望通过上云带来收益，不同的人群，对于上云有不同的预期，以下是一些常见的想法。

"我认为企业应用上云后，将大幅降低成本。"

"我认为将应用上云后，只要选择大品牌云计算厂商，安全方面以及系统可靠性方面的问题都将迎刃而解。"

"云计算是大势所趋，盘点下目前公司组织人员能力和所有应用系统情况，我们应该在接下来的一年时间里，实现所有的应用切换到云，哪个部门如果没有完成目标，向负责人问责。"

"云计算是企业数字化的必经之路，完成所有企业应用上云，我们企业就实现全面数字化了。"

这些话是不是似曾相识，有人把云计算奉为解决问题的灵丹妙药，上云包治企业百病，而忽视了自身的经营问题、生产问题、研发问题。有人认为云计算是绝对安全可靠的，只要上了云，应用系统安全性与可靠性问题就都解决了。有人认为应该做大做全，一次性完成企业上云，而不是循序渐进，否则何时才能见到规模化效应。有人认为企业上云将大大降低成本，把可见的账算一下，效益很容易出来了，而忽视了企业应用程序有可能需要重写，需要使用云厂商提供的新工具，才能部署到云中。还有些人认为企业上云就完成了数字化转型。

云计算是一种伟大的商业模式，对于许多公有云用户而言，只需要在页面上完成几步申请，几分钟后就能够立刻拥有开发与部署应用所需要的资源，这种感觉和体验，在以前是无法想象的。云计算在技术方面也有着较多的创新，很多基础技术在云计算之前就一直存在，例如虚拟化、容器、面向服务架构和软件定义网络等，云计算围绕它的5个特征，促进某些技术不断进步，有些是飞跃式的，同时也催生了一些新的技术和理念。

云计算的价值是巨大的，这一点毋庸置疑。大众热捧一项技术，就很容易神化它，导致走向极端——认为技术是万能的。云计算如此，人工智能如此，工业物联网亦如此。而一旦发现新技术引入后并没有如预期般的效果，转而开始抨击和质疑，并片面地得出"×××不过如此"的结论。其实稍微理性的人就应该具备常识，技术不是万能的，别人的成功，到你这里并非照搬就能成功。

对于云计算而言，企业现有的系统架构、组织变革的准备程度、企业经营问题，这些对于拥抱云计算的成功同样非常关键。说得再直接一些，如果云计算只是换了种更高效的方式提供基础设施，而管理层却希望通过上云解决企业目前面临的种种经营问题和生产问题，这现实吗？下面针对最开始的几种声音，逐一剖析。

1. 企业数字化转型

企业数字化转型是一个非常大的课题，它涉及企业的方方面面，只有企业对其业务进行系统性梳理、彻底的（或重大的）重构，而且对组织活动、流程、业务和员工能力的方方面面进行详细定义，才有可能成功实现转型，它不单纯是 OT 技术或 IT 技术的升级。比如研发制造型企业，早期有些公司决策层认为只要引入 ERP，再上定制化 MES，就实现全面信息化了。到了云计算这里，它们同样的思路，认为把企业应用全部上云，再用一些 SaaS 软件，企业就全面数字化了。这种想法有点幼稚，或者说是盲从。信息数字化、流程数字化和业务数字化，前提是企业明白数字化的方向在哪里，以及企业所面临的问题、瓶颈短板、增长乏力的原因。

2. 大幅降低成本

云计算可以有效降低成本，无论是中小企业全面上云，还是大企业采用混合云（充分利用公有云的弹性特点），已经有非常多成功的案例。如果应用在最初阶段就按照云计算的架构和理念进行设计，上云将带来很大的收益。如果是现有的应用迁移上云呢？有关云计算的常见误解是认为将应用迁移至云端是降低成本的有效方法，事实往往相反。实际上，只有一部分的应用程序能够以其现有的架构迁移到云端，而很多传统软件的架构，设计之初就是运行在企业内部，如果是多年前开发的软件，技术栈有可能对原来的物理环境有强依赖关系，而且软件并不具备按需扩展或缩减的能力。对应用的迁移，极有可能导致整个软件重构或进行较大再造工程，这无疑带来风险和成本投入。

令开发人员和架构师头痛的另一个挑战是处理系统的状态，云计算的特点是无状态的，即服务端不存储状态，由于在客户端而非服务端存储应用的状态，因此对基础设施没有依赖性，某个服务器实例挂了或者过载了，可以快速切换到其他实例。而遗留应用程序的底层架构如果是有状态的，从有状态切换到云计算的无状态就非常困难甚至不可行了。并非每一个问题都牵扯云计算，如果应用运行正常，也不需要扩容或缩减，并且企业已经支付了一次性投资的费用，很显然，上云反而增加了成本，保持现状也许是更好的选择。

3. 安全性与可靠性无忧

关于安全，有两种观点，一种认为云计算是不安全的，不管出于什么原因，都不应该把数据存放在公有云上，持这种观点的人，通常会搭建私有云，而私有云并非是有效使用公司资源的好选择；另一种则认为公有云是绝对安全的，云计算厂商会为他们考虑所有的安全问题，安全漏洞是云计算厂商要解决的事情，尽管放心地将应用部署到云上就可以了。安全不是可以买卖的商品，而是需要在应用软件中计划和设计好的，多年来应用于数据中心安全方面的最佳实践也应当在云计算中使用。

对于大多数云计算厂商而言，安全是它们的核心竞争力。进一步，如果企业用户有着适当的安全架构设计考虑，公有云会比大多数本地数据中心更安全。关于可靠性，和安全一样，是需要选择策略的。不论哪一种云计算服务模式，都有可能出现服务中断的情况，问题的焦点不在于是否会出现服务中断，而是当服务中断时，企业的应对措施是什么，如何将其对业务的影响降至最低。

对于 IaaS 模式，企业需要考虑系统容灾设计，云计算厂商的服务器资源分散在多个可用区，这些可用区物理上分散在不同的地域，如果企业用户在设计之初就将应用部署在不同的可用区，将大大提高系统的可靠性。假如某云计算厂商提供的服务等级协议（Service Level Agreement，SLA）中，服务可用性为 99.95%，根据概率论统计学，理论上将应用部署在两个不同的可用区时，服务可用性将高达 1−(1−99.95%)×(1−99.95%)=99.999 975%。

对于 PaaS 模式，由于使用了云计算厂商的栈组件，例如数据库，用户应当意识到选择这些服务的同时意味着放弃了某种程度的控制权，而供应商消失也意味着服务的消失，因此用户要确保无论何时，在云计算厂商之外，自己都具备数据访问和操作的能力，包括数据的备份与存储。

4. 大踏步前进，短期全面切换上云

从零开始建设新系统的初创企业，上云的障碍并不大。对于经营已久的大公司，尤其是具有大量基础设施和 IT 人员的公司，如果在云计算方面的经验甚少，决策层一句口号，要求一年内公司所有业务系统全面切换上云，这种大跨步的方式，忽略了技术演进的客观规律，也忽视了它将对企业商业流程和组织带来的影响。

云计算是按需付费的，类似于移动通信领域运营商账单结算模式，传统的数据中心建设需要购买物理资产，软件方面需要一次性支付软件许可费用，云计算将打破企业原来的采购流程。技术方面我们已经有讨论，有些应用并不适合迁移上云，或者说迁移的代价和风险非常之大，一刀切并非好的选择。另外存在非技术层面的因素，例如在新技术出现时，很多人的第一反应是拒绝和排斥，担心多年沉淀的技术积累，将丧失用武之地并被淘汰，这要求组织内部进行充分的沟通和宣导，确保组织已经为新技术的引入做好准备。

6.7 虚拟化技术

虚拟化技术是云计算的基础，没有虚拟化，就无从谈起资源池化和快速弹性。虚拟化技术从数据中心时代开始。云计算基础设施之中，计算、存储、网络，都可以虚拟化。虚拟化是一种资源管理技术，它将计算机的各种实体资源如 CPU、内存、磁盘空间和网络适配器等予以抽象，转换后呈现出可供分割、组合的逻辑资源。对于一台计算机，可以简单地划分为三层，从下到上依次是物理硬件层、操作系统层和应用软件层，如图 6-8 所示。

图 6-8 计算机简单三层结构

虚拟化技术可以在同一台物理服务器上虚拟出多台服务器，或者多台服务器通过虚拟化的方式形成一个资源池——资源集群（Resource Cluster），能像 IT 资源那样进行操作。虚拟化技术的实现是在系统中加入一个虚拟化层，将下层的资源抽象成一种软件可编程的逻辑资源，供上层使用。虚拟化技术可以将单个 CPU 模拟为多个 CPU，允许一台服务器同时运行多个操作系统，并且操作系统之上的应用程序可以在相互独立的空间内运行而相互不影响。它就像一个仿真器，使得上层应用以为它是在和真实的硬件打交道。

虚拟化层又称作虚拟机监控器（Virtual Machine Monitor，VMM），而它更耳熟能详的名字是 Hypervisor。目前市场上存在多种虚拟化技术，如 VMware vSphere、微软 Hyper-V、开源 Xen/KVM，以及 LXC/Docker 容器技术等。如何实现对计算机底层物理资源的虚拟化分割呢？Hypervisor 有两种技术方案，分别是 Type-Ⅰ型和 Type-Ⅱ型。Type-Ⅰ型直接运行于裸机上，使用和管理底层的硬件，并构建出多个隔离的操作系统环境，例如 Xen。对于 Type-Ⅰ型，硬件设备的兼容性由 Hypervisor 来实现，优势是它更高效，不需要宿主操作系统中间环节，裸金属服务器是 Type-Ⅰ型虚拟化的应用，如图 6-9 所示。

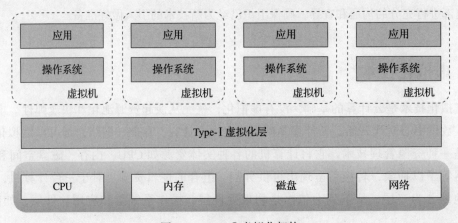

图 6-9 Type-Ⅰ虚拟化架构

Type-Ⅱ型指 Hypervisor 与硬件之间，还有一层宿主操作系统（Host OS），客户操作系统（Guest OS）对硬件的访问需要经过宿主操作系统，来自客户操作系统的硬件调用需要穿越多个层级，因而带来了额外的开销。好处是 Hypervisor 可以充分利用宿主操作系统提供的设备驱动和底层服务来进行内存管理、进程调度和资源管理等，如图 6-10 所示。VMware Workstation 属于 Type-Ⅱ型。

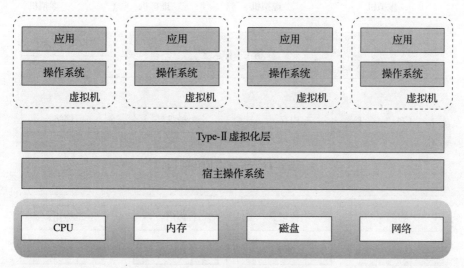

图 6-10　Type-Ⅱ虚拟化架构

非虚拟化环境下，操作系统根据实际硬件进行相应配置，当硬件发生变化时，操作系统需要重新配置，在硬件平台上直接配置操作系统以及安装应用软件会导致许多软硬件之间产生依赖关系，而虚拟化则是一个转换过程，它对物理资源进行抽象，标准化为基于软件的资源，就像软件一样可编程调用，做到硬件无关性，解决了硬件兼容性的问题。如此应用软件才能够比较容易地迁移，虚拟资源的复制操作也将比复制物理资源要简单得多。

Type-Ⅱ型虚拟化方案有一些衍生的架构，如混合虚拟化架构以及容器虚拟化架构。混合虚拟化架构的典型代表是 KVM（Kernel-based Virtual Machine），意为基于内核的虚拟机。在虚拟化底层技术上，KVM 与 VMware 后续版本一样，不同的是 VMware 作为独立的第三方软件可以安装在 Linux、Windows 和 macOS 等宿主操作系统上，而 KVM 作为一项虚拟化技术已经集成到 Linux 内核中，可以认为 Linux 内核本身就是一个 Hypervisor，这也是 KVM 名字的含义，因而 KVM 只在安装了 Linux 的服务器上使用，如图 6-11 所示。

容器虚拟化架构是对 Type-Ⅱ性能方面的改进，如图 6-12 所示，容器共享宿主操作系统的内核，不再有客户操作系统，相对于虚拟机，容器更加轻量级，关于容器将在 6.9 节再做详细介绍。

图 6-11 混合虚拟化架构

图 6-12 容器虚拟化架构

6.8 服务化

云计算的一个重要特征是服务化,各种基础设施、栈组件和应用软件,都通过网络以服务的形式提供给用户。什么是服务,服务的形式是什么?这要从远程过程调用(Remote Procedure Call,RPC)和面向服务架构(Service Oriented Architecture,SOA)说起。

6.8.1 远程过程调用

服务是一种经过抽象的理念，在计算机编程世界里，服务有两个重要特征——自治和管制。自治代表服务不能被外部牵制，比如一个服务内部处理过程中需要调用外部资源或等待外部流程结束，这种等待不能影响服务本身的调用。由于所调用服务可能来自其他系统，因此服务可能归属不同的部门或者不同的公司。服务是受管制的，为了保持服务自治，在涉及系统之间调用协调时，经常采用异步机制。

对于分布式系统如数据中心和云计算平台，离不开基于网络的进程间的远程通信。在网络世界里，实现不同机器进程之间远程通信的基础方式，便是基于 TCP 或 UDP 的套接字（Socket）编程，以实现调用方和被调用方，套接字可看作不同机器间进程双向通信的端点，它是网络环境中进程间通信的 API，Socket 以 IP 地址和端口号标识。从 OSI 参考模型来看，Socket 介于网络传输层和应用层之间，是应用程序和网络协议交互的接口。

Socket 编程相对难度高一些，如果每一次机器之间的通信，程序员都要手动处理很多逻辑，包括服务器监听、客户端请求、连接确认和通话链路保持等，要对网络技术非常熟悉才能胜任开发工作，有没有简单些的办法呢？Andrew D. Birrell 和 Bruce Jay Nelson 在 1984 年发表了一篇论文"Implementing Remote Procedure Call"，定义了机器之间远程调用的标准即 RPC，通过 RPC，客户端可以像调用本地接口一样调用远程服务。

RPC 框架分为三层，如图 6-13 所示。RPCRuntime 负责底层的网络传输，也就是套接字内核，Stub 处理客户端和服务器约定好的语法、语义的封装和解封装，远程调用的细节由这两层完成。最上面的客户端和服务器只负责处理具体的业务逻辑，调用各自本地 Stub 就可以实现远程调用。

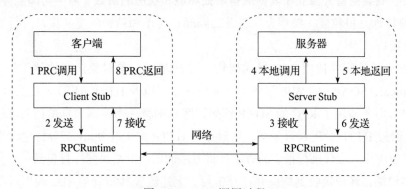

图 6-13　RPC 调用过程

一个 RPC 框架需要包括协议约定、网络传输和服务发现三部分。协议约定定义了远程过程调用的语法，包括如何传参。网络传输指网络发生错误、丢包或者出现性能问题时如何处理，应对机制是什么。服务发现指客户端如何知晓服务器有哪些服务可调用，从哪个端口访问。有了 RPC 框架，调用一台远程机器上的接口代码和利用本地方法调用代码看起来没什么区别，从而降低了分布式系统开发的难度。于是陆续推出了很多 RPC 框架，如 SOAP、gRPC 以及 REST。与 SOAP 和 gRPC 相比，REST 不算是一种 RPC 架构，也不是一种协议，而是一种架构风格，基于 RESTful 风格也能实现客户端与服务器之间的通信，REST API 简单直接，目前已成为互联网应用的标准接口之一。

6.8.2 面向服务架构

面向服务架构是一种思想，一种架构理念。它的提出是将耦合的系统划分为松耦合的粗粒度的无状态服务，服务发布出来供其他服务调用，一系列服务构成了 SOA 架构下的系统。对松耦合系统的诉求来自这样一个事实，业务应用程序须随着业务发展而变得更加灵活，以适应不断变化的市场，例如经常变更的政策、业务优先级、合作伙伴关系及其他与业务相关的因素，这些因素甚至影响到业务性质。业务客户一般注重软件的功能，不同系统之间的数据交换也是以功能性服务接口为主，面向服务架构更加贴近业务，并适应业务合作伙伴之间的流程整合。

SOA 架构理念将应用程序的不同功能单元（称为服务）进行拆分，并通过这些服务之间定义良好的接口和协议联系起来。接口采用中立的方式定义，即独立于实现服务的硬件平台、操作系统和编程语言。这使得在构建各种各样的系统时，服务之间能够以一种通用的方式进行交互，实现数据互通。

SOA 的本质是服务的集合，服务间彼此通信，这种通信可能是简单的数据传输，也可能是多个服务之间相互协调以实现某个复杂功能。回到服务是什么这个问题上，**所谓服务就是精确定义、封装完善并独立于其他服务所处环境和状态的函数**。后半句即服务自治理念。SOA 的关键特性是粗粒度、松耦合、服务之间通过简单和精确的定义接口进行通信、不涉及底层编程接口。

SOA 怎么落地呢？使用 RPC 样式架构构建的基于简单对象访问协议（Simple Object Access Protocal，SOAP）的 Web 服务（Web Service）以及 HTTP REST，是实现 SOA 的常用方法。Web 服务使用了 RPC 的 SOAP 框架，客户端将一个装满数据的信封（包括方法和参数信息）通过 HTTP 发送到服务器，信封作为 HTTP 报文的 Body 部分打包发送，服务器打开信封并使用传入参数执行指定的方法。将方法调用后的结果同样打包到一个信封并作为响应发回客户端，客户端收到响应并打开信封。上述流程其实就是 RPC 调用过程的一个完整示例，强调了接口与服务。

Web 服务包括 3 个关键部分——SOAP、WSDL 和 UDDI。SOAP 的协议约定部分采用 Web 服务描述语言（Web Service Description Language，WSDL），基于可扩展标记语言格式（eXtensible Markup Language，XML），WSDL 可看作 Web 服务接口的一种标准格式文档，

它详细描述了该如何访问服务接口（RPC 框架的协议约定部分，定义了远程过程调用的语法，如何传参，此处 WSDL 即实际例子），客户端与服务器开发人员无须面对面交流，通过查看 WSDL 文档，客户端就知道如何去封装请求并调用服务了。

图 6-14 定义了 task 对象，包含 name、type 和 priority 三个元素。

SOAP 可以在多种应用层协议上传输，大多数情况下基于 HTTP，这导致很多人以为 SOAP 就是 HTTP+XML。SOAP 有个信封的概念，待交换信息就像一封信，包括 Header 和 Body 两部分，SOAP 的请求与回复都放在信封里传递。如图 6-15 所示，客户端通过 HTTP 发送请求并创建新任务，调用服务 addTask，并创建 task 对象的实例。

```
1  <wsdl:types>
2    <xsd:schema targetNamespace="http://www.task.io/management">
3      <xsd:complexType name="task">
4        <xsd:element name="name" type="xsd:string"></xsd:element>
5        <xsd:element name="type" type="xsd:string"></xsd:element>
6        <xsd:element name="priority" type="xsd:int"></xsd:element>
7      </xsd:complexType>
8    </xsd:schema>
9  </wsdl:types>
```

图 6-14　WSDL 对象类型描述

WSDL 描述了如何访问特定的 Web 服务，在互联网上，如何发现这些 Web 服务，客户端如何知道服务器提供了哪些服务？这就要用到 UDDI（Universal Description，Discovery and Integration），UDDI 用于描述、发现和集成 Web 服务，SOAP 的服务发现采用 UDDI 机制，它相当于一个注册中心，服务提供方将 WSDL 文件发布到注册中心，使用方可以到注册中心查找服务。UDDI 是一种

```
1  POST /addTask HTTP/1.1
2  Host: www.task.io
3  Content-Type: application/soap+xml; charset=utf-8
4
5  <?xml version="1.0"?>
6  <soap:Envelope xmlns:soap="http://www.w3.org/2001/12/soap-envelope"
7    soap:encodingStyle="http://www.w3.org/2001/12/soap-encoding">
8    <soap:Header>
9      <m:Trans xmlns:m="http://www.w3schools.com/transaction/"
10         soap:mustUnderstand="1">12
11     </m:Trans>
12   </soap:Header>
13   <soap:Body xmlns:m="http://www.task.io/management">
14     <m:addTask>
15       <task>
16         <name>Write an article</name>
17         <type>Writing</type>
18         <priority>2</priority>
19       </task>
20     </m:addTask>
21   </soap:Body>
22 </soap:Envelope>
```

图 6-15　SOAP 信封通过 HTTP 传输

目录服务，企业可通过 UDDI 注册和搜索 Web 服务。Web 服务体现了 SOA 架构思想，即服务化、协议标准化以及跨平台，如图 6-16 所示。

图 6-16　Web 服务调用

6.8.3 微服务

SOA 架构是一种粗粒度、松耦合的服务架构，它将耦合的系统划分为多个松耦合的服务，SOA 引入服务这个重要概念。而微服务架构将这个理念做了更进一步的延伸，微服务强调系统按业务边界做更细粒度的拆分，每个服务独立部署。业界有很多关于微服务与 SOA 区别的讨论，事实上，微服务和 SOA 一脉相承。2014 年 Martin Fowler 正式提出了微服务的概念，摘录 Martin Fowler 关于微服务的描述如下。

" In short, the microservice architectural style is an approach to developing a single application as a suite of small services, each running in its own process and communicating with lightweight mechanisms, often an HTTP resource API. These services are built around business capabilities and independently deployable by fully automated deployment machinery. There is a bare minimum of centralized management of these services, which may be written in different programming languages and use different data storage technologies."

简言之，微服务架构是一种方法，它提倡将单一应用程序划分成一组小的服务，服务之间互相协调、互相配合。每个服务运行在独立的进程中，服务与服务之间采用轻量级的通信机制互相协作（通常是基于 HTTP 的 RESTful API）。每个服务都围绕着具体业务进行构建，并且能够被独立部署到生产环境中。

相对单体架构以整个系统为单位进行部署，微服务则以每一个独立组件（例如客户关系管理服务、订单服务分别为不同功能组件）为单位进行部署，微服务拥有独立部署和灵活扩展的优势。以一张经典图片为例，图 6-17 左侧表示单体应用架构，它将所有的功能打包在一起，当客户关系管理服务需要扩展 30 台服务器时，需要把订单服务等功能都进行同等规模扩展。对比微服务架构，由于每个组件独立部署，当客户关系管理服务需要 30 台服务器而订单关系只需要 10 台服务器时，用户可以按需扩展，微服务架构很好地做到了灵活性。

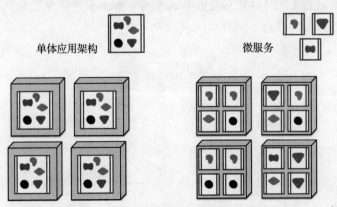

图 6-17　单体架构与微服务架构对比（经 Martin Fowler 和 James Lewis 授权引用）

微服务架构将单个应用组件化、服务化，并且具有以下特点。
- 围绕业务拆分功能。
- 研发人员交付的是组件产品，要对产品全生命周期负责，而非定制化项目的思维方式。
- 每个微服务的功能经过精心设计，强内聚低耦合，对于外部请求，它能够做出判断并使用合适的逻辑处理与响应，服务与服务之间，并不需要非常复杂和智能化的通信管道机制，例如 RESTful API、RabbitMQ 等能够协作完成业务要求。
- 去中心化的管理，每个微服务可用不同的语言开发，而不受限于某个框架。
- 近几年流行的容器技术，为微服务架构提供了有效的载体。容器提供进程级的隔离，通过快速打包微服务应用程序及其依赖环境，以加速应用部署，简化后期运维。

还有一种云原生架构 Serverless，通常译为无服务。Serverless 无须考虑服务器即可运行代码，特点是通过事件触发方式，启动进程执行一个特定函数（一段后端代码），函数在规定时间内执行完成后，运行代码的进程随之销毁。代码的生命周期很短，公有云厂商会限制代码执行的时间，超出时间后执行代码的进程会被强制销毁。Serverless 和微服务并没有直接关系，即使两者有相似之处，例如都需要对业务进行拆分、强调无状态以及具有敏捷特性。微服务以服务为边界拆分业务，而 Serverless 以函数为边界拆分业务。微服务可以有跨调用的内存状态共享（不同请求之间），Serverless 要求调用彻底无状态化。像后端小程序识别一张图片、对一段音频/视频编解码、将客户提交的工单通过邮件方式通知客服人员等，都是 Serverless 的理想应用场景。由于 Serverless 要为每个请求启动一个进程，开销较高，因此不适合特别高并发的场景，Serverless 调用之间不能共享状态让编写复杂程序变得极其困难，Serverless 架构不会成为复杂应用的架构首选。

纵使设计千变万化，重要的是了解每种架构设计背后的原因及其适用场景，没有一招通吃，不应盲从，任何一种架构的设计都代表某种折中（All design is about tradeoff）。

6.8.4　RESTful 风格

在 RPC、SOA 及微服务中都提到了 RESTful。与 SOAP 和 gRPC 不同，REST（REpresentational State Transfer）不算是一种 RPC 架构，也不是一种协议，而是一种架构风格，基于 RESTful 风格同样能实现客户端与服务器之间的通信，REST API 简单直接，目前成为互联网应用的一种标准接口。

基于 SOAP 的 Web 服务采用比较冗余的 XML 数据格式，而 REST 样式的 Web 服务使用 JSON（也可以用 XML），格式更加简洁易懂。对于 SOAP，它使用 HTTP 作为传输协议，协议约定（语法、参数）使用 WSDL 精确描述。对于 REST，它使用 HTTP 作为传输协议，协议约定方面没有严格规定。

XML 和 JSON 都使用结构化方法来标记数据，以一个简单示例做比较，如图 6-18、图 6-19 所示，用 XML 和 JSON 分别表示中国部分省市数据，JSON 相对简洁。简洁并非意味着 JSON 就比 XML 好，只是各自适用的领域不用。

```xml
<?xml version="1.0" encoding="utf-8" ?>
<country>
    <name>中国</name>
    <province>
        <name>广东</name>
        <cities>
            <city>广州</city>
            <city>深圳</city>
            <city>东莞</city>
        </cities>
    </province>
    <province>
        <name>湖南</name>
        <cities>
            <city>长沙</city>
            <city>岳阳</city>
            <city>株洲</city>
        </cities>
    </province>
    <province>
        <name>江西</name>
        <cities>
            <city>南昌</city>
            <city>吉安</city>
        </cities>
    </province>
</country>
```

图 6-18 XML 数据格式

```json
{
    "name": "中国",
    "provinces": [
        {
            "name": "广东",
            "cities": ["广州","深圳","东莞"]
        },
        {
            "name": "湖南",
            "cities": ["长沙","岳阳","株洲"]
        },
        {
            "name": "江西",
            "cities": ["南昌","吉安"]
        }
    ]
}
```

图 6-19 JSON 数据格式

RESTful 首次出现在 2000 年 Roy Fielding 的博士论文中[⊖]，Roy Fielding 是 HTTP 规范的主要编写者之一。REST 是一组架构约束条件和原则，满足这些约束条件和原则的应用程序或设计就是 RESTful，HTTP 是采用 RESTful 风格的典型代表。随着云计算和移动计算的兴起，许多企业愿意在互联网上共享自己的数据和功能，即给外部提供 RESTful API（RESTful 的 Web 服务），而在企业内部，RESTful API 也逐渐成为实现 SOA 的重要手段之一。

REST 最重要的原则是客户端与服务器之间的交互在请求之间是无状态的。应用的状态由客户端维护，服务器不存储任何状态。客户端到服务器的每个请求报文都必须包含理解请求所必需的信息，如果服务器在请求之间的任何时间点重启，客户端不会得到通知。此外，无状态请求可以由任何可用服务器回答，这十分适合云计算。

Roy Fielding 通过声明以下 4 个主要约束，以阐述 REST 风格。

1. 区分资源与表述

在 REST 样式的 Web 服务中，每个资源都有一个地址，即通过统一资源定位符（Uniform Resource Identifier，URI）指向资源，要获取这个资源，访问它的 URI 就可以，URI 成为每一个资源的地址或识别符。URI 的典型代表即 URL（Uniform Resource Locator）。资源的表述可能是 XML、JSON 或 HTML，资源和表述是松耦合的。

2. 通过表述操作资源

资源由方法调用，而方法就是标准的 HTTP GET、POST、PUT 和 DELETE。GET 用来获取资源，POST 新建资源（也可以用于更新资源），PUT 更新资源，DELETE 删除资源。数据的元操作 CRUD（Create、Read、Update、Delete）分别对应上述 HTTP 方法。仅通过

⊖ 论文名为“Architectural Styles and the Design of Network-based Software Architectures”。

HTTP 方法，就可以完成资源的增删改查工作，统一了资源操作接口。通过表述操作资源，意味着客户端到服务器的表述请求，应包含理解请求所必需的信息。请看以下示例。

```
GET /library/physics/books
Host: 192.168.100.10
Content-Type: application/json
Connection: close
```

其中，GET /library/physics/books 用于获取图书馆中物理系的所有图书。

3. 自描述信息

和第 2 点相关，每个请求提供了足够的信息以描述如何处理请求。例如上述图书馆的例子，Content-Type: application/json 告诉服务器把 json 当作预期的格式。再举一个例子，如下。

```
DELETE /library/sociology/books/乡村经济
```

这条指令将图书《乡村经济》从目录中删除。

4. 以超媒体作为应用状态的引擎（Hypermedia As The Engine of Application State，HATEOAS）

这一条约束与无状态有关，客户端通过超媒体（如超链接）与服务器交互。有了 HATEOAS，REST 服务可以在不保留应用状态的情况下正常工作。通过超链接，应用状态可转而由一系列 URI 资源表示，就像跟随 URL 访问一个网站导航页面一样。下面举例帮助大家更好地理解这一点。

假如读者在阅读一本电子书，通过客户端请求阅读第 2 页的内容，在非 HATEOAS 标准的情况下，服务器直接返回第 2 页的链接。此时如果读者请求"下一页"，由于服务器并不知道读者当前在阅读第几页，因此无法响应"下一页"这种具有状态性质的请求，如图 6-20 所示。

在 HATEOAS 标准中，客户端在请求当前页时，服务器不仅返回当前页面的链接，同时也将下一页和上一页的链接全部返回，RESTful API 的资源 URI 就像本地文件系统里的路径一样，路径有了，客户端通过标准 HTTP 方法就能够直接访问下一页。服务器把下一页这个状态以 URI 链接的形式传输给客户端，这就是表征状态传输（REpresentational State Transfer，REST）的概念。即便客户端只知道最开始的 URI，也能根据服务器返回的数据进行导航，如图 6-21 所示。

图 6-20 请求当前页面

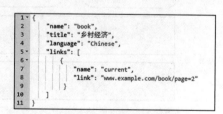

图 6-21 HATEOAS 标准返回数据

6.9 Docker 容器技术

在 6.7 节介绍了各种虚拟化架构,包括 Type-II 的衍生架构——容器虚拟化架构。虚拟机和容器诞生的初衷,都是为了更好地提高基础设施利用率,两者的区别在于:虚拟机是操作系统级别的资源隔离,而容器本质上是进程级的资源隔离。虚拟机是虚拟整个计算机,为了让虚拟机中的程序实现在真实物理机器上运行的效果,背后的 Hypervisor 要做大量的工作。

虚拟机中的应用程序可能只需要一个独立的运行环境,并不需要帮它虚拟出一个完整的计算机,基于此诞生了容器。从虚拟化架构最上层应用的视角来看,虚拟机虚拟的是计算机硬件(中间隔着客户的操作系统),而容器虚拟的是操作系统。一台物理机同时虚拟出数十台虚拟机是比较吃力的,而同时虚拟出数百个容器还是很容易的,虚拟机比容器的资源消耗要高很多。回顾虚拟化架构,没有了客户操作系统,容器虚拟化架构更加轻量化,如图 6-22、图 6-23 所示。

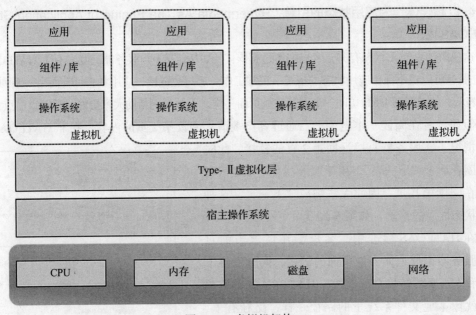

图 6-22 虚拟机架构

容器技术是一种轻量级的虚拟化技术,通过共享宿主操作系统内核创建多个虚拟的操作系统实例,来隔离不同的进程。不同实例相互隔离,彼此无感知。相比于虚拟机,容器没有自己的操作系统,而是通过容器引擎共享宿主机操作系统内核,从而减少运行多个操作系统的开销。

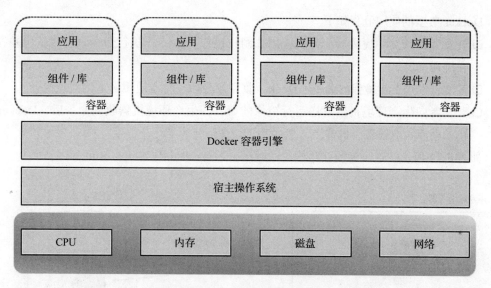

图 6-23　容器虚拟化架构

LXC（LinuX Container）是最早的容器技术，以 Linux 内核的 Cgroups 技术和 namespace 技术为支撑，隔离操作系统文件和网络等资源，在宿主操作系统上隔离出单独空间，将应用程序置于其中运行，这个空间的形态类似于一个容器将应用程序包含其中，故取名容器技术。

如今火热的 Docker 技术的底层原理与 LXC 并无本质区别，早期 Docker 是直接基于 LXC 的高层次封装。Docker 在 LXC 的基础上更进一步，最重要的是将应用程序运行所需的各个组件和依赖打包成镜像，便于移植和部署。尽管容器技术已经出现很久，直到 Docker 出现（Docker 之父 Solomon Hykes 将 Docker 开源之后）才变得广为人知。Docker 是第一个使容器能在不同机器之间移植的系统，它不仅简化了打包应用的流程，也简化了打包应用的库和依赖组件的过程，甚至整个操作系统的文件系统能被打包成一个简单的可移植的镜像，这个镜像可以被用来在任何运行 Docker 的机器上使用。

Docker 容器技术的 3 个核心概念是镜像（Image）、镜像仓库（Repository）和容器（Container）。Docker 镜像提供容器运行时所需的一切，将应用程序及其运行所需的组件和依赖全部打包，成为一个镜像，而镜像仓库用于存储镜像。Docker 是创建容器的工具，是应用容器的引擎，基于 Docker 镜像创建容器。镜像和运行该镜像的容器之间的关系，就像编程中类和类的实例。一个运行中的容器就是一个运行在 Docker 容器引擎上的进程，但它和 Host 主机以及所有运行在主机上的进程之间都是隔离的。这个进程也是资源受限的，只能访问和使用分配给它的资源，如 CPU 和内存等。

Docker 典型的使用流程如下。

- 开发者在开发环境机器上开发应用并制作镜像。Docker 执行命令，构建镜像并存储在机器上。
- 开发者发送上传镜像的命令，Docker 收到命令后，将本地镜像上传到镜像仓库。
- 开发者向生产环境机器发送运行镜像的命令，生产环境机器收到命令后，Docker 从镜像仓库拉取镜像到机器上，然后基于镜像运行容器。

如图 6-24 所示，这个流程就是构建、搬运、运行（Build、Ship、Run）。

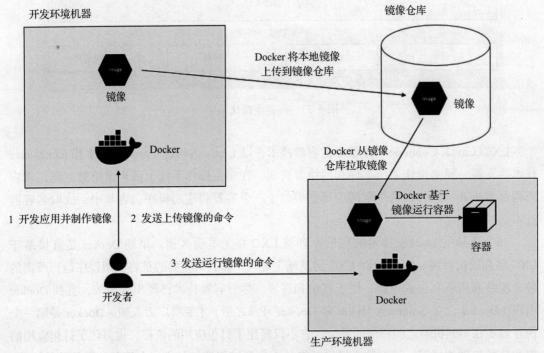

图 6-24　Docker 使用流程

应用程序的开发过程中，有一个常见问题是环境的一致性。由于开发环境、测试环境及生产环境不一致，导致有些问题并未在开发前期和测试阶段被发现。而 Docker 镜像提供了除内核外完整的运行时环境，确保了应用的运行环境一致性，迁移应用更加容易。Docker 可以在很多平台上运行，无论是物理机还是虚拟机，其运行结果是一致的。可以轻易将一个平台上运行的容器应用迁移到另一个平台上，而不用担心运行环境变化导致应用无法正常运行。容器真正实现了构建一次，到处运行（Build once, Run anywhere）。

初次接触容器时，大家会习惯把容器和虚拟机进行类比，称之为轻量级虚拟机。这种比较是有益的，人们能够快速理解容器。事实上，随着理解的深入，人们会发现容器和虚拟机严格来讲并不是一个层次的东西，容器就是"应用+环境"的打包集合。无论是物理机还是虚拟机，都是基础设施的一种交付方式，虽然容器虚拟化架构中容器运行在物理机上，这种情况下容器和虚拟机是在同一个层次进行比对，但是容器并不受此架构限制。容器主要解决以软件为中心的问题，如开发、测试、部署、发布以及运行，它同样可以运行在虚拟机上，随着越来越多的企业上云，将 IDC 逐步迁移到云上，在虚拟机中运行容器已经成为一种实践惯例。

容器的启动时间在秒级甚至毫秒级，它通过容器引擎共享宿主机操作系统内核，从而减少系统开销，更高效地利用系统资源，而虚拟机启动通常需要数分钟。容器提供进程级别的隔离，联想到 6.8.3 节介绍的微服务，微服务架构提倡将单一应用程序划分成一组小的服务，服务之间相互协调与配合，每个服务运行在其独立的进程中，服务与服务之间采用轻量级的通信机制互相协作。容器是微服务的理想载体，"容器+微服务"是目前云计算最重要的技术。

容器技术的缺点是安全性不如虚拟机高，毕竟当前软件层面的隔离比起硬件层面要弱很多。进程隔离环境与 Host 主机共用同一个操作系统内核，一旦利用内核漏洞发起攻击，突破容器限制实现逃逸后，将危及 Host 主机。

6.10 Kubernetes 资源管理

Docker 提供容器化技术，可以快速打包、部署应用并在 Docker 引擎中运行。容器是微服务的理想载体，将系统拆分为多个微服务时，需要大量容器承载各个微服务，容器数量上升，管理成本指数增加，这就涉及容器资源管理调度与应用编排问题，且需要考虑容灾和自愈机制。记住两个关键词——容器资源调度、应用编排。Docker 一开始并不具备复杂容器编排能力，它的核心是容器的创建与运行，之后 Docker 公司希望向容器生态上层发展，于是推出了 Swarm 容器资源调度管理组件，以及 Compose 应用编排组件。事实上，业界目前主流的容器资源管理与应用编排工具是 Kubernetes，简称 K8s（只保留首位字符，用具体数字来替代省略的字符个数）。

Kubernetes 是 Google 公司在 2014 年宣布开源的容器资源管理和应用编排引擎，由 Google 公司内部容器集群管理系统 Borg 演变而来。Google 公司内部大量使用了容器以承载不同类型的应用负载，如搜索、邮箱和大数据等。Kubernetes 的官方描述如下[⊖]。

"Kubernetes is an open source system for managing containerized applications across

---

⊖ 原文地址为 https://kubernetes.io/。

multiple hosts. It provides basic mechanisms for deployment, maintenance, and scaling of applications."

简单地说，Kubernetes 是负责自动化运维管理多个容器应用的集群。使用 Docker 对应用程序打包、实例化并运行；Kubernetes 则以集群的方式管理跨机器的容器、资源调度，并解决跨机器容器之间的通信问题，Kubernetes 的容灾和自愈机制使得容器总是运行在用户期望的状态。

Kubernetes 架构如图 6-25 所示，Kubernetes 系统通常称为一个服务器集群（Cluster）——Kubernetes Cluster，集群是物理机或虚拟机的集合、应用运行的载体。Kubernetes 集群包含两部分，Master Server 与 Node。Master Server 作为主节点，负责调度、管理与控制；Node 则是工作负载节点，承载创建容器集的特定物理机或虚拟机，并负责执行用户程序。如果服务器非采用虚拟机，Master Server 和 Node 其实就是分别安装了 Kubernetes 组件的物理机，各自对应独立的物理机，虽然 Master Server 可以和其中一个 Node 安装在同一台物理机，但是通常建议 Master Server 单独部署。

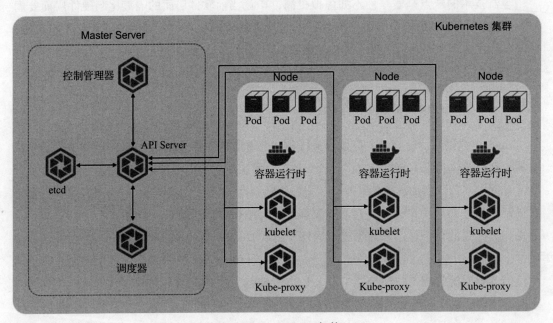

图 6-25　Kubernetes 架构

Master Server 主要包含以下组件。

❏ API Server：Kubernetes 的请求入口服务，系统的对外接口，API Server 负责接收 Kubernetes 的所有请求，例如来自 UI 界面或者 CLI 命令行工具。API Server 根据用户的具体请求通知其他组件，相当于"营业厅"。

- **调度器**：负责对集群内部的资源进行调度，是 Kubernetes 所有 Node 的调度器，Scheduler 会根据调度算法选择合适的 Node 来部署服务，它相当于"调度室"。
- **控制管理器**：集群内部的管理控制中心，实现 Kubernetes 集群故障检测和恢复的自动化。它是 Node 的监控器，负责监控和调整部署在 Node 上的服务，比如用户要求 A 服务部署 3 个副本，那么当其中一个副本挂了的时候，控制器会马上监控到并做出调整，请求调度器再选择一个 Node 重新部署服务。
- **etcd**：用于存储集群中所有资源对象的关键配置和用户配置信息。

Node 主要包含以下组件。

- **kubelet**：与 Master Server 的通信器，kubelet 定期向 Master Server 汇报其 Node 上所运行服务的状态，并接收来自 Master Server 的调度与管理指令，例如为 A 服务新增或删除容器。
- **kube-Proxy**：负责 Node 在 Kubernetes 的网络通信以及对外部网络流量的负载均衡。
- **容器运行时**：容器的运行环境，确保容器化程序能够跑起来，例如 Docker Engine，Kubernetes 也支持其他类型的容器。
- **Pod**：容器集，Kubernetes 中的最小资源分配单元，一个 Pod 中可以包含多个容器，服务部署在 Pod 的容器中。

前面提到的容器资源调度和应用编排，Kubernetes 具体是如何做到的呢？容器资源调度的过程：假如所有服务的部署请求放置在列队中，按照队列先进先出原则，调度器从队列最前端读取了 A 服务的部署请求，即 A 服务请求一个 Pod。调度器接下来执行调度算法，通过过滤函数得到满足 Pod 部署条件的 Node 列表，过滤函数是一些硬约束，例如 CPU 和内存是否足够。过滤函数在这一步得到 Node 列表，接下来通过打分函数为各个 Node 打分，将 Pod 部署于得分最高的 Node，如果多个 Node 得分相同，则从中随机选择一个。那么谁来触发调度器进行调度呢？可来自控制管理器，当它监控发现某个 Pod 失效时，就要通知调度器选择 Node 创建新的 Pod，以保持服务正常。

在传统的单体式架构中，应用开发、测试、交付以及部署都是针对单个组件的，很少提到编排这个概念。而在云计算时代，微服务与容器非常盛行，一方面它们显示出敏捷性与可移植性方面的巨大优势，同时也为应用交付和运维带来了新的挑战，当单体式的架构拆分成越来越多细小的服务，并运行在各自的容器中时，该如何解决它们之间的依赖管理、服务发现、资源管理及高可用等问题？应用编排涉及由多个容器组成应用、容器规格、容器之间依赖关系以及相关存储配置。

对 Kubernetes 架构有了一定了解之后，就能够比较清晰地理解容器与 Kubernetes 之间的关系，有一种说法：容器提供应用级的主机抽象，Kubernetes 提供应用级的集群抽象。个人觉得这种说法还是比较形象的。

6.11　C/S 与 B/S 架构

在分布式系统中，C/S 与 B/S 是两种常见的 IT 架构。C/S 架构，在技术上非常成熟。例如企业 ERP 系统、工厂车间 MES 系统、大型商超的进销存管理软件、个人电脑上安装的聊天软件或电商网购软件等，每台机器都需要安装相应的客户端程序。它的特点是交互性强、响应速度快、利于处理大量数据。C/S 架构中，因为客户端不仅负责用户前端的交互，还承担了非常多的业务逻辑，包括事务处理，所以能够快速响应。

B/S（Browser/Server，浏览器服务器）架构是随着 Internet 技术的兴起，对 C/S 架构的一种变化或者改进。此架构下客户端即浏览器，用户工作界面通过浏览器呈现，而主要事务逻辑在服务器上实现，它将系统功能实现的核心集中到服务器上。这种模式最大的好处是统一了客户端，无须专门的客户端，浏览器承担了客户端的角色，而浏览器是操作系统自带的，便利是它的一个巨大优势。由于浏览器基于网页语言，和操作系统无关，浏览器与服务器之间基于 HTTP 通信，因此是跨平台的，跨平台也是它的一个优势。对于 C/S 架构，Windows 下开发的客户端是无法在 Linux 上运行的，B/S 架构很好地利用了浏览器和 HTTP 的跨平台特性。

C/S 与 B/S 架构没有本质区别，只是客户端形式变了，B/S 可看作特殊形式的 C/S。对于 C/S 架构，每台客户机器都要安装客户端程序，不能实现快速部署和配置，需要具备一定 IT 基础的人才能完成。如果系统功能发生了变化，通常服务器与客户端都要修改，软件安装调试和升级需要在所有客户机上进行，维护成本高。而 B/S 架构只需要将服务器上的软件版本升级，然后用户重新登录就可以了。

B/S 架构并非全是优点，也有缺点，如客户端软件的个性化程度明显降低，相对单调，都是 Web 页面。随着网页开发语言以及浏览器的进步，例如 HTML5 在图形的渲染方面以及音频和文件的处理上已经做得比较好，这方面将逐步得到改善。另外，数据安全性、服务器配置要求以及大数据量传输性能等方面，是 B/S 架构设计时需要考虑的问题。对于很多企业级应用软件，C/S 通常面向相对固定的用户群，它可以对权限进行多层次校验，对信息安全的控制能力较强，而 B/S 建立在广域网之上，对安全的控制能力相对较弱，且经常面向未知用户群。

云计算与 C/S 架构、B/S 架构之间有什么联系呢？云计算是集中化了的服务器概念，针对服务器而言。其具体支撑的应用，形式上可以是 C/S，也可以是 B/S。至于客户端用什么方式，浏览器还是客户端软件，是另一个范畴，与服务器是否基于云计算平台没有直接关系。

B/S 架构中，浏览器与服务器之间基于 HTTP 通信，HTTP 是 REST 架构风格的典型应用，REST 最重要的原则是客户端与服务器之间的交互在请求之间是无状态的。应用的状态由客户端维护，服务器不存储任何状态，无状态请求可以由任何可用服务器回应，这十分适合云计算。当服务器不存储任何状态时，云计算能充分发挥它弹性与资源池化的优势，任何服务器挂了，随时可以调度新的服务器切换。随着云计算的发展，B/S 架构将得到更多的应用。SaaS 软件就是典型的 B/S 架构应用，SaaS 按需为企业在线提供服务，如各种 SaaS 化的 CRM、ERP、SRM 服务。

6.12 本章小结

本章首先阐述了云计算与工业物联网平台之间的关系，然后介绍云计算的一些基本概念，包括云计算产生的背景与背后推动力、云计算的 5 个特征、云计算所涉及的庞大知识图谱。云计算存在 3 种服务模式，对于应用上云，企业需要选择最适合自身的服务模式。云计算部署模式分公有云、私有云及混合云，决策层同样需要结合技术、成本与独立性策略多方面因素综合考量使用哪种部署模式。

并非所有的应用都适合迁移上云，上云也并非立刻带来直接收益，企业对此要有正确的预期，错误的预期以及评估不足带来的负面影响有时是灾难性的。云计算的弹性与资源池化，背后离不开核心虚拟化技术。云计算的一个重要特征是服务化，本章对服务的概念本质进行讨论，将云计算服务化的理念逐步展现出来。容器技术有很多种，其中 Docker 最受关注，Docker 提供了进程级的资源隔离，容器是"应用＋环境"的打包集合，解决以软件为中心的开发、测试、部署、发布以及运行等系列问题。Kubernetes 解决容器资源管理调度与应用编排问题，它是负责自动化运维管理多个容器应用的集群，"Kubernetes+Docker"组合加速了应用的上线和敏捷迭代。

Chapter 7 第 7 章

工业物联网平台

平台的建设是一个长期迭代,将企业可复用的数字化能力沉淀下来的过程。平台对相似业务逻辑的场景及对象进行抽象,形成一套可迁移、可扩展、灵活的系统架构,为应用软件快速开发及上线提供有力的支撑。在整个工业物联网体系架构中,平台起着承上启下的作用。当前各行各业都在迈向数字化,行业的数字化转型升级催生了大量物联网项目需求,而市场上绝大多数物联网企业,无论产品发力点在端到云的哪一个环节,都在搭建与自家产品和方案相匹配的平台。平台被视为物联网企业审慎布局的战略制高点。

然而战略归战略,平台本身通常不直接解决业务问题,从而创造业务价值。价值变现依赖于具体的应用,这导致客户或决策层有时很难理解平台的价值,因此平台的建设是一个长期的过程,而且平台应该坚持以目标价值为导向,尊重产业规律和行业特征,避免求大求全,大而不精,堆砌各种鸡肋功能。为了满足企业自身业务需要而自建平台时,这种情况需尤为注意。

本章将介绍工业物联网平台所包含的功能以及各个功能版块的分工及其实现,涵盖设备接入、设备管理、物联网协议、边云协同、大数据系统、工业数据建模及低代码化,并探讨平台的核心与本质。

本章目标

❑ 深刻理解工业物联网平台的作用与价值。
❑ 掌握如何规划、设计与建设工业物联网平台。

❑ 理解工业物联网平台所具备的功能及其相互关系。
❑ 掌握物联网设备接入的原理及实现。
❑ 能够定义物联网设备管理的范围。
❑ 熟悉常用物联网协议及其特点。
❑ 形成边缘计算与边云协同的思考和见解。
❑ 了解数据存储、分析和可视化流程。
❑ 理解行业 Know-How 对工业数据建模的重要性。
❑ 了解平台如何通过低代码化赋能开发者。
❑ 理解为何平台核心在于数据的自动流动。

关键术语

工业物联网平台、工业 PaaS、设备接入、设备管理、规则引擎、物模型、物影子、远程升级、物联网协议、边缘计算、边云协同、大数据系统、数据存储、数据分析、实时计算和离线计算、数据可视化、工业数据建模、信息模型、机理模型、数据模型、低代码化开发、数据的自动流动、信息孤岛、因果关系、相关关系。

7.1 工业物联网平台应包含什么

根据第三方机构 IoT Analytics 的统计，截止到 2019 年年底，物联网平台数量达 620 家[注]，而且呈逐年递增的趋势。面对这么多平台，我们不禁要问：工业物联网平台应该具备什么能力，包含什么功能，才能支撑业务需要？大方向上，可将工业物联网平台划分为通用 PaaS 和工业 PaaS 两部分。通用 PaaS 属于云计算的范畴，通过平台即服务的模式提供标准 IT 服务，如各种 IT 组件和工具；工业 PaaS 则针对工业物联网领域，面向垂直行业，提供从数据接入、存储、分析、可视化到数据建模、应用开发等的能力，如图 7-1 所示。

7.1.1 通用 PaaS 服务

第 6 章介绍过 PaaS，相比于纯资源型的 IaaS 服务，PaaS 多提供了各种组件，例如数据存储与消息中间件、监控服务、运营服务、应用管理服务等。用户无须对云基础设施进行管理及控制，亦无须自己安装代码编写环境、数据库、中间件，PaaS 提供这些组件并以服务的形式供用户调用。在数据存储与消息中间件方面，平台可提供 PostgreSQL、MongoDB 和

⊖ 原文地址为 https://iot-analytics.com/iot-platform-companies-landscape-2020/。

Redis 等数据库以及 Kafka、RabbitMQ 等中间件；在监控服务方面，提供服务器健康监控、日志和告警通知等功能；在运营服务方面，提供订阅/授权、单点登录、量测计费和配额管理功能；在应用管理服务方面，平台可提供负载均衡、弹性升缩、专属域名和持续集成与交付等功能。通用 PaaS 能提供的功能远不止于此，看看各大公有云厂商提供的琳琅满目的服务，将有更深体会。本书对此部分不做进一步展开，本章将聚焦于工业 PaaS 部分（通用 PaaS 为工业 PaaS 提供 IT 基础支撑）。

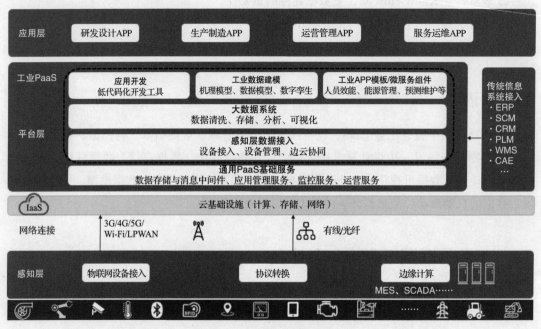

图 7-1　工业物联网体系架构

7.1.2　工业 PaaS 服务

工业 PaaS 服务包含感知层数据接入、大数据系统、工业数据建模、工业 APP 模板/微服务组件及应用开发五部分。**感知层数据接入**是数据的来源，包括设备接入、设备管理和边云协同功能版块。本章将介绍平台如何通过各种物联网协议获取感知层数据、物联网设备在平台的注册与管理、边云协同的具体实施路径。**大数据系统**对感知层接入数据进行清洗、存储、分析与可视化。数据分析基于规则和算法，而**工业数据建模**可以为之提供相关的机理模型和数据模型。平台对相似业务逻辑的场景及对象进行抽象，形成**工业 APP 模板**，例如设备综合效能（OEE）、能源管理、人员效能、预测性维护、资产闲置洞察等。当用户提出相似需求时，通过模板支持工业 APP 快速开发和上线。工业 APP 模板的形成依赖于从数据接入、数据分析到可视化的整个链路，形成数据的无障碍流动。在**应用开发**部分，要考虑平台如何通过提供各种模板、框架和工具，方便开发者以低代码化的开发方式加速应用开发和上线。

7.1.3 工业物联网平台应用分布

工业物联网广泛应用于研发设计、生产制造、运营管理和服务运维环节。根据中国信息通信研究院对国内外 725 个案例的统计○，当前工业物联网平台应用主要集中于生产过程管控、设备资产管理、资源配置协同及企业运营管理四部分，占比分别为 33.4%、30.5%、12.4% 和 9.7%，如图 7-2 所示。由于设备、产线、工厂等方面的自动化和信息化基础较好，提升设备运维和生产效率的价值较为明显，诉求较为直接，因此这部分目前占比很大，这也反映了当前工业物联网的应用现状。

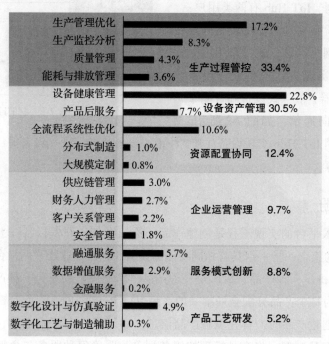

图 7-2 工业物联网平台应用分布（经工业互联网产业联盟授权引用）

长期来看，随着数字化基础的不断提高，采集的数据越来越丰富，各类应用实现集成互通、数据联动，应用将会逐步深入，工业系统全要素、全流程、系统性协同优化将成为现实，这正是工业物联网规模化、数字化的巨大威力。

工业物联网不是"万金油"，它的任何应用最终都应该落到降本、增效、提质、战略以及管理风险控制维度，并融入企业的日常生产与经营活动。如果企业忽视自身的管理问题，

○ 原文地址为 http://www.aii-alliance.org/index/c145/n63.html。

期望单纯地依靠技术和平台解决所有问题，一是本末倒置，没有发现表象背后的核心问题；二是夸大效果，认为所有的问题都可以纳入工业物联网范畴来解决。这都是不正确的，往往会导致虽然钱和人力投进去了，但是没有收到效果，状况依旧。

7.2 设备接入

设备接入功能，即 IoT Hub，负责将感知层数据接入平台，它是设备数据的统一入口，各种传感器的数据、边缘节点的数据通过标准物联网协议上传到平台层。同理，上层应用系统的命令通过 IoT Hub 下发到设备，实现反向控制。IoT Hub 有两类用户：设备开发人员和设备管理人员。设备开发人员基于不同的网络连接方式，采用不同的物联网协议，实现直连设备或子设备（如传感器、执行器、嵌入式设备和智能家电等）和云端双向通信，如图 7-3 所示。

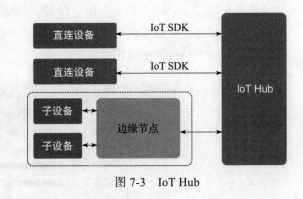

图 7-3　IoT Hub

设备管理人员利用 IoT Hub 实现设备注册/注销、设备状态管理、设备升级、设备控制、设备拓扑关系维护等。

7.2.1 设备注册

通常设备接入平台的实现流程是创建产品—添加设备—开发设备—上线设备—调试设备。产品是设备的集合，指一组具有相同功能的设备（有些工业物联网平台将产品称为设备模板）。比如空压机是一种产品，机床是一种产品，新能源电动车是一种产品。在平台上先创建产品，平台为每个产品分配全局唯一的产品 ID（ProductKey），每个产品下可以添加成千上万的设备。创建产品时，首先填写产品信息，如厂商 ID、厂商名称、设备类型、协议类型；然后定义产品模型，将产品模型按服务划分，明确每种服务包含哪些属性，支持什么命令（方法），上报哪些事件。比如新能源电动车包含电池服务、控制器服务及通用服务。电池服务包含电池电量、充放电剩余时间、充放电电流等属性。控制器服务包含电机霍尔转速、控制器温度、电机锁状态等属性，以及远程开/关锁命令。产品模型将在 7.3.1 节详细介绍。图 7-4 展示了产品定义及其结构。

虽然并非所有平台都严格按上述方式定义产品，但基本上大同小异。有些把事件合并到属性里，事件可能是某项任务完成后的触发信息或者设备发生故障时的报警信息等。事件和属性都是数据，如何组织它们其实是每个平台的策略问题。

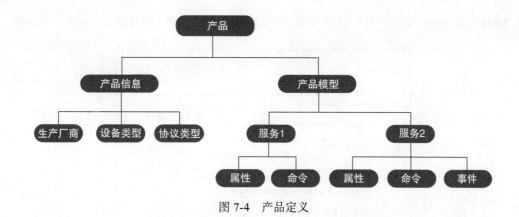

图 7-4　产品定义

创建产品后，就可以在产品下添加设备了。如果以面向对象编程来类比，产品相当于类，而设备相当于类的实例。有 3 种方式添加设备：单个注册、批量注册、设备自动注册。单个注册即每次注册一个设备，逐一添加；批量注册支持批量导入，完成多个设备的一次性注册。这两种方式由设备管理人员手动注册完成，也是最常用的注册方式。在人工注册模式下，设备的接入、认证与鉴权在已知情况下发生，一机一密，在安全性方面相对好把控。

注册设备时，平台为设备赋予唯一身份，即设备名称（DeviceName，有时也称为 IMEI 号），自定义的或平台自动生成的设备名称具备产品维度内的唯一性。平台同时为设备颁发设备密钥（DeviceSecret）。设备名称和设备密钥成对出现，在设备认证及通信中都会用到，需要妥善保管。ProductKey、DeviceName 及 DeviceSecret 构成三元组，将这些信息烧录到设备中，作为云端对接入设备做鉴权认证的基础。除了使用设备密钥认证，平台也可以采用证书认证。目前证书的格式和验证方法普遍遵循 X.509 国际标准。

如果设备自动注册，则云端需要支持并开启动态注册功能。设备端批量烧录相同的产品信息（如 ProductKey），设备在向平台发起连接和注册请求时，由平台验证产品信息的有效性。验证通过后，平台分配并下发设备名称和设备密钥，设备自动注册完成。自动注册减少了设备接入的工作量，对于开箱即用且设备不确定何时投放的场景比较有用，但自动注册相当于平台对外放开了设备注册功能，会带来安全性方面的问题，因此平台要考虑风险控制。

设备可以直连 IoT Hub，也可以作为子设备通过边缘节点接入。例如有些子设备未实现 TCP/IP 协议栈，无法直接同 IoT Hub 通信，需要通过网关进行数据转发，如 Modbus 从设备；有些子设备，如 Wi-Fi 节点设备、OPC UA 设备等，虽然实现了 TCP/IP 协议栈，但它们可能集中通过网关与 IoT Hub 远端通信，并对网关的安全性进行增强，设备与网关之间则通过局域网通信，这样既降低了 IoT Hub 所维持的通信链路数量，也提高了安全性。针对上述例子，一些平台在设备注册时提供节点类型选项：直连设备、边缘节点子设备。边缘节点具有子设备管理功能，代理子设备连接云端。关于边缘节点与子设备，将在 7.5 节做详细介绍。图 7-5 ～

图 7-7 所示分别是"新建产品""产品管理/产品详情""设备管理/所有设备"页面，供参考。

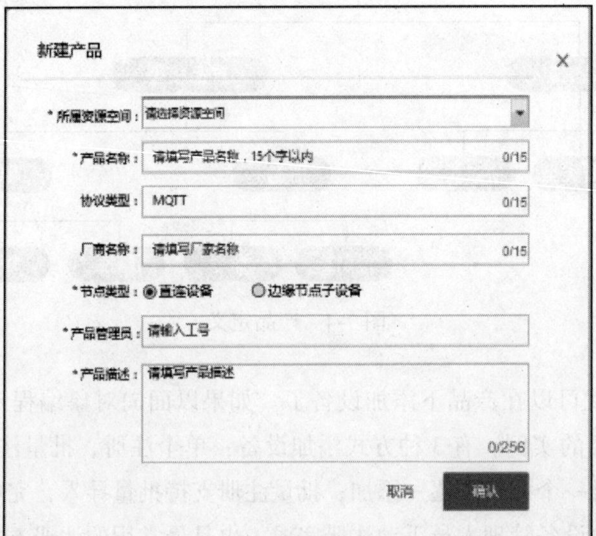

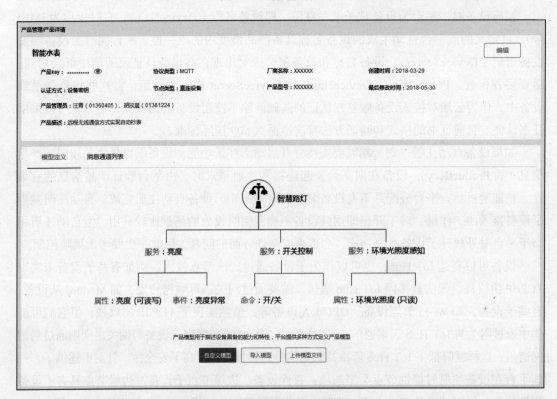

图 7-5 "新建产品"页

图 7-6 "产品管理/产品详情"页

图 7-7 "设备管理 / 所有设备"页

设备添加完成，接下来开发设备、上线设备并调试设备，这是一个连续的过程。为了方便开发者快速对接 IoT Hub，平台通常会提供各种版本的设备端 SDK，例如 Java、C、Tiny C 和 Android。SDK 对设备和平台之间的通信协议进行封装，这种封装主要体现在两方面：一是底层协议的封装，例如对开源 MQTT 协议进行二次封装，使开发者可以调用更上层的抽象接口，快速实现数据上报；二是在平台与设备之间，针对属性的读写、命令的下发及 OTA 升级等标准操作，SDK 提供了框架，开发人员往里面填充内容就可以了。开发人员也可以自行编码，这样虽然灵活，但需要妥善处理每一个接口，实现起来比较费时。

关于第二方面，假如平台使用了某种私有协议进行组包，那么 SDK 相应地要提供组包和解包函数，否则让用户从零实现，比较浪费时间且容易出错。设备开发完成后即可与 IoT

Hub 连接，IoT Hub 可以判断设备是在线还是离线状态，并打印日志。对设备在线/离线的判断有多种方式，简单的是基于心跳包，即间隔多久没有数据上报平台即认为设备离线，高级的功能可以监听设备与平台之间连接的会话。相对而言，后者的时效性和准确性会更好。设备上线后进行调试，平台应该提供调试界面，接收选定的设备上报的属性数据，或者向设备下发命令，验证设备功能是否正常，如图 7-8 所示。

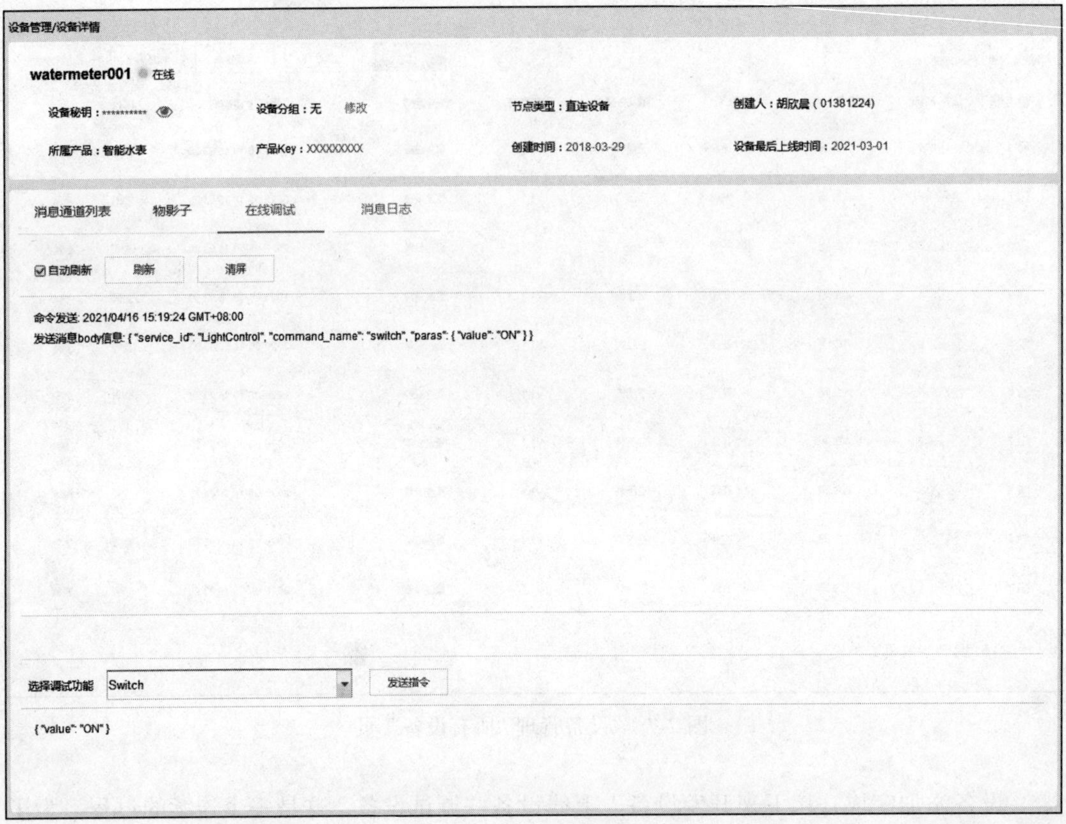

图 7-8　在线调试

7.2.2　规则引擎

设备与 IoT Hub 之间常采用异步消息模式。异步消息模式解耦消息的生产和消费，生产者与消费者不直接通信。发布/订阅模式是典型的异步消息模式，其中发布者（Publisher）生产消息，订阅者（Subscriber）消费消息，发布者的消息可以被多个订阅者订阅，而订阅者也可以订阅来自不同发布者的消息，不同的消息通过主题区分。在发布者与订阅者之间，消息代理（Broker）负责消息的转发和路由，而路由是基于规则引擎的。物联网场景非常适合发布/订阅模式，这和物联网场景的特点有关：很多时候在实时采集各种数据，然后加上一些必要的下行命令。大量设备的数据通过异步方式到达消息代理，再由消息代理路由转发到不同的目的地，如图 7-9 所示。

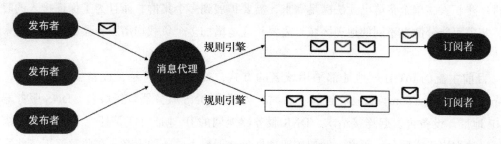

图 7-9　异步通信：发布 / 订阅模式

规则引擎通过 SQL 语句实现对消息（topic 中的数据）进行查询、筛选，并将处理后的数据发送到目的地。目的地可能是 MySQL 数据库、另一个 topic、中间件 Kafka、对象存储等。如图 7-10 所示，设备上报的 topic 数据通过规则引擎转发到 Kafka 主题 INC_BDP_CORE_RFID 上。

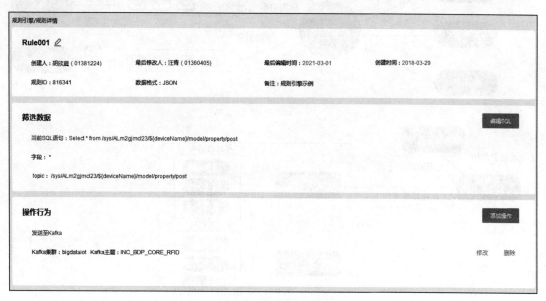

图 7-10　规则引擎

7.2.3　接入并发能力

接入并发能力是 IoT Hub 的核心能力，例如亿级设备长连接、百万级消息并发能力，并且支持架构水平扩展。设想一个简单的情况，设备数量很少时，单台服务器就能满足并发接入要求，且服务器故障后产生的影响很小。设备请求连接时填入该服务器的 IP 地址和端口号，服务器处理连接、认证、接收数据并转发。随着设备的增多，需要增加服务器，构建应用集群，服务器之间通过负载均衡分流，设备改为连接负载均衡服务器的 IP 地址。随着规模进一步扩大，单个集群已无法满足需求，需要扩展到多个集群，而且为了保证接入的时效性，集群可能分散在不同的地理区域，需要相应地增加多个负载均衡服务器，这就涉及多级分流。

目前主流的 IoT Hub 地址都采用域名的方式，如图 7-11 所示，设备端填入域名，如 iot-mqtt.sf-express.com。设备在连接平台时，先请求 DNS 服务器解析域名，DNS 服务器返回 IP 地址，设备再发起连接请求。DNS 服务器返回的 IP 地址可能是任意一台负载均衡服务器，这取决于实际分流策略。例如按地理划分就近接入是一种策略，在此策略下，北京的设备与深圳的设备访问不同的 IP，接入不同的服务器。验证平台的接入并发能力，须通过专门的压测软件模拟测试。另外，平台上线后需要结合实际性能表现与监控日志来评估平台的稳定性。

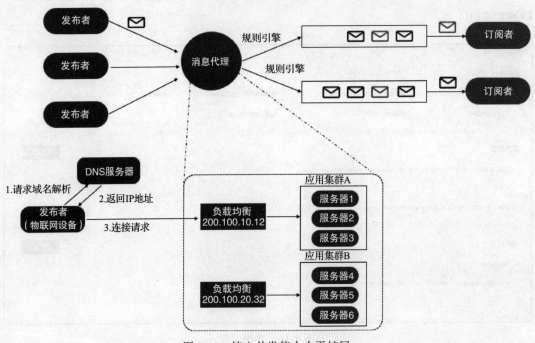

图 7-11 接入并发能力水平扩展

7.3 设备管理

设备管理既包括设备的注册和删除、上线和下线、禁用和启用，这部分在 7.2 节已经介绍过，还涉及物模型的创建与管理、OTA 空中升级、物影子等。所有设备的信息记录和管理，在平台侧本质上都是对数据库的读写，通过增删改查操作，实现数据的有效组织。信息存储于数据库中，例如 MySQL、MongoDB 等。

7.3.1 物模型

产品是设备的集合，指一组具有相同功能的设备。在创建产品时，需要填写产品信息并定义产品模型。产品模型即物模型，物模型用于描述设备具备的能力和特性，是设备的抽象。基于物模型平台能够理解该设备支持的服务，每种服务包含哪些属性、命令和事件，从而实现数据交互。物模型是物理空间中的实体（如传感器、车载装置、楼宇、工厂等）在云端的数字化表示，它解决了工业场景中复杂的设备建模，便于在同一产品下开发不同功能的设备。

以智慧路灯为例，它具有多种能力，如上报"环境光照度"，接收平台下发"开关路灯"命令，上报"亮度异常"告警事件，如图 7-12 所示。

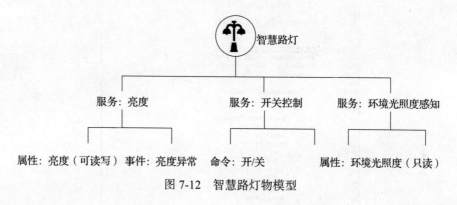

图 7-12　智慧路灯物模型

对于每一个服务，在添加属性时，应设置属性的各项参数，如属性名称、数据类型、访问权限、取值范围、步长、单位等。添加命令时，应设置命令的各项参数，如命令名称、下发参数、响应参数（下发参数与响应参数需设置参数名称和数据类型）。物模型创建完成后，可将其保存为 JSON 文件。图 7-13 所示为智慧路灯物模型的 JSON 表述，非常直观。

图 7-14 所示是在"产品管理 / 产品详情"页面创建物模型。

7.3.2 远程升级

在使用设备的过程中，如果需要远程变更其功能，则涉及远程升级，俗称 OTA（Over The Air）。OTA 技术最早用于移动通信领域对 SIM 卡数据进行更新和远程管理。远程升级是平台非常重要的功能。设想一下，如果有成千上万的物联网移动终端分散在各个地方，用户需要对它们进行升级，但缺乏远程升级手段，那么只能通过线下手动的方式，利用串口或网口一台台地升级、刷固件，工作量巨大，这是不可想象的，有时甚至无法完成。远程升级的流程如图 7-15 所示。

```json
{
  "services": [
    {
      "serviceId": "Luminance",
      "serviceType": "Luminance",
      "properties": [
        {
          "propertyName": "luminance",
          "required": true,
          "dataType": "int",
          "min": "0",
          "max": "65535",
          "step": 1,
          "unit": "",
          "privilege": "RW",
          "description": null,
          "defaultValue": 0
        }
      ],
      "commands": null,
      "events": [
        {
          "eventName": "luminanceAlarm",
          "required": true,
          "id": "123",
          "code": "200",
          "data": {},
          "description": null
        }
      ],
      "description": "设置路灯亮度"
    },
    {
      "serviceId": "LightControl",
      "serviceType": "LightControl",
      "properties": null,
      "commands": [
        {
          "commandName": "switch",
          "paras": [
            {
              "paraName": "value",
              "required": true,
              "dataType": "string",
              "enumList": [
                "ON",
                "OFF"
              ],
              "maxLength": 10,
              "unit": null,
              "description": null
            }
          ],
          "responses": null
        }
      ],
      "events": null,
      "description": "路灯开关"
    },
    {
      "serviceId": "AmbientLight",
      "serviceType": "AmbientLight",
      "properties": [
        {
          "propertyName": "LUX",
          "required": true,
          "dataType": "int",
          "min": "0",
          "max": "65535",
          "step": 1,
          "unit": "",
          "privilege": "R",
          "description": null,
          "defaultValue": 0
        }
      ],
      "commands": null,
      "events": null,
      "description": "上报环境光照度"
    }
  ]
}
```

图 7-13 智慧路灯物模型 JSON 表述

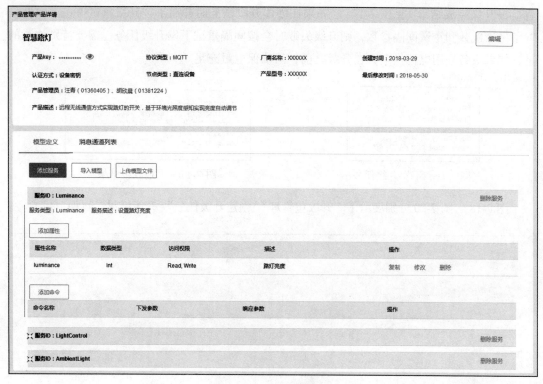

图 7-14　创建物模型

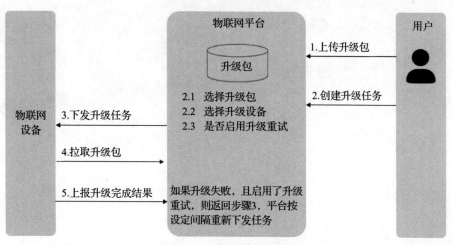

图 7-15　远程升级流程

平台下发升级任务时，应包含版本号、升级包地址等关键信息，如图 7-16 所示。

设备收到下发任务后，从升级包地址 URL 主动拉取升级包，这个过程和平时从浏览器下载文件类似，通常是基于 HTTP 下载文件。升级包下载完成后，设备开始安装升级包，之后上报升级完成结果（见图7-17）。如果在创建升级任务时开启了"升级重试"选项，并设置了重试次数和重试间隔参数，则升级失败时会按间隔重试下发升级任务。需要特别注意的是，如果设备采用电池供电，在升级之前，须确保电量充足。

```
{
    "taskId": "升级任务id",
    "packageVer": "版本号",
    "packageMd5": "升级包md5",
    "packageLen": "升级包总长度",
    "url": "升级包地址",
    "send_time": "下发时间"
}
```

图 7-16 下发升级任务

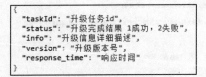

```
{
    "taskId": "升级任务id",
    "status": "升级完成结果 1成功，2失败",
    "info": "升级信息详细描述",
    "version": "升级版本号",
    "response_time": "响应时间"
}
```

图 7-17 上报升级结果

图 7-18 ~图 7-20 分别展示了"升级包管理""创建升级任务""升级结果"页面，供参考。

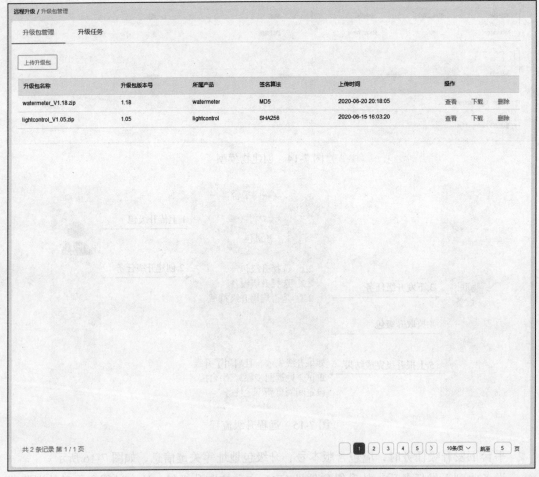

图 7-18 升级包管理

图 7-19 创建升级任务

7.3.3 物影子

有些平台称物影子为设备影子,用于存储设备最近一次上报的属性值和应用层期望下发的值。物影子其实是一个缓存功能,设备在线时,可直接响应云端的属性设置和属性查询请求;设备离线时,云端的请求通过物影子缓存,设备再次上线时重新下发。在云端对设备有属性配置需求(下行链路)的情况下,物影子适合以下场景。

❑ 资源受限的低功耗设备,设备长期处于休眠状态的场景。

❑ 网络不稳定、需要频繁上下线设备的场景。

对于网络稳定、设备长期在线的场景,无须使用物影子,它并非必选功能。

物影子定义了两个数据区:desired 区和 reported 区。desired 区用于存储设备属性的配置,即期望值。当需要修改设备的属性值时,可设置物影子的 desired 区。设备在线时,

图 7-20 升级结果

desired 属性值立即同步到设备上;如果设备不在线,待设备上线时,desired 属性值才会同步到设备上。reported 区用于存储设备最新上报的属性值,即上报值。如图 7-21 所示,当云端下发 desired 值给设备时,判断配置下发成功与否的流程如下。

1)应用层发起修改设备属性的请求,应用层与平台之间通常通过 HTTP PUT 接口进行属性设置,通过 HTTP GET 接口进行属性查询。

2)平台修改 desired 值并返回响应信息。

3)平台判断设备是否在线,若设备在线,立刻下发 desired 值;若设备离线,缓存 desired 值,并进行以下步骤。

❏ 设备上线。

❏ 平台下发 desired 值到设备上。

❏ 设备回复响应。

4）设备上报属性，更新 reported 值。

5）平台比较 desired 值与 reported 值：若匹配则设备侧配置成功，清除缓存；若不匹配，说明设备侧配置失败，在下次设备上线或上报数据时，平台会继续下发 desired 值给设备，直到下发配置成功。

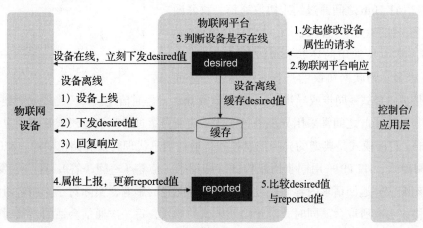

图 7-21　物影子业务流程

物影子主要针对设备属性，它的配置依赖于物模型。用户可以从物模型服务列表中筛选出需要使用物影子的属性。通常，对于设备的一些静态、非周期性配置信息和配置参数，用物影子多一些。图 7-22 所示是物影子页面。

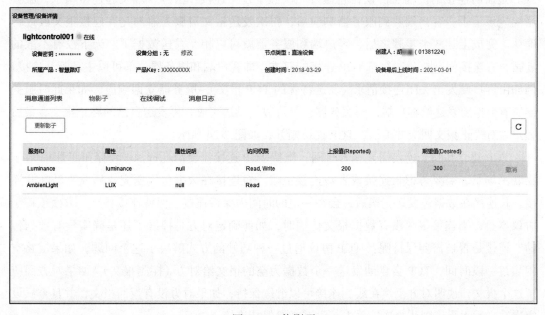

图 7-22　物影子

相应地，物影子 JSON 表述示例如图 7-23 所示。

```
{
  "shadow": [
    {
      "service_id": "Luminance",
      "version": 1,
      "event_time":161905496,
      "desired": {
        "luminance": 300
      }
    }
  ]
}
```

图 7-23　物影子 JSON 表述示例

7.4　物联网协议

设备与 IoT Hub 之间通过约定协议通信。物联网协议有很多，如 MQTT、HTTP、LwM2M/CoAP、私有协议等，其中最常用的还是 MQTT 和 HTTP，尤以 MQTT 居多。物联网协议的选择主要基于三方面因素：一是消息模式（同步或异步）；二是设备资源；三是通信连接（长连接或短连接）。

设备与 IoT Hub 之间常采用异步消息模式。前面介绍过异步消息模式解耦消息的生产和消费，发布 / 订阅模式是典型的异步消息模式，通过消息代理转发和路由消息。MQTT 采用发布 / 订阅模式；HTTP 采用同步消息模式，即请求 – 应答（一问一答），客户端发出请求，服务器立刻响应并返回请求内容。受设备硬件资源配置的影响，实际对于采用轻量级或者偏重的通信协议会有所取舍。同时，对于续航敏感的场景，每一次通信会话的连接时长会受到严格控制。

7.4.1　长连接和短连接

第 4 章介绍过 OSI 参考模型，MQTT 和 HTTP 都属于应用层协议，底层基于 TCP/IP。TCP 是面向连接的传输层协议，它通过三次握手建立连接：由客户端发起连接请求，服务器响应该请求，客户端收到服务器响应后，再次发送报文对服务器的允许连接报文段进行确认。完成上述 3 个步骤之后，客户端和服务器就可以相互发送数据了。天下没有不散的宴席，有连接就有断开，参与 TCP 连接的双方，即客户端和服务器，都可以主动断开连接。例如由客户端发出关闭连接请求（发送特殊的 TCP 报文），服务器立即响应，如果此时服务器还有数据要发送给客户端，则服务器会等待数据发送完成，再发送自己的终止报文，最后客户端对终止报文回应并确认，TCP 连接断开，如图 7-24 所示。

TCP 建立和断开连接需要花费时间，维持 TCP 连接需要消耗资源（缓存和变量），对于物联网场景，需要考虑长连接或者短连接策略。短连接在数据包发送完成后就主动断开连接，长连接在数据包发送完毕后，会在一定的时间内保持连接。保持连接状态一方面依赖于协议本身，当连接很久没有数据报文传输时，如何确定对方是掉线了还是确实没有数据传输？连接是否还需要保持呢？TCP 协议通过一种巧妙的方式解决了这个问题，如果链路空闲超过一段时间，TCP 会自动发送一个数据为空的报文给对方（探测报文），如果对方回应了这个报文，说明对方仍然在线，连接可以继续保持；如果对方没有返回报文，并且重试设定次数之后无果，则认为连接丢失，没有必要保持连接。

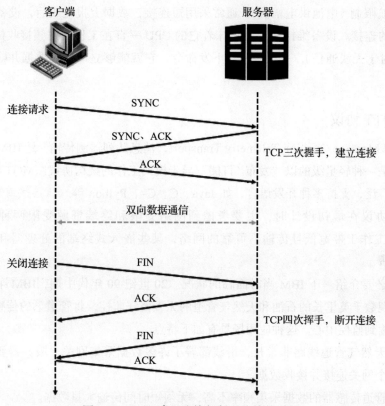

图 7-24　TCP 建立连接与断开连接的过程

保持连接状态另一方面是在应用层建立心跳机制。这种方式最普遍，双方约定在没有数据传输时，每隔一段时间发送一个内容简短的心跳包。例如客户端每间隔 5 s 向服务器发送心跳包指令，以维持长连接。对于服务器，如果存在大量的客户端请求，且要求维持长连接，维持每一个连接对服务器而言意味着负荷，服务器能够容纳的并发连接数是有限的，超出限度就无法响应了，需要通过扩容解决。

长连接的过程如下。

建立连接→数据传输（保持连接）→数据传输→关闭连接。

短连接的过程如下。

建立连接→数据传输→关闭连接→建立连接→数据传输→关闭连接。

长连接可以省去较多的建立和关闭 TCP 的操作，减少浪费，节约时间。对于频繁请求资源的客户端来说，较适合采用长连接。短连接对于服务器来说，管理较为简单，存在的连接都是有用的。短连接虽然无须额外的控制手段，但如果客户端请求频繁，将在 TCP 的建立和关闭操作上浪费时间和带宽。Web 网站的 HTTP 访问一般是短连接。

在物联网场景中，如果只是单纯地周期性采集数据并上报数据，上报间隔长，且考虑到设备的续航限制（电池供电情况），通常采用短连接，数据上报完成后，设备会主动断开与 IoT Hub 的连接。设备维持长连接意味着它的 CPU 一直在工作，射频接收链路 RX 保持侦听状态（对于无线通信），一旦服务器下发命令，它就能够立即接收数据并响应，但这样的功耗较大。

7.4.2 MQTT 协议

MQTT（Message Queuing Telemetry Transport，消息队列遥测传输）是 IBM 开发的即时通信协议，是一种轻量级的以"发布/订阅"异步模式工作的架构协议。MQTT 协议在物联网领域应用广泛，支持多种开发语言，如 Java、C、C#、Python 等。

MQTT 协议在最初设计时，主要考虑到网络受限和终端资源受限两种情况：物联网设备可能工作于带宽低且传输不可靠的网络，某些嵌入式终端的处理器和内存等资源受限。

这里有必要介绍一下 IBM 当时面临的状况。20 世纪 90 年代中期，IBM 帮助石油和天然气公司实现数千英里长的石油和天然气管道的无人值守监控，将管道上的传感器数据通过卫星通信传输到监控中心。这种应用场景有如下特点。

- 石油天然气管道线路非常长，沿线部署了许多数据采集网关，服务器要能够与成千上万个网关连接并接收数据。
- 石油管道传感器的数据采集频率不高，无须短时间传输大量数据。
- 数据采集网关的数量大，考虑到采购成本，其计算和存储资源都很有限。
- 石油管道会穿越很多无人区，附近没有网络设施，使用卫星通信最为经济。由于每天都会出现卫星切换时的网络中断，因此需要客户端和服务器都能够缓存消息，在网络恢复正常后继续发送。
- 卫星链路通信流量费用高昂，需要尽量节省传输消息的流量开销。对于有些数据，虽然发送失败，但无须重发，服务器也无须响应；对于有些消息，如阀门泄露告警或控制石油管道阀门的命令，须确保在网络有问题的情况下也能发送成功。

针对石油管道传感器和控制装置数据采集与控制而设计的传输协议，须满足如下要求。
- 服务器满足成千上万个客户端并发连接。
- 协议的客户端软件能在资源受限的硬件上运行，并能方便地进行移植。
- 由于带宽低，通信流量费用高昂，因此需要最大限度地减小传输消息的大小。
- 遇到频繁的网络中断时，传输协议能够异步管理消息。MQTT 中的消息代理可以缓存和转发从客户端到客户端的消息，如果连接断开，客户端能够在重新连接时获取消息。
- 在环境允许的情况下提供不同等级的服务质量。

基于这样的背景，IBM 开发了 MQTT 协议。首先，MQTT 协议采用"发布/订阅"异步消息机制，在物联网领域，大量设备可能在不可靠或高延迟的网络下工作，使得同步通信成为问题。异步消息模式很适合物联网应用程序，对于服务器下发的命令，如果通过消息代理无法及时转发到设备上，可以缓存在消息代理上，待设备上线后重新下发。其次，它的固定报文头部分只有两字节，比 HTTP 报文头小得多，消息服务质量（Quality of Service，QoS）为 0 时，发送的消息无须响应，从而减轻同步消息模式下回应和等待回应的负担。最后，MQTT 协议设计了 3 种不同等级服务质量的消息。

在当时，HTTP 还处于 1.0 版，HTTP/1.1 直到 1999 年才正式发布[⊖]。HTTP/1.0 默认采用短连接，一次连接"请求 – 响应"后立即断开，而每次连接又必须由客户端发起，因此大家觉得如果使用 HTTP，服务器难以主动向设备下发命令，而通过设备定期主动拉取，会增加实现成本，且实时性又会打折扣。其实这只是相对的，HTTP 如果维持长连接也能实现命令的即时下发，只是它并不偏向于这样做。

每种协议都有它最擅长和喜好的工作模式。在网络方面，对今天的绝大多数物联网应用场景而言，流量费用压力已经小了很多，人们对流量大小没有那么敏感了，蜂窝网络及低功耗广域网的覆盖使流量费用变得足够低，海上或沙漠等仍需借助卫星通信的极端地域除外。再来看硬件资源，在芯片体积不变或变小的情况下，嵌入式硬件的资源越来越丰富，多数情况下硬件资源也不再受限制了，能够支持各种协议，有些还能运行简单的算法。今天如果仍然套用当时的情境，以此来对比 MQTT 和 HTTP 或其他协议，很多已经不合适了，至少这种对比是片面的，因为很多限制已经不再是限制了。更大的差别在于回归到应用层本身，OSI 参考模型中，应用层考虑的是业务逻辑，随着 MQTT 协议在物联网领域的广泛使用，它的框架越来越成熟，在并发（异步非阻塞式）性能、消息缓存、服务器主动通知下发机制、认证鉴权等方面，良好的封装使物联网平台开发工作在框架之上变得非常简单，如果换成其他协议也许同样能实现，只是要费很大的力气。

在发布/订阅模式下，不同的消息通过主题进行区分，在发布者与订阅者之间，消息代理负责消息的转发和路由。设备与平台之间，围绕物模型（属性相关主题和命令相关主题）、物影子、远程升级，可创建不同的主题，通过主题将设备数据进行分类上报和接收，如图 7-25 所示。

在平台创建产品并完成物模型定义后，在设备与平台之间可添加一系列 topic。topic 由一定的规则组成（类似于 HTTP 的 URL 地址）。在图 7-25 中，/sys/${productKey}/${deviceName}/properties/post 表示设备上报属性数据，操作权限为发布（操作权限相对设备视角而言），${productKey} 和 ${deviceName} 为通配符。实际注册的设备的 topic 名称需要替换为设备对应的 productKey 和 deviceName，每个设备拥有独立的 topic。

⊖ 地址为 https://tools.ietf.org/html/rfc2616。

图 7-25 消息通道列表

Topic分类	Topic	操作权限	功能说明
属性相关topic	/sys/${productKey}/${deviceName}/properties/post	发布	设备上报属性数据
	/sys/${productKey}/${deviceName}/properties/set	订阅	平台设置设备属性
	/sys/${productKey}/${deviceName}/properties/set/response	发布	属性设置的响应结果
	/sys/${productKey}/${deviceName}/properties/get	订阅	平台查询设备属性
	/sys/${productKey}/${deviceName}/properties/get/response	发布	属性查询的响应结果
命令相关topic	/sys/${productKey}/${deviceName}/commands	订阅	平台下发命令给设备
	/sys/${productKey}/${deviceName}/commands/response	发布	设备返回命令响应
事件相关topic	/sys/${productKey}/${deviceName}/events	发布	设备上报事件
	/sys/${productKey}/${deviceName}/events/response	订阅	平台响应事件上报
远程升级相关topic	/sys/${productKey}/${deviceName}/ota_send	订阅	平台下发OTA升级任务
	/sys/${productKey}/${deviceName}/ota_ack	发布	OTA升级应答
物影子相关topic	/sys/${productKey}/${deviceName}/shadow/desired	订阅	设备接收物影子变更（平台发起修改设备属性请求）
	/sys/${productKey}/${deviceName}/shadow/reported	发布	设备上报更新物影子

图 7-25 消息通道列表

通常比较高效的做法是物联网平台预定义好一些基础 topic，例如 /sys/${productKey}/${deviceName}/commands 表示平台下发命令给设备，用户无须额外创建平台下发命令 topic，亦无须手动订阅设备响应命令 topic，这些功能由平台自动完成，用户只需开发设备端 topic——/sys/${productKey}/${deviceName}/commands/response。

除此之外，用户可根据实际需求添加自定义 topic，以满足灵活定制化的需求，如 /user/${productKey}/${deviceName}/xxx。对于较复杂的交互场景，可以通过多个 topic 的拼接来实现。

作为应用层协议，MQTT 协议的报文帧结构是怎样的？包含什么应用逻辑？第 3 章曾解析过各种现场总线和工业以太网（如 Modbus 协议）的报文帧、无线协议 BLE 的报文帧，MQTT 协议也是同样道理，如图 7-26 所示，它的报文帧包含三部分：固定报文头（2 字节）、可变报文头及数据载荷。报文帧和固定报文头的定义如下。

固定报文头部分中的消息类型（Message Type）包含连接消息、订阅消息、应答消息等，消息类型构成了 MQTT 业务逻辑的实现，如表 7-1 所示。

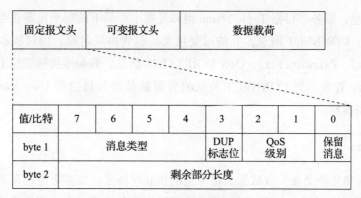

图 7-26 MQTT 报文帧

表 7-1 MQTT 消息类型

值	消息类型	指标说明
0	Reserved	/
1	CONNECT	客户端请求连接服务器
2	CONNACK	服务器回应客户端 CONNECT 消息
3	PUBLISH	发布消息
4	PUBACK	QoS=1 时,应答发布消息
5	PUBREC	QoS=2 时,应答发布消息
6	PUBREL	应答 PUBREC 消息
7	PUBCOMP	确认 PUBREL 消息
8	SUBSCRIBE	订阅 topic 请求
9	SUBACK	订阅应答
10	UNSUBSCRIBE	取消订阅 topic
11	UNSUBACK	取消订阅 topic 应答
12	PINGREQ	Ping 请求
13	PINGRESP	Ping 应答
14	DISCONNECT	客户端断开连接
15	Reserved	/

消息所使用的 QoS 级别(QoS Level)中,0 表示最多发送一次消息(At Most Once),1 表示至少发送一次消息(At Least Once),2 表示有且仅有一次消息(Exactly Once)。QoS>0 时,需要对方确认消息。DUP 标志位表示消息是否为重复发送,适用于 QoS>0 时的 PUBLISH、PUBREL、SUBSCRIBE 和 UNSUBSCRIBE 消息。保留消息(RETAIN)表示服务器将消息分发给当前订阅者之后是否保留该消息,该标志位仅用于 PUBLISH 消息。剩余长度(Remaining Length)表示除固定报文头之外剩余部分的字节长度。

不同的消息类型,可变报文头内容也不同。以 PUBLISH 发布消息为例,可变报文头为

Topic Name 信息,服务器根据 Topic Name 得知是哪个产品下的哪个设备正在上报数据。再举个例子,对于 CONNECT 消息,它的可变报文头包含协议名称、协议版本和连接标志位(User Name Flag、Password Flag、QoS 和 RETAIN)信息,假如连接标识位 User Name Flag 和 Password Flag 置位,则 CONNECT 消息的数据载荷部分将携带 User Name 和 Password 信息,用于设备鉴权。

7.4.3 HTTP

HTTP 适合非复杂交互,以数据上报为主的物联网场景,如某个应用系统将数据上报给物联网平台,即平台对平台的形式。HTTP 采用同步消息模式,客户端发送请求后,服务器立刻响应并携带请求内容。HTTP 可谓家喻户晓,它是 Web 的核心,是互联网的应用层协议。HTTP 经历了 1.0、1.1 和 2.0 三个版本。HTTP/1.0 默认为短连接,通过 keep-alive 参数告知服务器需要建立一个长连接。HTTP/1.1 默认支持长连接,服务器在发送响应后保持该 TCP 连接,后续的请求和响应报文能够通过相同的连接进行传送,这样一个完整的 Web 页面请求可通过单个持续 TCP 连接完成,避免多次连接带来的开销。HTTP/2.0 在 HTTP/1.1 的基础上,使用了类似多路复用的技术,同一个连接可并发处理多个请求,而 HTTP/1.1 是流水线模式,服务器按顺序逐个处理请求。

HTTP 是 RESTful 架构风格的一个典型应用,第 6 章曾对 RESTful 风格有过详细阐述。RESTful 风格的特点之一是通过表述来操作资源,例如获取资源、更新资源、创建资源或者删除资源。HTTP 的 POST、GET、PUT、DELETE 等方法属于同一系列的操作,而资源则通过 URL 地址标识。物联网场景可能多使用 POST 方法,以此向指定资源提交数据。HTTP 协议的 topic 可以和 MQTT 协议的 topic 规范一致,可参考复用 MQTT 连接通信的 topic 规则,topic 可理解为资源地址 URL。

HTTP 报文分为请求报文和响应报文,请求报文示例如下。

```
POST /topic/${topic} HTTP/1.1
Host: ${YourEndpoint}
Password: ${token}
Content-Type: application/json
Connection: close
// 空行注释,以下是 Body 部分
{data data data data data ...}
```

在设备上报数据的请求报文中,${YourEndpoint} 为 IoT Hub 实例的接入域名,${token} 为设备发起认证请求时平台下发的令牌。每次上报数据时,需要携带 token 信息,以提高安全性。

响应报文示例如下。

```
HTTP/1.1 200 OK
Connection: Close
// 空行注释，以下是 Body 部分
{
  "code": 0,
  "message": "success",
  "info": {
    "messageId": 12345678
  }
}
```

除了 200 OK，常见的 HTTP 状态码还有如下 3 个。

```
400 Bad Request
404 Not Found
403 Forbidden
```

对于响应报文的 Body 部分，示例中采用了结构体。实际上，不同平台会根据自身的策略返回不同的信息。

关于 HTTP 就介绍到这里。回顾一下 MQTT 和 HTTP，一个是发布/订阅，一个是请求/响应，前者是一对多或多对多，中间通过消息代理，后者是一对一直连。例如共享单车，用户在用 App 扫码后请求开锁骑行，背后是一个客户端与远端服务器建立了一对一连接。

对于发布/订阅模式，通常认为它的使用场景如下。

❑ 消息的发送方需要向大量的接收方广播消息。
❑ 发送方在向接收方发送消息后，无须接收方实时响应。

如果发送方频繁向接收方发送消息，且要求接收方每次都实时响应，那么在大多数情况下，不考虑使用发布/订阅模型，采用一对一直连会更有效。正如本节中 HTTP 的例子，一对一连接建立后，客户端与服务器进行双向通信，请求报文发出后，对方即时响应并在响应报文中携带信息。而对于发布/订阅这种异步消息模式，发布者发布一条 topic 请求，订阅者订阅该 topic，订阅者收到请求后，需要另发布一条 topic 并由消息代理转发给最初的发布者，通过将两条 topic 拼接完成一问一答。

需要说明的是，设备、物联网平台及应用层三者之间，只要存在物联网平台，那么无论采用哪种物联网协议，设备与应用层之间都不是直连，MQTT 也好，HTTP 也好，设备数据都是先到 IoT Hub，再通过规则引擎转发到目的地。虽然从这个角度来看，似乎不同协议之间没什么本质区别，但还是那个观点，对于物联网平台本身的实现而言，设备接入部分采用发布/订阅模式框架更成熟，封装良好，换成其他模式相对来讲没那么便利。那么是否存在设备和应用层直接交互的场景？答案是肯定的，尤其是移动互联网场景，即设备→应用层→物联网平台，此时物联网平台扮演的角色是应用层数据向上汇聚的入口，接收或消费由应用系统发来的数据。

7.5 边云协同

边缘计算主要为了解决实时性、网络可靠性和安全性等问题。在靠近物或数据源头的网络边缘侧,融合网络、计算、存储及应用核心能力,就近提供边缘智能服务。边缘计算与云计算相结合,将云端服务扩展到边缘端,即边云协同。到目前为止,行业对于边云协同仍处于探索阶段,虽然陆续有一些阶段性的成果,但还未形成行业共识和标准。本节关于边云协同的思考主要集中在以下两个方面。

- 边缘节点集中管理:云端如何统一管理边缘节点(边缘节点纳管),实现边缘节点注册、边缘应用部署和管理;如何将云端服务扩展到边缘端,例如云端训练的模型在边缘节点上运行,实现边缘智能,云端能力下沉。
- 跨层级设备接入和管理:云端如何通过边缘节点管理终端设备,实现跨层级的设备接入和统一管理。

7.5.1 边缘节点集中管理

相比云计算的集中式资源管理,边缘计算意味着分散,边缘节点的管理挑战更大。云计算以及传统数据中心对于服务器及其部署应用的监控和运维已经非常成熟,无论是应用的发布、更新和实例监控,还是服务器资源的使用、健康监控、日志和告警通知等。应用系统的交付与迭代敏捷高效,对系统故障能够第一时间发现并进行修复。

上面介绍的是互联网 IT 系统,切换到工业现场,尤其是 OT 视角,现状是怎样的?无论是自动化控制系统、自动化测试装备还是生产管理系统,在现场历练过的人应该深有体会,软件的升级、监控及问题修复,各种软件重装、测试、诊断,直到恢复正常,都依赖于现场工程团队。虽然 OT 发展相对缓慢,强调的是稳定性与可靠性,但是工业界逐步意识到现有管理方式的低效,也在尝试探索工业软件容器化部署和微服务化以及云原生架构改造的可行性,解决单体软件部署、升级、版本管理以及需求变更导致停产停线的痛点问题。在边缘节点上既能部署 OT 应用,也能部署 IT 应用,只是 OT 应用的单体软件问题更为普遍。

图 7-27 所示为边缘计算参考架构。从功能视图的角度看,边缘节点处于中间位置:向下通过多种协议支持各种设备接入,并提供边缘数据处理、子设备管理功能以及运行边缘应用,而且在与云端通信中断的时候,能够继续正常工作,实现边缘自治;向上接受云端对边缘节点的集中管理,即边缘节点注册、边缘节点应用软件部署以及对部署的相关服务(如容器镜像服务、应用运维管理服务和日志服务)的支撑。同时,云端可定义边缘节点的数据清洗规则,边缘节点下终端设备的注册与绑定,通过边缘节点实现终端设备管理。

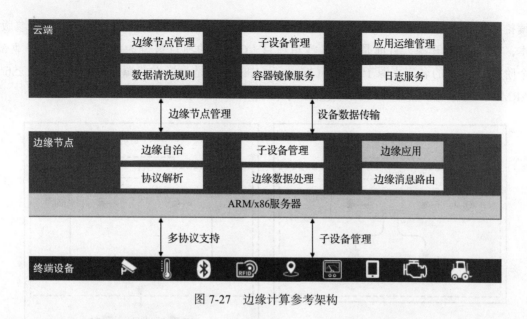

图 7-27　边缘计算参考架构

边缘节点管理的基本流程是注册及纳管边缘节点→开发应用并制作镜像→部署应用。在边缘侧采用容器技术（如 Docker）可以很好地配合云端实现纳管。参考第 6 章关于 Docker 容器技术的介绍，Docker 使用流程在此处同样适用。边缘节点的系统升级和应用程序更新都可以直接从云端下发，这样能够提升边缘的运维效率，避免传统单体软件部署所遇到的问题。

边缘节点具备数据处理能力，对于一些通用的数据处理，可由云端创建数据清洗规则和模板，并下发到边缘节点。例如数据过滤、数据去重（如果上报数据有重复的，则仅保留第一次数据）、数据聚合（将时间窗内上报的数据进行聚合后再上传），去重和聚合可有效降低边缘侧向云端平台上报数据的频率。

考虑到边缘节点可能与云端连接断开，此时边缘节点也应能够独立自主地工作，不中断现场业务，因此边缘节点要具备自治能力。边缘自治意味着云端下发的配置信息及设备上报的实时状态更新应同步到边缘节点本地存储，以保证边缘节点的应用能正常运行，设备能正常接入。

到目前为止，行业对于边云协同仍处于探索阶段。关于边缘计算框架，这里举两个例子，分别为 KubeEdge⊖ 和 K3s⊖，它们都是 Kubernetes 和边缘计算结合的路线。KubeEdge是华为云于 2018 年 11 月开源的边云协同框架，目前是云原生计算基金会（Cloud Native Computing Foundation，CNCF）孵化项目，名字来自 Kube+Edge，意为将容器化应用程序

⊖ 地址为 https://github.com/kubeedge/kubeedge。
⊖ 地址为 https://www.rancher.cn/k3s/。

编排功能扩展到边缘节点。K3s 是 Rancher 公司发布的经 CNCF 认证的 Kubernetes 裁减版本，于 2019 年开源，目前是 CNCF 沙箱项目（CNCF 的项目被分为沙箱、孵化和毕业 3 个阶段）。K3s 的名字来源于 K8s-5（less than K8s），它是为了在资源有限的环境（如 x86/ARM64）上运行小型 Kubernetes 集群而设计的。K3s 框架如图 7-28 所示。

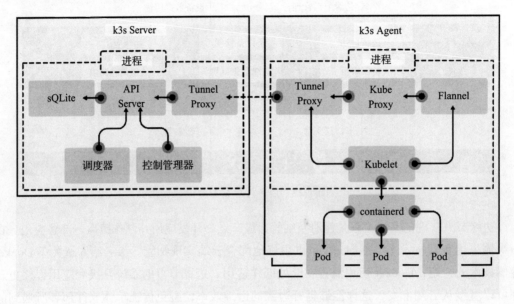

图 7-28 K3s 框架（经 Rancher 公司授权引用）

K3s 的框架和 Kubernetes 基本一致，为了减少运行所需的资源，K3s 对原生 Kubernetes 代码做了几个方面的修改：一是删除过时的非必需代码；二是为了节省内存，将多个进程合并成一个来运行；三是容器引擎使用 containerd 代替 Docker 以减少运行时占用空间；四是引入 SQLite 代替 etcd 作为管理面数据存储。K3s 的主要贡献在于对 Kubernetes 的轻量化，K3s Server 与 K3s Agent 都运行于边缘节点，将容器编排和资源调度能力下沉到边缘。不过在云边协同和设备管理方面，目前还没有针对性的方案。

KubeEdge 框架如图 7-29 所示。

KubeEdge 相对于 Kubernetes 的变化在于以下几点。

- 云端增加了 Cloud Hub 组件，Cloud Hub 和 EdgeHub 之间的通信方式没有采用原生 Kubernetes 的组件间数据同步 List-Watch 机制，改为基于 WebSocket/QUIC 协议从云端往边缘推送模式[⊖]。
- 边缘端是一个对原生组件进行重写的 EdgeCore 组件，没有了 kubelet 和 kube-proxy，kubelet 被 Edged 取代，后者负责应用管理。

⊖ 地址为 https://kubeedge.io/en/docs/architecture/cloud/cloudhub/。

❑ MetaManager 负责本地元数据的持久化，实现边缘自治。在云边断网的状态下，边缘业务或者节点重启时，边缘组件可以利用本地缓存数据进行业务恢复。

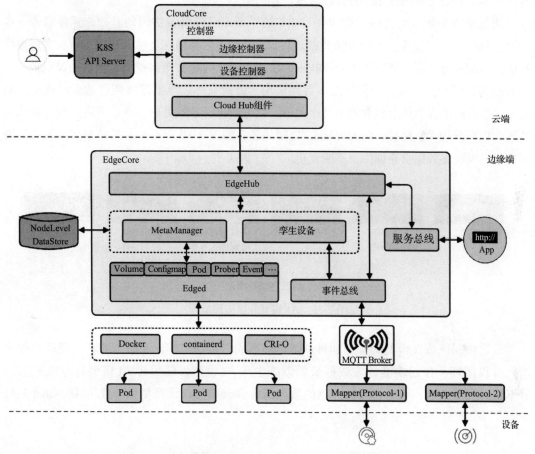

图 7-29 KubeEdge 架构（经 KubeEdge 社区授权引用）

设备管理方面，设备控制器（DevieController）和孪生设备（DeviceTwin）为用户提供设备管理能力，设备→ Mapper → MQTT Broker →事件总线→ EdgeHub → Cloud Hub，形成了多源异构设备数据上报通路。

KubeEdge 在边云协同、边缘自治和设备管理方面比 K3s 的针对性要强，笔者认为，其理念是非常不错的，只是可能存在云原生生态兼容性不足的问题，主要体现在边缘侧要保持与 Kubernetes 社区同步演进，这将涉及一定的投入。另外，在设备管理方面，KubeEdge 的能力还是偏弱，之前的设计并非合理，用户更多选择自行实现设备管理的功能。这一点 KubeEdge 社区也意识到了，社区正在考虑把设备管理组件从整体架构中剥离出来，变为插件的形式，这样 KubeEdge 就可以通过合作的方式集成更多专业插件，如 EdgeXFoundry 等。

无论如何，KubeEdge 和 K3s 都对边缘计算架构进行了探索，这种探索是有益的，为大家提供了不同的实现思路。很多物联网平台沿着边云协同、边缘自治和设备管理的思路，以容器技术为核心，分别推出了各自的边缘计算框架。

边缘节点被统一纳管后，意味着云端与边缘节点已经具备协同的基础，延伸思考一个问题：如何将云端服务扩展到边缘节点，例如云端训练的模型在边缘节点上运行，实现边缘智能，云端能力下沉。随着人工智能技术的快速发展，边缘智能在视觉质检、图像识别、预测分析与诊断、公共安全等领域逐步得到应用，云端训练边缘推理将变得越来越普遍。AI模型开发应用流程大体上包含如下几个步骤：数据收集、数据处理、算法开发、模型训练与验证、模型管理（如封装打包与评估）、模型部署，如图 7-30 所示。如果模型部署下去效果不理想，则收集数据重新训练，不断优化。

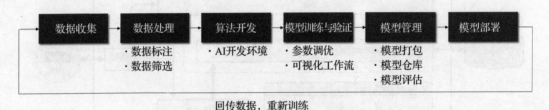

图 7-30　AI 模型开发应用流程

云边协同应该在模型的部署和再训练之间形成完整的工作流和数据流，使模型的优化迭代得以闭环。在云端进行大数据量的训练生成 AI 模型，然后将 AI 模型打包成镜像部署下发到边缘节点，同时将边缘节点的数据回传到云端再训练模型，形成闭环，如图 7-31 所示。

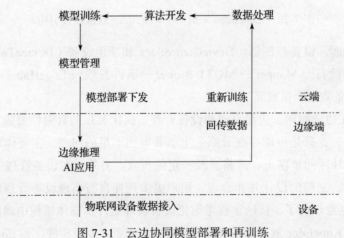

图 7-31　云边协同模型部署和再训练

7.5.2 跨层级设备接入和管理

终端设备通过边缘节点而非直连的方式接入物联网平台，主要适用于以下两种情况。

- ❑ 未实现 TCP/IP 协议栈的终端设备，例如串口、并口和各种无线通信接口设备，不具备与物联网平台直接通信的能力，须通过边缘节点进行协议转换，边缘节点提供网关协议解析功能。Modbus 属于此种情况。
- ❑ 终端设备虽然支持 TCP/IP 协议栈，但它不直连物联网平台，而是就近接入网关或其他边缘硬件。Wi-Fi 网关、OPC UA 设备等属于此类情况。对于物联网数据部分，边缘节点有时扮演的是透传角色，类似简单的数据转发，它也可以进行协议转换。

无论是协议转换还是透传模式，边缘节点都保留对数据进行进一步处理的能力，边缘节点可按一定的规则对数据进行清洗、处理，再上报到云端，如图 7-32 所示。

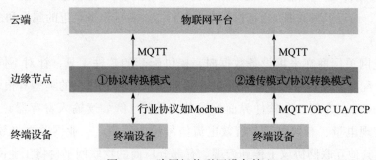

图 7-32 跨层级物联网设备接入

如果要实现云端对终端设备的统一管理，涉及以下流程。

1）开发边缘节点的接口函数：边缘节点需维护并管理与子设备的拓扑关系，代理子设备上下线，代理子设备与物联网平台通信。在物联网平台注册边缘节点和边缘节点子设备，并在边缘节点下绑定子设备，这种绑定关系既在平台存储，也同步下发到边缘节点的本地存储。同时在边缘节点与物联网平台之间建立标准的消息通路。消息大致分为两类：一类是与子设备管理相关的消息（拓扑关系、子设备列表、子设备上下线）；一类是与子设备属性和命令事件相关的消息，此类消息可参考 MQTT 关于设备通信的 topic 规则。

2）开发终端设备的接口函数：对于协议转换模式（例如 Modbus），子设备所采用的协议已经是标准的，通常子设备无须额外开发接口函数，此时边缘节点作为工业网关，需要解析标准协议并将解析后的数据通过 MQTT 上报平台。解析标准协议涉及参数配置工作。对于透传模式，子设备支持 TCP/IP 协议栈，对于子设备与边缘节点之间的接口函数，物联网平台厂商可提供标准化 SDK，建立子设备管理和数据接入的标准化消息通道。子设备上线过程中，物联网平台应校验子设备的身份以及与边缘节点的拓扑关系，在校验通过后子设备被真正纳入边缘节点的管理。

为便于子设备管理，边缘节点和子设备之间的拓扑关系可采取可视化的方式呈现。策略上，无论是直连设备还是边缘节点子设备，都建议在云端进行统一管理，所有的直连设备和子设备都统一纳入物联网平台的设备管理模块，边缘节点可以从云端同步它的子设备信息及列表。

边缘节点完成子设备跨层级的数据上报和平台下发消息转发，这部分功能界定很清晰。对于子设备管理部分，管理细化到什么程度，云端页面应该呈现什么信息，是否应介入子设备协议适配部分的设置，这些问题比较复杂。

在规划和设计物联网平台时，如未明确哪些功能有用，不应贸然堆叠功能，这样会降低用户体验。目前子设备管理主要呈现三部分信息：一是设备基础信息，如设备名称、设备ID、设备协议（如 Modbus/OPC UA/MQTT）、设备类型（直连/非直连）等；二是设备拓扑关系、子设备列表，这些信息维护在数据库表中；三是设备动态信息，如上下线状态、最近一次更新时间、最近上报数据（也可以保存消息日志，将子设备最近的属性和命令都打印出来，方便调试）。

传统工业网关厂商在采集设备数据时，提供配套的软件工具，针对不同协议，通过手动方式进行配置，完成终端设备数据的采集和协议解析。协议的类型有很多，超过 300 种。以 Modbus 电表为例，在软件界面配置其功能码（例如读输入寄存器）、设置寄存器地址，即可实现电量、有效电压和有效电流信号量的采集，工业网关再将数据通过标准 MQTT 协议或其他互联网协议上传到云端。有部分厂商的物联网平台将工业网关的软件工具搬到云端（仅部分协议部分功能），在云端的边缘节点管理页面，可以进行同样的配置操作。

如果子设备接入一定要用到工业网关硬件，对于平台而言，可以考虑认证几款主流工业网关，将工业网关软件整合到平台或者采用页面链接或嵌入方式，后者相当于把工业网关软件 Web 化，便于用户在云端使用。从云端进行协议适配并非最有效率的方式，尤其是物联网平台厂商不具备较强的工业背景和理解能力时，有可能做出来的东西很不实用。现阶段还没有哪个物联网平台在云端完全实现了工业网关软件的迁移，大多是仅支持少数几种特定协议。

图 7-33 ～图 7-35 分别为边缘节点管理、边缘应用管理、边缘节点子设备管理页面。这里其实还涉及很多细节，比如创建应用时，需要先选择镜像，于是涉及镜像管理；相同类型的应用如果被部署到多个边缘节点，那么可以考虑创建应用模板（应用模板包含参考配置信息，用户在创建新的应用时可以直接使用模板的默认参数快速创建应用）。在子设备管理方面，设备列表信息要同步到 IoT Hub 的设备管理模块。在应用部署方式上，容器部署和安装包部署有一定差别。

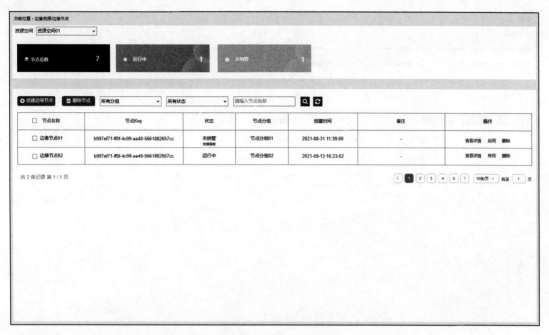

图 7-33 边缘节点管理

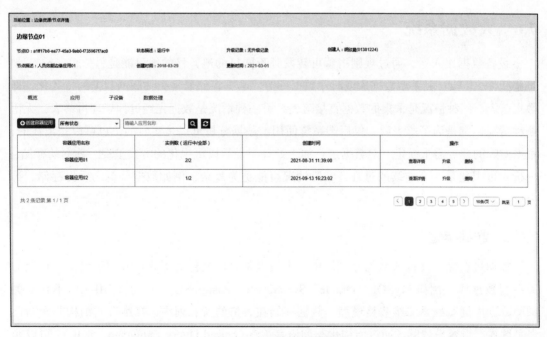

图 7-34 边缘应用管理

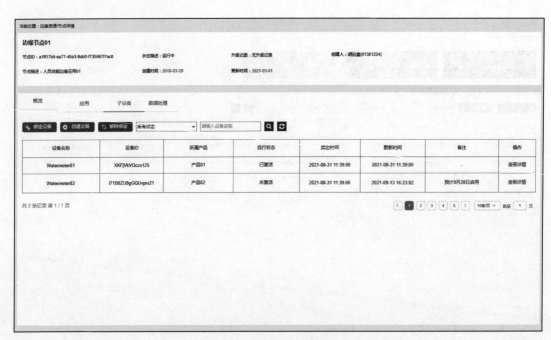

图 7-35　边缘节点子设备管理

7.6　大数据系统

设备数据接入后,通过规则引擎可转发到不同目的地,目的地可能是另一个 topic、消息中间件 Kafka、关系型数据库或时序数据库等。数据存储通常指物联网数据的持久化,即数据落表。一种情况是采集的数据直接落表,另一种情况是数据先经过预处理再落表。无论哪种情况,都是为了落表后,供后端系统使用。数据分析可以是实时的,也可以是离线的,根据实际的业务需求而定。对数据进行加工处理,最后以可视化的方式呈现。数据的存储 – 分析 – 可视化是一个连续的过程,实际情况可能更为复杂,例如数据分析之后再存储、再分析。

7.6.1　数据存储

数据可存储于文件或数据库系统中,本质上都是以文件的形式存放到磁盘上。传统的关系型数据库,例如 MySQL、Oracle、SQLServer、PostgreSQL 等,其应用无所不在。关系型数据库的基础是二维表格模型,数据存储在表格的行和列中,二维表的结构非常贴近现实世界,很容易理解。通过结构化查询语言(Structured Query Language,SQL),可以非常方便地操作关系型数据库,也可进行单个表或多个表之间的复杂查询。关系型数据库对应的是结构化数据,数据表的结构需要提前定义(列的定义)。图 7-36 中定义了两个表 dw_ aiot_device_info 和 dw_aiot_user_info，每个表都有明确的字段定义，表之间通过 user_id 和 factory_code 等字段进行关联查询。

表明：	dw_aiot_device_info		
表中文名：	工厂设备信息表		
字段名	字段类型	字段描述	备注
rpt_day	string	日期	格式 yyyy-MM-dd
equip_id	string	设备 id	
equip_type	string	设备类型	手续终端/AGV/SMT/ATE
factory_code	string	工厂编码	
firm_code	string	厂商编码	
firm_name	string	厂商名称	
model	string	型号	
opt_tm	string	安装时间	
user_id	string	使用人编码	
user_name	string	使用人	
update_tm	string	更新时间	格式 yyyy-MM-dd hh:mm:ss

表名：	dw_aiot_user_info		
表中文名：	工厂人员信息表		
字段名	字段类型	字段描述	备注
rpt_day	string	日期	格式 yyyy-MM-dd
user_id	string	人员编码	
user_name	string	人员	
factory_code	string	工厂编码	
area_code	string	车间编码	
station_code	string	工位编码	
station_name	string	工位名称	
update_tm	string	更新时间	格式 yyyy-MM-dd hh:mm:ss

图 7-36　二维表示例

更新、索引和事务是关系型数据库最重要的特征。更新就是向数据库增加、删除数据或修改记录。关系型数据库的结构规整，支持各种的灵活更新操作。索引是对数据库表中的一列或者多列数据进行排序的一种结构，使用索引可以快速访问数据库表中的特定信息。索引的主要目的是加快检索表中数据的速度。关系型数据库支持随机读写访问，关键的一点便是建立了索引。对经常搜索的列、经常排序的列、SQL 语句中经常用于 WHERE 子句条件查询的列建立索引，可加快搜索速度，避免数据库全表扫描。事务是把一连串操作打包成一个原子操作，要么成功要么失败，一般多个更新操作采用事务。事务和现实生活中的交易很类似。事务遵循 ACID 原则。

1. 原子性

原子性（Atomicity）指事务的所有操作要么全部完成，要么全部失败。事务成功的条件是所有操作都成功，只要有一个操作失败，整个事务就失败，需要回滚。比如银行转账业务，从 A 账户转 1000 元至 B 账户，分为两个操作——从 A 账户取 1000 元和存 1000 元至 B 账户，这两个操作要么都完成，要么都失败。如果只完成第一步，第二步失败，钱莫名其妙地少了 1000 元，这显然不可接受。

2. 一致性

一致性（Consistency）指数据库要保持处于一致的状态，无论并发事务有多少个，事务的运行都不会改变数据库原本的一致性约束。例如现有完整性约束 A+B=100。如果一个事务改变了 A，那么也要改变 B，使得事务结束后依然满足 A+B=100，否则事务失败。

3. 隔离性

隔离性（Isolation）指并发的事务之间不会相互影响。如果一个事务要访问的数据正在被另一个事务修改，只要另一个事务未提交，它所访问的数据就不受未提交事务的影响。例如正在发生的转账交易，从 A 账户转 1000 元至 B 账户，在交易完成之前，如果 B 查询自己的账户，是看不到新增加了 1000 元的。

4. 持久性

持久性（Durability）指一旦事务提交，它所做的修改将永久保存在数据库中，不会丢失。

索引和事务特征提升了数据库的效率和可维护性，在一定程度上减少了数据冗余和数据不一致情况的发生。创建索引和维护索引需要耗费时间，这个时间随着数据量的增加而增加，当对表进行增、删、改时，索引也要进行动态维护，会对性能产生影响。保持 ACID 原则同样会带来额外的开销，这些都是有相应代价的。

关系型数据库的瓶颈在于高并发读写性能的限制，处理海量数据的效率低。关系型数据库数据存储在磁盘上，磁盘访问有两种方式——顺序 I/O 和随机 I/O。如果是随机 I/O 访问，则涉及磁盘寻址，如果前后两次 I/O 操作的地址相差比较大，磁头需要移动较长的距离，这是相当耗时的。在很多情况下，关系型数据库针对表的查询和更新操作是根据索引进行的，随机存取类的操作很多，随机 I/O 也很多。由于受限于硬盘 I/O 性能，因此关系型数据库的高并发读写性能低，处理海量数据时的操作效率低。于是 NoSQL（Not Only SQL，泛指非关系型数据库）应运而生。从严格意义上讲，NoSQL 是一种数据存储方法的集合，可以是文档或者键值对等形式，一开始应用于互联网领域对数据一致性要求不太严格的场景（例如网站的高并发访问）。

NoSQL 主要指那些非关系型、分布式且通常不保证 ACID 完整性的数据存储系统，例如 MongoDB、Redis、HBase 等。NoSQL 提出了另一种理念，以键值来存储，结构不固定，每一条记录可以有不一样的键，每条记录可以根据需要增加一些自己的键值对，这样就不会局限于固定的结构，可以节省空间。而关系型数据库中每条记录的字段组成都是一样的，虽然并非每条记录都需要所有的字段信息，但关系型数据库依然会为每条记录分配所有字段。

如图 7-37 所示，NoSQL 大部分是开源的，大多针对一些特定的应用需求，主要分为以下几类：面向高性能并发读写的键值数据库，面向文档或类似半结构化数据的文档数据库，面向海量数据、分布式数据存储与管理的列族数据库。由于约束少，NoSQL 性能高。不过任何事情都有两面性，NoSQL 无法支持复杂的 SQL 查询，不适合存储过于复杂的数据，无法像关系型数据库事务那样保证一致性。还是那句话，所有的设计最后都关乎某种程度的折中。

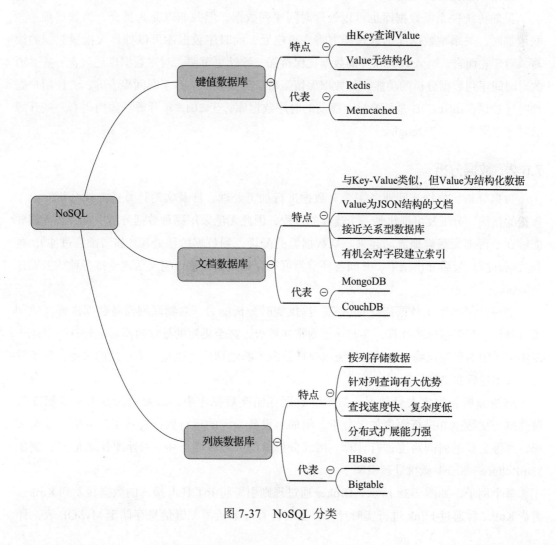

图 7-37　NoSQL 分类

物联网应用中有一种特殊类型的 NoSQL 数据库——时序数据库（Time Series DataBase，TSDB）。不同的 NoSQL 数据库针对不同的应用场景，而时序数据库专门以时间维度进行设计和优化。时序数据是随时间不断产生的一系列数据，简单来说就是带时间戳的数据，并且数据按时间顺序产生，是相对结构化的。时序数据的主要特点是数据量大，写多读少。时序数据库具有以下特点。

- 时间是绝对主角，就像关系型数据库中的主键一样不可或缺，数据按时间顺序组织管理。
- 支持高并发量、高吞吐量的数据写入。
- 数据很少有更新操作。
- 过期数据可批量删除。

虽然传统关系型数据库也可以处理时间序列数据，但并非以此为目标。当数据规模急剧增加时，关系型数据库的处理能力将变得吃紧，而时序数据库可以处理大批量数据的读写，对于它而言，写入数据和查询数据比保持强一致性更重要。时序数据库还包含一些共通的对时间序列数据分析的功能，如数据保留策略、连续查询、基于时间聚合等，方便用户处理时序数据。InfluxDB 是目前排名靠前的时序数据库，于 2013 年开源。国内也有一些开源的时序数据库，如 TDengine。

7.6.2 数据分析

数据分析将根据实际业务需要对数据进行加工处理，涉及实时计算或离线分析。由于数据的存储、分析及可视化是一个连续的过程，因此无论采用哪种数据分析手段，数据都要能够在平台上无障碍地流动起来。从数据源的配置，到数据的预处理（如清洗、过滤），再到数据分析，最后导出结果，其间各环节都可能存储数据，平台应灵活地支持各种数据操作及流转。

实时计算基于大数据流计算引擎，提供实时分析能力，对物联网设备数据进行高效加工与分析。对于指标的计算，实时计算通常在秒级，甚至更短的处理时间。流计算引擎源于现实生活中的形象比喻——数据像流水一样源源不断地到达。这是一个连续的过程，每条数据记录到达后立刻被处理。

离线分析先收集大量数据，然后将数据存储在数据库中，需要的时候再从数据库批量读取历史数据并进行深度加工分析，例如对设备一天的运行数据进行统计分析，以及按周、月等更长的时间跨度进行计算。离线分析使用大数据高可用、可水平扩展框架，例如 MapReduce、Spark 微批处理引擎。

举个例子，如图 7-38 所示，Broker 通过规则引擎将 IoT Hub 接入的数据转发到 Kafka，消费 Kafka 后通过 Flink 进行实时计算。实时计算环节所需配置信息存储于 MySQL 表，计算之后的实时指标存储于 Elasticsearch 数据库,其查询速度快,方便业务系统查询并实时刷新指标;离线指标存储于 Hive 表,供离线查询。

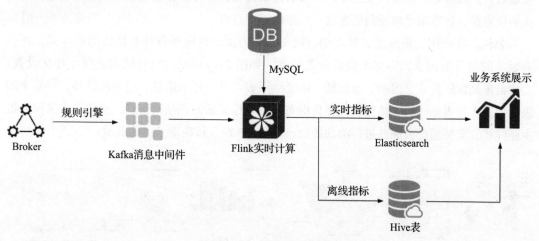

图 7-38 数据分析流程

在数据分析过程中,随着业务洞察不断深入,将逐步对指标进行归类,实时指标和离线指标是一个维度,而通用指标和业务指标则是从另一个维度划分的。随着企业规模不断扩大,同样的数据源,多个业务方都需要用到,并且用于计算不同指标,大家逐步思考是否应该建立数据分层,成立专门的数仓团队,由其完成通用指标的计算的工作,定义一致的指标、维度,各个业务系统直接消费即可,而无须每个都重复算一遍,只把业务指标交给各个业务团队开发。同时数据预处理、轻度汇聚等工作可由数仓团队完成,这些处理后的数据将保存在公共数据池中,相关人员申请权限后即可访问并进行后面的分析,这将大大提升数据分析效率并节省公司资源。

7.6.3 数据可视化

数据分析完成之后,通过可视化方式呈现。暂且将可视化输出结果统称为报表,有时也称之为仪表盘(Dashboard)。传统报表的制作方式主要依赖于人工和 Excel 等工具,为了查看数据并进行多维分析,需要从系统后台批量导出数据至本地,在效率和性能上存在诸多挑战,例如数据获取周期长,线下分析效率低且数据量大时卡顿严重,多维度分析数据时不知道数据在哪里。

业务人员或数据分析师虽然了解应该进行哪些方面的数据分析,但缺乏报表开发能力,而敏捷、高效的可视化自助分析工具和报表开发工具能提升报表制作效率,帮助他们快速利用数据进行决策。

目前很多平台提供拖曳式的交互新体验，降低数据可视化开发门槛，解决过去报表和分析高度依赖开发人员，从而引发需求响应时效性差的问题，实现报表开发提速，数据分析和取数自助服务化。例如拖曳式零代码报表开发过程，支持多种图表类型，可以快速构建精美的仪表盘，让数据呈现视角更丰富，数据内容更直观。

表格、柱状图、折线图、散点图、地图、热力图、饼图等各种各样的图表样式，可以满足不同的分析需求，服务不同的业务场景，如图7-39所示。可对图表进行个性化设置，支持自定义标题样式、图例、坐标轴、标签、图表背景、提示信息、图表配色等。将多个图表排列制作仪表盘时，支持拖曳控件自由布局，采用灵活的磁贴式布局，支持自定义仪表盘主题样式，支持适配大屏并进行滚动播放，支持PC端、移动端、大屏展示。

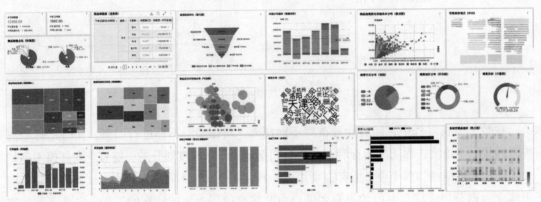

图 7-39　丰富的图表样式

数据可视化部分须与各种数据源打通，减少数据搬运时间和资源成本。例如它可以从 IoT Hub 中直接获取物联网设备属性数据，与 IoT Hub 无缝衔接，图表与属性字段关联，即可快速呈现物联网设备数据。支持连接各种数据源，如 MySQL、Oracle、Presto、Elasticsearch、Hive、ClickHouse、Excel、CSV 等，某些数据引擎可支持十亿级数据秒级响应。

在连接数据源的过程中，支持用户将需要的多张数据表关联成一张宽表，进行必要的数据处理（如字段重命名、字段类型转换、新增计算字段等操作），建立数据模型以进行后续的数据可视化分析工作。通过调用数值处理函数、字符串处理函数、日期处理函数、逻辑处理函数等，可对原始字段进行加工，例如对传感器采集的温度求平均、求最大值、最小值、均方差等，如图7-40所示。

平台有可能支持某些高阶可视化功能，例如：对于存在日期类型字段的数据支持同环比自动计算；在图表之间设置图表联动，对一张图表的数据源选择可联动另一张图表同步刷新；支持数据的上卷下钻，向下钻取使用户在多层数据中展现渐增的细节层次，以获得更多的数据细节,向上上卷以概括方式汇总数据(例如从周到季度,再到年度);提供图表组件开发能力,平台现有图表无法满足可视化需求时,用户可自行开发、发布和管理个性化组件,提升组件丰富性。

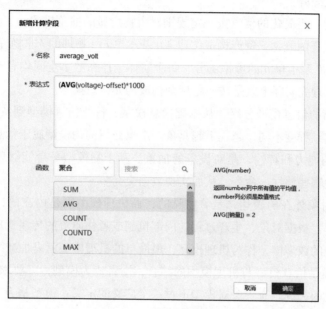

图 7-40 原始字段加工

7.7 工业数据建模

在大数据体系中,数据分析基于规则与算法,而工业数据建模为之提供机理模型和数据模型。为什么工业物联网强调机理模型、行业 Know-How 及行业知识图谱?工业大数据分析是在具备一定行业认知及知识储备的基础上,将机理模型数字化之后,再灌入物联网设备采集的大量数据,经过实时或离线分析,输出结果。工业大数据分析更多的是从因果关系出发,提出假设并验证,这显著区别于消费互联网领域的大数据分析——在大量无序的数据中寻找某种相关性,而不在乎相关性背后的原因。本节先澄清与工业数据建模相关的几个概念——信息模型、机理模型、信息物理系统(Cyber Physics System,CPS)和数字孪生(Digital Twin),然后介绍精益生产和持续改善的思想。

7.7.1 信息模型和机理模型

第 4 章介绍过网络互联和数据互通。数据互通通过建立标准的数据结构和规范,使数据在系统间能相互解析、识别,实现数据的互操作和利用。数据互通是异构系统的标准化接口。高层次的数据互通在于实现异构系统之间的语义互操作性，使各对象之间能够相互自识别、自解析，无须事先约定，就像所有人讲同一种语言一样，彼此能够理解，知道对方想表达什么，然后基于理解做出响应。信息模型承担的就是此类职责，它负责解决语义的问题，让不同对象间相互理解。

信息模型是用一组简化的信息按一定规则对事物所做的抽象描述。工业 4.0 参考架构模型提出了资产管理壳的概念，资产构成工业 4.0 基本单元（物理的/非物理的）的实体部分，管理壳构成工业 4.0 基本单元的虚拟部分。每个实体资产在数字空间均有对应的管理壳，即数字映射，资产管理壳实际上就是按一定规则构成的元信息模型。

OPC UA 提出的信息模型分级，从基础信息模型、行业信息模型到特定厂商扩展模型，不同层级信息的详细程度不同，越往上越具象。本章介绍的物模型属于信息模型的范畴，它描述了设备具备的能力和特性，是对设备的抽象。基于物模型平台能够理解设备支持的服务，每种服务包含哪些属性、命令，从而实现数据交互。

信息模型是对象外在的表达，是看得见的，而机理模型则是内在的，具体的算法和数学模型隐藏于内部。根据对象、生产过程的内部机制或者物质流的传递机理，如物理或化学的变化规律所建立的数学模型称为机理模型，最简单的机理模型就是加减乘除。

工业数据建模是信息模型与机理模型的结合，二者皆为模型，都要求行业 Know-How，它们是行业数字化的关键。有人曾对模型下过一个广义的定义：模型是为一定目的对部分现实世界而做的抽象、简化描述。用数学方程描述的是机理模型（数学模型），用一组抽象信息描述事物就是信息模型。工业界目前努力的目标之一，就是将大量的机理模型数字化，将专家的经验知识从线下搬到线上，形成可复制、可迁移并最终规模化应用的能力。机理模型可基于各种语言开发，如 C、Python、MATLAB 等，开发好的模型打包后即可部署到云端或者边缘节点，目标硬件须具备相应的运行时引擎以加载和执行算法模型。优秀的平台在无缝切换模型的开发与部署方面做得非常好。信息模型和机理模型的关系如图 7-41 所示。

机理模型的优点是具有非常明确的物理意义，模型参数易于调整，具有很强的适应性；局限性在于，对于某些对象难以写出数学表达式并确定表达式系数以形成最终机理模型。机理模型往往需要大量的参数，如果不能很好地获取参数，会影响模型的精度和效果。

实际的工艺过程往往非常复杂，其机理模型不一定可以用简单的线性常微分方程组表达，而建立复杂模型费时费力，因此这将是一个长期积累的过程。机理模型开发完成后需要反复验证和调整参数以达到较好的效果。如图 7-42 所示，针对旋转机械阶次分析[⊖]，为达到最优分析效果，模型提供了多个选项供用户调参。

⊖ 旋转机械处于运动状态时，其本身或与之关联的结构会产生一定幅值的噪声信号。一般噪声信号较明显处所对应的频率通常是转速或转速的倍数，这种噪声频率与转数之间的倍数关系即为阶次。通过阶次可以对结构的振动噪声信号进行分析。

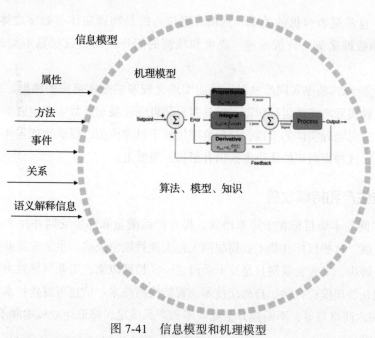

图 7-41　信息模型和机理模型

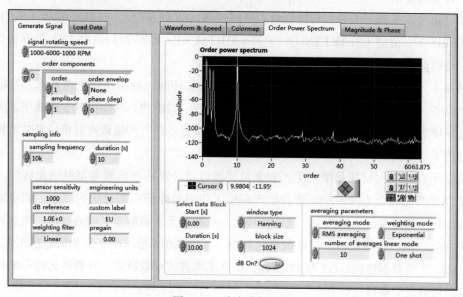

图 7-42　阶次分析示例

　　两个与信息模型及机理模型相关的概念是信息物理系统和数字孪生。本书无意给二者下精确的定义，在这方面学术界及行业已经有非常多的讨论，这里重点探讨这些概念背后的含义。信息物理系统和数字孪生都描述了物理实体和数字虚体。在物理实体和数字虚体之间横亘着两个关系，一个是自下而上的状态感知和数据采集，另一个是自上而下的实时控制,这些是看得见的关系。然而,更核心的是物理实体与数字虚体之间的联动,完成状态感知数据采集、分析推理、决策和预测的闭环,而不仅仅是形似或某种程度的映射。

数字孪生强调的是虚实同步映射,目前实践比较多的是实向虚的映射,例如通过虚拟的产线模型反映实际产线的运行状态,这其实只是可视化展示。数字孪生更重要的价值是分析推理及其之后对物理实体的干预,分析推理依赖于机理模型,促成物理实体与数字虚体之间的内在相似。这种虚向实的优化干预仍有很长的路要走。

7.7.2 精益生产和持续改善

工业物联网的本质目标在于降本增效、提升产品质量和缩短交期并在企业战略层面实现管理水平升级。这些目标并非工业物联网大包大揽就能解决的,也并非工业物联网出现之后才开始着手解决,工业物联网只是技术手段之一。长期以来,工业领域致力于运用各种新技术手段和创新管理模式,例如自动化技术、智能检测技术、信息可视化技术、精益生产管理、6S 管理和六西格玛等,不断提升企业效率和产品质量,降低企业成本和不确定性风险,持续改善和精细化。

自动化技术提升了工业大规模批量生产的效率。6S 的整理(SEIRI)、整顿(SEITON)、清扫(SEISO)、清洁(SETKETSU)、素养(SHITSUKE)和安全(SAFETY)是现场管理的基础,通过标准化、规范化提升现场效率和作业质量。

精益生产最早是日本丰田公司用于生产组织和管理的一种现代化生产方式,目标是降低生产成本,提高生产过程的协调度,杜绝企业中的一切浪费,从而提升生产效率。美国大学通过一项名为"国际汽车计划"的研究项目对日本企业进行大量调查后将结果总结提炼出来,创造了"精益生产"这一概念。

精益生产的两大特征是准时生产和全员持续改善。制造业向服务型制造业转变,精益生产要贯穿产品的全生命周期。精益生产催生了很多至今仍广为讨论的概念,如协同、柔性、精细化、信息流等。精益生产是一种理念,一种永无止境精益求精的过程,而这种理念也是工业物联网、智能制造、企业数字化转型、工业 4.0 等追求的,即如何通过工艺上云、设备上云、工业数据建模、OT 与 IT 融合,以低成本方式获取数据,并营造无障碍的数据流动条件,以数据驱动持续改善。

以生产环节为例,生产全要素"人、机、料、法、环"是影响产品质量和交付的主要因素。数字化工厂将这些生产要素互联互通之后,通过状态感知数据采集、工业数据建模分析推理,将产品品质与生产过程联动起来,倒推生产各要素加以改善和优化,体现的正是这种持续改善目标。很多工业物联网项目以机器设备资产绩效管理为起点,解决自动化设备线上化管理、效能提升的需求,然后以设备为轴,关联使用设备的人员效能,将设备的产能和生产质量逐步打通，通过数据的汇聚合力，在更高层面形成新的洞察，这一点是传统方式所不及的。

置于大背景下思考共性的目标，并对已有的研发、生产、管理模式及流程有深刻的理解，才能更好地提出问题并找到持续改善点，将工业物联网嵌入体系之中并发挥它的价值。一个常见的误区是，当企业提出数字化转型过程中遇到的产品质量追溯、效能瓶颈、业务流程、运营管理问题并求诸工业物联网团队支持时，内部方案团队或外部解决方案商会不自觉地把工业物联网打包成一个大而全的数字化解决方案，给决策层设立过高的预期，执行方案却不够聚焦，并且缺乏对已有流程和信息系统所承担功能的尊重，做了一些本该专业系统（如 MES、ERP、APS 等）做的事情，最终导致方案外行又难用。

7.8　平台赋能开发者：低代码化

低代码是一种软件快速开发方式，实现应用的快速开发。借助低代码或零代码，使用者无须编写复杂代码，即可完成企业系统的开发、维护和扩展。从软件诞生起，低代码一直是提高软件生产力的努力方向。随着信息时代的全面到来，在数字化转型浪潮和人口红利逐渐衰退的大背景下，需求越来越丰富多变，IT 服务的软件生产效率已成为制约行业发展的瓶颈，在此背景下，低代码开始兴起。

2018 年 6 月，OutSystems 公司宣布获得 3.6 亿美元投资，估值过 10 亿美元，成为新晋独角兽。同年 10 月，低代码开发平台 Mendix 被西门子以 7 亿美元正式收购，更是把低代码平台推向一个小高潮。西门子随后在全球范围内，尤其是在中国市场大力推广 Mendix，并在物联网领域加速 Mendix 与 MindSphere 的融合。互联网和云服务巨头也对低代码平台不断加大投入。

从程序员的视角来看，低代码平台只是一个高效率的 IDE，其提供的低代码开发工具将帮助应用快速开发上线。在工业物联网平台体系中，数据分析、数据可视化、边缘节点数据清洗规则、工业数据建模等都或多或少地运用了低代码化思想。

平台的目标是希望开发人员聚焦于业务逻辑，而不必从零实现底层逻辑，赋能开发者更加高效地响应业务需求。例如针对大数据，平台整合了 Flink、Spark 和 JStorm 等各种计算引擎，并与 HDFS、Hive 和 Elasticsearch 等存储组件打通，这样大数据挖掘与分析工程师在创建实时计算任务时，基于平台提供的可视化开发界面和向导指引，依次选择数据源、计算组件、Sink 组件（用于保存计算后的数据），配置硬件资源并启动任务，即可快速分析数据并得到结果。工程师无须关心各组件是怎么实现的，运行在哪个集群，其本质是大数据领域的低代码化。同理还有 AI 领域的低代码化、报表可视化的低代码化等。

低代码模式很早之前就已存在，下面举两个例子。

第一个是测试测量行业（Test and Measurement，T&M）图形化开发的例子。1986年，NI公司的工程师开创了图形化编程方式。不同于传统的文本编程，这让工程师和科学家第一次利用图形化的方式，直观地实现应用程序，大大缩短了开发周期，从而能够将节省的时间投入到相关行业的针对性研究当中。

当时NI的工程师们看到了Excel这种软件在财务报表分析中所发挥的作用，惊叹于Excel能够以如此方便的方式来提高财务报表和分析的效率。他们也想创造一款软件，能够在测试测量领域实现革命性的创新，而这款软件就是LabVIEW。LabVIEW采用图形化的方式开发多线程任务和用户界面，能够高效、方便地实现数据采集、分析和显示。用户能够通过仪器总线获取硬件设备采集的电信号数据，利用LabVIEW内置的千余个数学函数与信号处理专业库进行时域或频域分析，并通过丰富的图形控件进行展示。这其实和工业物联网的数据流类似，只是LabVIEW以单机软件为主，所有环节均在本地完成，不像今天这样有云计算和大数据的丰富资源，使得数据存储和计算的成本大大降低。LabVIEW的开发过程类似于人的思维方式，所想即所得，从草图到代码实现的过程是连续的，如图7-43、图7-44所示。

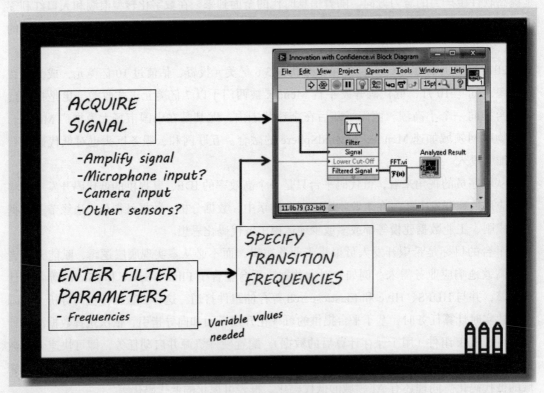

图7-43 所想即所得的开发方式

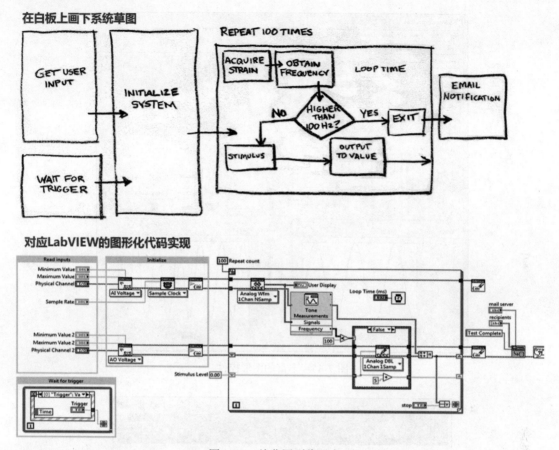

图 7-44 从草图到代码实现

LabVIEW 开发的程序分为两部分：前面板和程序框图。前面板即界面，程序框图则是代码实现。在 LabVIEW 程序框图中，每一个函数用图标表示，图标具有输入输出参数，不同图标之间通过连线传递数据，是数据流编程。而前面板的每一个图形控件如图表控件、数值控件，在程序框图上存在对应的节点，将函数输出参数连线到节点，程序运行时图形控件即可实时显示计算的结果；反之用户在图形控件上修改了某个参数，在程序框图上通过节点与函数相连，以数据流的方式传递给函数，如图 7-45 所示。

除此之外，LabVIEW 提供了一些基于向导的开发助手，类似于低代码开发平台的模型驱动。通过向导的一步步指引，完成数据采集分析或者仪器控制任务，这进一步降低了开发的门槛。有些向导助手提供自动代码生成功能，例如生成 LabVIEW 代码或者 C 代码。当开发人员有复杂逻辑要编写而工具向导无法满足时，通过自动代码生成工具先输出一个框架，开发人员再进行二次开发，同样可以提升效率。图 7-46 所示为数据采集向导，通过向导可以快速完成一个模拟信号采集任务的配置。

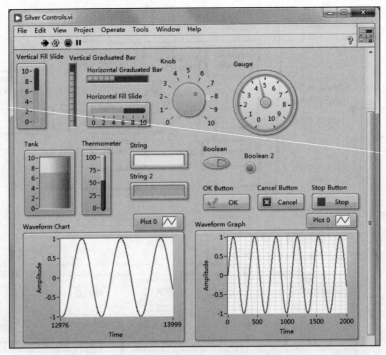

图 7-45　丰富的图形控件

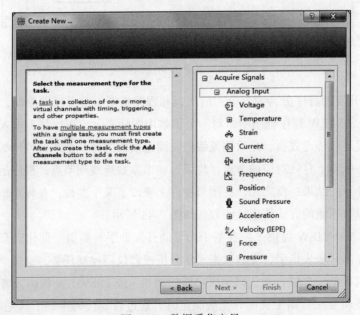

图 7-46　数据采集向导

第二个例子是关于 Mendix 的。Mendix 于 2005 年成立，是低代码化平台的代表之一。

借助平台低代码开发工具，不同经验水平的开发人员能够通过图形化用户界面，使用拖曳式组件和模型驱动逻辑来创建 Web 和移动应用。平台集成了各种图形部件供用户直接使用。同样地，这些图形对象都进行了封装。如图 7-47 所示，在界面中添加了 Submit 按钮，在按钮的属性窗口可以设置它的事件（Event），单击按钮时触发微流（Microflow）。微流可类比于文本编程里的回调函数，即一段完成特定任务的代码，Mendix 通过微流实现背后的业务逻辑。

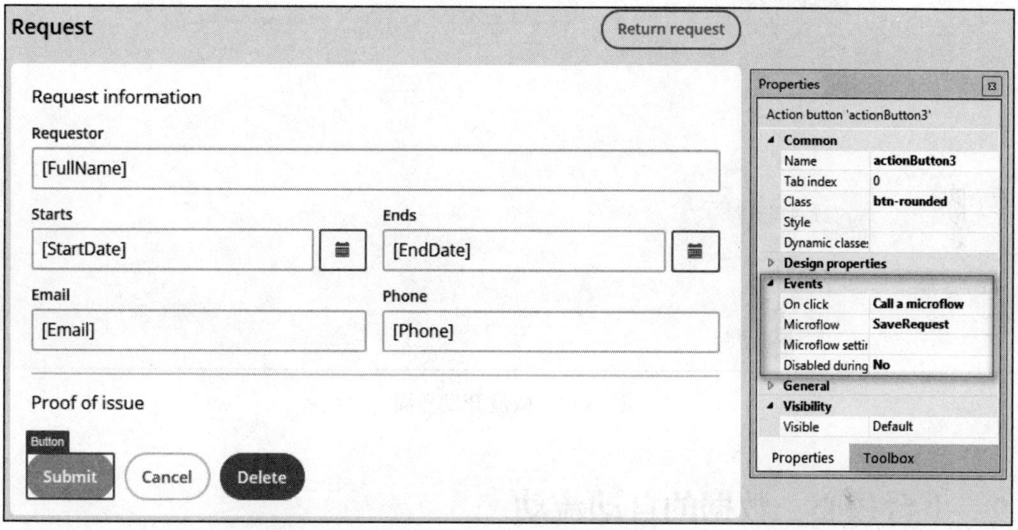

图 7-47　应用界面设计

与上一个案子的目标相同，Mendix 也致力于提升开发效率，降低门槛，让开发人员聚焦于业务。区别在于领域不同，Mendix 最初专注于 Web 和移动应用，而 LabVIEW 专注于工业数据采集分析。Mendix 提供了一些企业解决方案模板，业务人员通过可视化组件参与到开发过程中，与开发人员合作开发适合自身的应用。

微流的开发界面和 LabVIEW 程序框图具有一定的相似性，都是利用连线形成数据流，图标代表要执行的动作（Activity），循环（Loop）和条件分支（Decision）也用图形化表示，如图 7-48 所示。

从这两个截然不同的案例中可以观察到低代码化的一些共同点——可视化、降低开发门槛、模型驱动、快速开发上线。目前大家对于低代码化开发方式在效率提升上的优势已逐步形成共识，市面上的各大工业物联网平台都在不断迭代，均不同程度地融入低代码化的能力。

对于低代码化的程度，甚至无代码化的看法，见仁见智。并非所有的应用及逻辑流程都能够低代码化并做成标准模板。对于某些复杂逻辑，最有效的方式还是写代码，因为它不具备通用性，为了通用性而做成标准模板，只会使低代码化工具变得臃肿和低效，这就失去了低代码化的初衷。

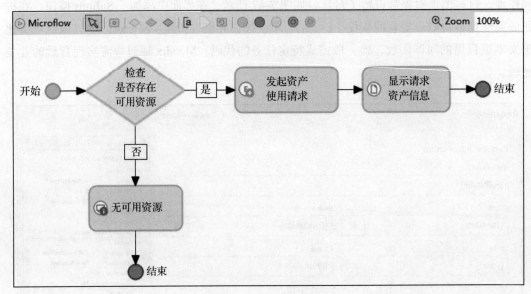

图 7-48　微流开发界面

7.9　平台核心：数据的自动流动

设备接入、设备管理、边云协同、大数据系统、工业数据建模和低代码化开发相互协作形成了完整的工业物联网解决方案，背后很重要的一点在于数据的自动流动。通过良好的架构设计，构建数据底盘，平台为数据的无障碍流动创造条件，使得平台组件之间的数据相互流通，形成多源数据联动。

7.9.1　打破信息孤岛

信息孤岛指信息不共享，业务流程和应用脱节，即俗称的烟囱式信息化建设，每个应用系统拥有独立的数据库和数据应用体系，彼此无关联。信息孤岛无处不在，存在于企业内部的生产系统与信息系统之间、不同的信息系统与信息系统之间、行业之间。正因如此，在企业数字化转型浪潮中，大家都在讲如何打破信息孤岛，如何实现 OT 与 IT 的打通，如何打通全价值链"产品订单—生产计划—材料供应—生产制造—交付与营销—服务支持"，如何建立行业信息模型标准等，达到网络互联、数据互通，创造数据无障碍流动的条件。

造成信息孤岛的原因有很多，包含技术层面和非技术层面的因素。信息化建设是一个渐近的过程，并不能一步到位，企业为了满足业务需要开发了很多系统。与此同时，企业业务范围在不断变化，为应对快速变化的市场，又可能新增系统。已有系统和新系统之间最初可能没有数据打通的需求，也未为后期可能的信息共享预留接口，每个系统都有自己独立的服务器、数据库、数据生产和管理流程，存在很大的冗余。

企业的职能部门分管了企业的各项业务，无意中分隔了企业内原本应该统一的信息数据，导致企业缺乏全局观，企业统一的业务流也未能反映到全部的信息系统上。从某种意义上说，信息孤岛也是企业管理上的孤岛的映射。

今天，很多企业的数据中心正在经历从传统架构向云架构的转型，新的应用系统基于云原生架构开发，已有系统在迭代升级过程中往云上迁移，云计算加速了应用系统之间的信息共享。但基础设施之间互通了，并不等同于消除了信息孤岛，在此之上的数仓建设、数据中台、工业大数据体系建设等都致力于在公司层面形成数据底座、数据资产，真正意义上实现数据共享。从这一视角看，很多技术路线或理念最后殊途同归——在消除信息孤岛的过程中，利用数据的流动挖掘业务价值。

7.9.2 挖掘数据应用价值

数据的无障碍流动条件建立后，多源异构数据在平台汇聚，不同系统之间的信息孤岛被打破，就可以深度挖掘数据的应用价值。数据之间的关联大体分为因果关系和相关关系。因果关系是根据原因找到结果，强调因、果背后的科学逻辑。机理模型即体现因果关系。工业领域习惯于因果关系。产生了某个结果之后，会依据理论和经验分析，尽力搞清楚它的原因，强调行业 Know-How 与行业知识图谱。即使某些场景并未建立机理模型，而是通过实验法——给定输入（激励），测其输出（响应），根据输出和输入的关系来计算、拟合，从而近似得到当前系统的动态特征，最后还是会分析系统特征的合理性。

相关关系寻找的是数据之间的相关性，发现数据之间的正相关性或负相关性。相关关系在消费互联网领域较常见，比如利用大数据及 AI 算法，从看似毫无关联的数据之中挖掘出新的数据应用价值。举个例子，零售超市分析师整理了几大区域的超市商品销量，从销售数据中发现周末啤酒和尿布的销量会同步上升，呈线性相关性。对这类购买人群进行分析，发现大多数购买者是有孩子的男性。这些男性在周末采购前会被妻子叮嘱采购尿布，而他们在购买尿布时会自发采购喜爱的啤酒。发现这个现象后，零售超市下达决策，将啤酒和尿布这两个本来不相关的物品摆放在一起，这一决策提高了商品的销量，公司的收益也提高了。相关性在于发现某种迹象，然后指导用户做出决策，至于相关性背后的原因，很多时候并不重要，用户只关心接下来怎么做。

大数据和云计算时代，数据存储能力和算力的大幅提升使得很多限制都已经消除了。例如传统的抽样分析转变为全量分析，通过全量数据分析大幅提升结论的准确性。某些领域从不可预测变为可预测，预测是基于历史的规律对未来进行推断，大量的历史数据基础让分析从"面向已经发生的过去"转向"面向即将发生的未来"。

除此之外,大数据与AI还催生了一些变化,在对不精确数据结果有一定容忍度的场景中,它将从关注精确度转变为关注效率。大数据分析包含统计学的方法,例如概率学和数理统计,通过寻找概率,只要大数据分析指出可能性,就会有相应的结果,从而提高企业决策和动作的效率。

对于工业物联网,可以将因果关系和相关关系相结合。过分强调相关关系,尝试各种AI算法,通过黑盒方式暴力计算,试图寻找问题,在工业场景很多时候是不可取的,这也是很多AI项目落到ToB垂直领域失败的原因,造成大量AI项目泡沫。更理性的做法是在对场景进行调研,并对既有分析手段有了充分理解之后,通过大数据+AI技术手段优化原有的机理模型,或者通过新的路径输出不同维度的数据,与原有的数据相结合,从而获得新的洞察。而这正是构建数据底盘,促成数据流动,形成联动机制的最终目标和价值所在。

7.10 本章小结

本章首先系统介绍了平台的功能职责、其在整个工业物联网体系中承担的作用,以及当前工业物联网平台的应用分布情况。然后详细介绍了平台的各大功能模块,从设备接入、设备管理、边云协同、大数据系统到工业数据建模。最后探讨了低代码化对开发效率的提升作用,以及创造数据自动流动条件的重要意义。

本章对于部分功能进行了详细的阐述甚至绘制了参考设计,而对于某些功能则以发散讨论为主,例如边云协同、低代码化。我们应该弄清楚每个概念背后的本质诉求和原因,切勿盲目追求技术栈和平台功能的大而全。平台的核心是为了解决业务问题,为应用软件快速开发及上线提供有力支撑并逐步将企业数字化能力沉淀为模板。

第 8 章 Chapter 8

工业物联网应用

　　工业物联网的本质是通过工业资源的网络互联、数据互通,基于自主性的感知、学习、分析、推理和决策,实现资源的高效利用,构建服务驱动型的新工业生态体系。工业物联网是企业数字化转型、精细化运营的赋能手段之一,而数字化转型也并非最终目的,最终目标应落到降本增效、提质、企业管理水平升级等方面。

　　本章将分享几个工业物联网应用案例,这些案例具有一定的代表性,它们聚焦于解决几个具体的问题,通过这些案例,让我们看到工业物联网项目落地过程所给予的启发,同时深刻体会实施过程中所遇到的挑战。

本章目标

- ❑ 深刻理解工业物联网应用与业务本质。
- ❑ 建立工业物联网应用落地价值评估体系。
- ❑ 区分工业物联网技术创新与商业模式创新。
- ❑ 了解工业 APP。
- ❑ 洞察与思考成功案例背后的重要条件。
- ❑ 理性看待企业战略层面驱动的重要性和局限性。
- ❑ 了解目标聚焦的重要性,了解如何通过价值抓手实现项目的规模化应用。
- ❑ 了解现代工厂正在发生的由数据驱动带来的变化。
- ❑ 认识技术的双面性,技术向善使得科技改善民生。
- ❑ 了解工业物联网应用的深度延伸。

关键术语

业务本质、应用价值、降本增效、产品交期与质量、风险控制、企业战略、线上化、运营常态化需求、工业 APP、业务聚焦。

8.1 应用：回归业务本质

笔者曾经在一个数字化转型论坛上，听到关于数字化转型策略的讨论，摘录如下。

企业数字化转型绝不能一味求全、求大、求快。设计总体架构不应追求全面开花，尤其是组织能力并不完善时。要坚持以业务为驱动力，要挖掘需求，引导需求，但也不能凭空创造需求，更不要想追求完美，要从业务痛点出发，拿出切实可行、可落地，并且兼顾效率、效果的实施方案，一步一个脚印地逐步开展，应用成熟了再发展。否则，不但得不到业务的认可，还会造成巨大的浪费。

这段话也非常适用于考量工业物联网应用，应用一定要回归业务本质。现在有太多工业物联网案例汇编、研究报告、企业新品发布，相信读者有类似的经历，各种激动人心的词汇，如赋能、重构、中台、平台化、端到端、全生命周期、价值转化、生态、去中心化等，可是听不明白它们究竟能解决什么问题，或者问题是否真的有效解决了。

这种泛泛的宣传有时会让用户产生误解，一种是夸大工业物联网的作用，另一种刚好相反，认为工业物联网并未解决实际问题。当回归业务本质并按需驱动时，应将企业的诉求归属到降本增效、质量与安全（风险控制）、运营常态化需求、企业战略能力以及提高收入 5 个价值维度，如图 8-1 所示。然后看当前要解决哪个维度的问题，找到工业物联网项目的价值落脚点，并评估是否有能力解决该问题。

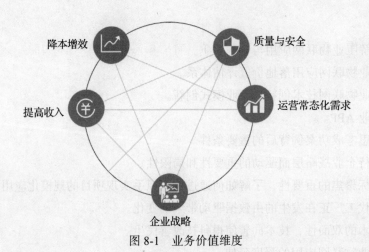

图 8-1　业务价值维度

8.2 关于工业 APP

随着两化融合（信息化和工业化深度结合）的推进、工业互联网新概念的出现，以及行业对工业技术/知识复用的重视，企业越来越重视将沉淀的经验和知识从线下搬到线上，让工业技术/知识得到更好的保护与传承，实现更快和更大规模的应用。在此背景下，借鉴消费领域 App 的特征——体量小巧、易操作和易推广重用，针对工业领域提出了工业 APP 的概念。

工业 APP 与工业软件概念相关，引用《中国工业软件产业白皮书（2020）》中的定义[⊖]，工业软件是工业技术/知识、流程的程序化封装与复用。更为全面的描述如下。

工业软件是工业技术/知识、流程的程序化封装与复用，能够在数字空间和物理空间定义工业产品和生产设备的形状、结构，控制其运动状态，预测其变化规律，优化制造和管理流程，变革生产方式，提升全要素生产率，是现代工业的"灵魂"。

工业 APP 属于新形态的工业软件，它与工业软件是从属关系。工业 APP 的最大特点在于依托平台，工业 APP 的开发、部署和应用基本都是基于平台开展的。每个工业 APP 解决特定的业务场景问题，虽然是专门开发的，但其依赖的计算存储资源、数据库和工业 PaaS 组件，由平台提供，避免了基础模块重复建设，这便是"新形态"的体现。

如果把工业物联网的架构简化为感知层、平台层和应用层，工业 APP 便属于应用层的范畴，平台的性能以及价值最终通过工业 APP 应用得到体现。

从 IT 视角看，工业 APP 也可以称作业务系统或应用系统，IT 业务系统分为前端和后端，前端为交互界面，例如 B/S 架构中基于浏览器的客户端界面，后端即服务器。工业 APP 同样包含前端和后端，开发人员可以充分利用平台提供的服务和中间件，无须从底层框架开始搭建，就能快速上线应用。在有些平台上开发工业 APP 时，开发人员甚至都不会意识到前端和后端，通过平台提供的低代码化工具，用户使用拖曳方式调用模型和函数、配置参数、创建界面，然后在平台上一键部署（背后是完整的 DevOps 功能），工业 APP 就开发完成并上线了。

8.3 应用案例概览

本节通过几个不同的案例，帮助读者学会如何识别工业物联网技术创新与商业模式创新，洞察与思考成功案例背后的重要条件，理性看待企业战略层面驱动的重要性与制约性，理解聚焦的重要性及通过价值抓手实现项目的规模化应用，认识技术如何改善民生，了解现

⊖ 地址为 http://www.caitis.cn/newsinfo/1573724.html?templateId=100829。

代工厂正在发生的由数据驱动带来的变化,了解工业物联网在某些应用方向的深度延伸与创新。

对于工业物联网应用而言,成功从来没有捷径可言,虽然某些应用从原理上可能一句话就足以概括,但背后的影响因素很多,任何一个细节都有可能决定成败。这同样是很多数字化转型项目所遇到的挑战,有些调整牵一发而动全身,有些涉及企业底盘数据架构的重构,有些改变了现有的业务流程,有些打破了企业经营的中间灰色地带。回归业务本质,聚焦价值点变得异常重要,要避免目标范围大而全,从而减少不必要的阻力。

8.3.1 应用案例业务价值汇总

表 8-1 从业务价值维度对几个案例进行概括。

表 8-1 应用案例概览

应用案例	业务价值维度
当代工厂车间数字化应用	☐ 运营常态化需求 ☐ 降本增效 ☐ 质量与安全 ☐ 企业战略
轨道交通装备远程监控与预测性维护	☐ 质量与安全 ☐ 降本增效 ☐ 运营常态化需求
医药冷链:法律法规下的不断链	☐ 质量与安全 ☐ 运营常态化需求
电梯物联网:安全与广告跨界	☐ 质量与安全 ☐ 提高收入
声源定位:让城市更安静	☐ 运营常态化需求 ☐ 质量与安全

8.3.2 如何看待和衡量投资回报率

ROI 是大部分项目正式启动前的评估指标,从公式上看,ROI 的计算很简单。

$$ROI = 收益 / 投资 \times 100\%$$

为什么很多时候会觉得 ROI 难以量化呢?投入部分相对好计算一些,而难点主要体现在收益部分。以工业物联网项目为例,主要投入项包括硬件和软件及相应研发人力、部署实施和管理运维,这些是可以量化的,至少可以估算得大致准确。收益部分,从业务价值 5 个维度来看,如果是降本增效、提高收入,那么节约的成本可以直接转换为收益。这种情况下收益的计算比较直接,如果遇到这类场景和项目,收益可观,有再大的困难也应该认真评估。

对于另外 3 个维度，收益无法直接量化。正如第 1 章提到的，在工业物联网的开展与布局过程中，经常遇到"说不清、算不明"的问题。算不明，在于价值难以计算，工业物联网项目通常回报周期比较长，空间和时间跨度范围大，而且需要数据积累，通过数据驱动发现问题、解决问题。决策层应该全面地看待收益，评估直接收益、间接收益、刚性收益和转换收益。

有时候投资部分的计算发生了变化，部分投资项不再计入成本。这种情况往往是行业出台了强制标准规范，或者项目投入后非常成功，给企业带来全新面貌，促进了经营管理改善，企业从上到下形成共识并决定持续推动。比如针对运营车辆，部分地方政府要求新能源车安装 GPS 物联网设备，当 GPS 物联网设备成为标配时，默认在出厂时安装好，慢慢地大家就不再将 GPS 物联网设备的相关投入单独计入成本了。虽然这部分费用还是由最终用户买单，但可以理解为所有车型都提价了，大家也默认接受了该提价。当投入不再计入成本，项目也变得好推动了，熬过边界之后，项目迎来转机。

8.4 当代工厂车间数字化应用

工厂车间数字化是一个很大的概念，第 1 章介绍的信息化、数字化和智能化都是概括性的抽象概念，虽然有时候人们会对不同的概念加以区分，但事实上，如果企业的数字化转型并未达到需要对这些概念进行区分的阶段，这种区分就是无意义的。就像工厂实现自动化的前提是标准化，而信息化在很大程度上依赖于自动化基础。人工作业时代，可采集的信息很少甚至无法采集，供分析和挖掘的数据量少且质量差，讨论信息化和数字化的区别就没有多大价值。

8.4.1 从信息化整体规划到数字化转型

对于研发制造型企业，从全流程来看，大致分为研发设计、生产制造、运营管理以及服务运维 4 个阶段，全流程信息化整体视图如图 8-2 所示。

以前谈论企业信息化整体规划，现在讲企业数字化转型、智能化生产运营，OT 与 IT 融合，本质上都是在探索企业经营全流程中，如何在各个环节获取数据，如何打通各个环节形成数据的流动，如何通过数据发现产品设计、排产交付、成本、质量和供应链等方面的异常，继而在战略层面分析市场经营、财务运营、产品研发、生产执行和设备能力，形成决策。

从信息化整体视图来看，似乎工业物联网各层级对应的功能点，都已经具备，例如数据采集、边缘计算、平台数据对接和应用分析。那么工业物联网带来的变化是什么，差异是什么，它的边界在哪里？理解这一点非常重要，可以避免掉入企业数字化转型大而全的实施陷阱。工业物联网比任何时候都更加强调数据驱动，它通过传感器或协议适配采集实时数据以及对接来自其他系统的数据。

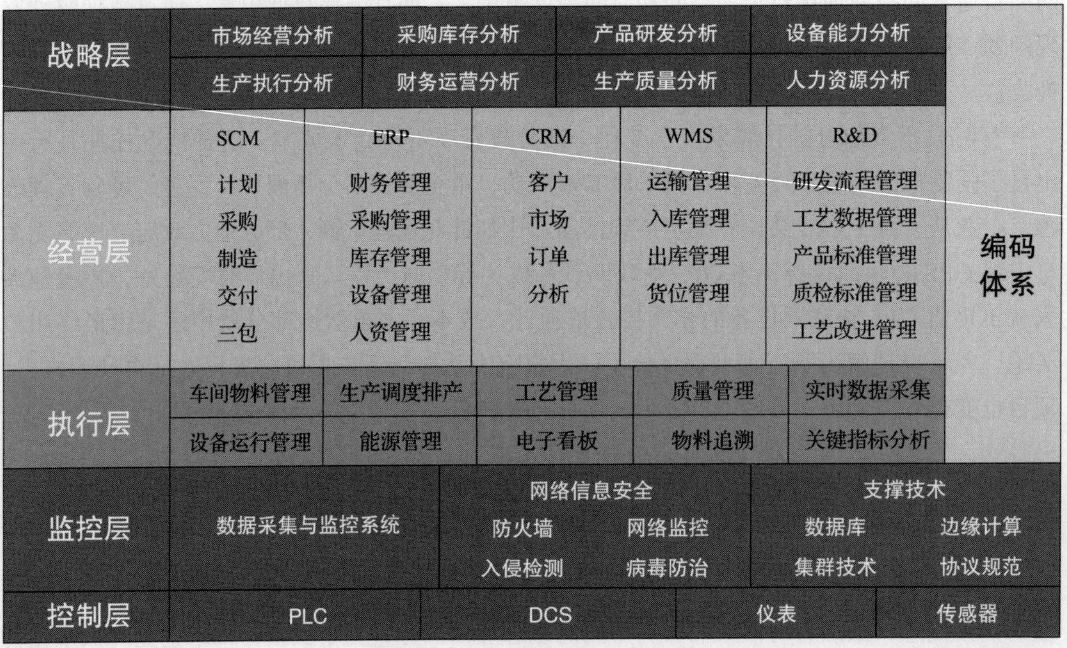

战略层	市场经营分析	采购库存分析	产品研发分析	设备能力分析	
	生产执行分析	财务运营分析	生产质量分析	人力资源分析	
经营层	SCM 计划 采购 制造 交付 三包	ERP 财务管理 采购管理 库存管理 设备管理 人资管理	CRM 客户 市场 订单 分析	WMS 运输管理 入库管理 出库管理 货位管理	R&D 研发流程管理 工艺数据管理 产品标准管理 质检标准管理 工艺改进管理	编码体系
执行层	车间物料管理	生产调度排产	工艺管理	质量管理	实时数据采集	
	设备运行管理	能源管理	电子看板	物料追溯	关键指标分析	
监控层	数据采集与监控系统	网络信息安全 防火墙　网络监控 入侵检测　病毒防治		支撑技术 数据库　边缘计算 集群技术　协议规范		
控制层	PLC		DCS		仪表	传感器

图 8-2　制造业信息化整体视图

从业务范围来看，生产现场的很多数据仅停留在单个车间范围内，由于管理职责有边界，不同车间数据由不同部门管理，因此数据分析能力是有限的，信息化和数字化也被限制在特定范围内。当某个问题只在局部环节发生并且和上下游没有依赖关系时，对已有信息系统进行小范围的优化有时反而更直接更有效。

工业物联网则面向跨部门、跨层级、跨地域，且对数据实时性有要求的场景。在更大范围，打通 OT 和 IT，以大量基础数据汇聚为支撑，以企业全流程为视角，再聚焦到特定的环节加以改善和优化。例如工厂与工厂之间的设备效能、人员效能的对比，同一个工厂内更大的历史时间跨度下的能耗对比，这些只有在数据达到一定规模，并超越一定时空限制时，才能发挥效力，管理层才能通过数字化发现趋势和问题。

从数据洞察深度来看，即使在车间级，现有系统的信息也可能并不全面，不能满足精细化运营的要求，需要采集更多的数据。数据可来自底层自动化控制系统，或者增加传感器采集，或者打通某些系统，让数字化做得更彻底，更深入，例如有些信息存在于制造执行系统，有些存在于生产调度排产系统，有些存在于设备监控系统，而有些需要存量改造加装传感器。

为了解决问题，工业物联网尝试获取更多数据，丰富数据维度。对于已有的数据，如果架构没有大问题，就可以尝试打通系统，当旧的系统已无法满足数据互通的要求时，再考虑重构。组织不同的团队坐在一起，对架构重构进行讨论、评审。重构并不意味着工业物联网要去做 MES、APS 或 SCADA 本来该做的事情，重构的目的是整合数据，而且这种整合，更多是松耦合的，专业功能仍交由专业系统完成。

8.4.2 应用实践

对于工厂车间数字化应用，有很多因素如特定行业背景、企业组织管理水平、已有工业自动化条件以及战略层面重视程度等，都对项目的成功落地产生很大的影响。本节笔者结合之前的一些经历，围绕价值维度写几点心得体会。

1. 不要忽视"运营常态化需求"

以设备物联网为例，车间有很多生产设备，它们有相应的本地 HMI 界面，设备的状态、告警、故障信息都在 HMI 上显示，供现场值班人员查看。有些工厂自动化水平高一些，会有更上层的 SCADA 系统，汇总零散的 HMI 界面信息，这样全车间的设备信息可在本地集中查看。这些信息仅限于在车间或工厂内部，缺乏全局视角。将 SCADA 系统作为工业物联网的感知层数据源，由 SCADA 开放接口对接物联网平台，物联网平台能够对所有工厂、车间的设备运营状态进行监控、分析。这样做的好处如下。

首先从企业管理角度，对于体量大的高价值资产，日常线上监控将极大降低设备管理风险，并保证资产盘点实效性和准确性，如果数据沉睡在生产现场，管理层将很难客观获取全局的准确信息。

其次提高了设备利用率，通过设备的产能、设备综合效能和设备故障率，在工厂与工厂之间、车间与车间之间、车间的不同生产线之间进行不同维度的比较，分析设备的任务分配是否合理、是否存在长期闲置浪费、是否某家供应商的设备质量故障率相对很高，在更大的时间和空间跨度范围，识别出问题的概率要高一些。

在某项目中，公司第一批投放了 300 台自动化机械装备于大客户现场，每台装备 20 万，装备由公司买单，投放后发现有 20% 的装备每天使用率低于 10%（时长不足 2 小时）。经过调查发现，这些大客户只有在旺季才会出现出货紧张的情况，全年也就十来天。负责该大客户的同事在需求调研时提交了自动化机械装备配给需求，后来项目组将这部分装备调拨到其他地区使用，针对这些大客户，高峰时临派人员进行支援。仅仅是一个简单的利用率指标，节省下来的费用也达数千万元。

从资产管理角度看，有时候企业会想当然地认为资产管理就是派人去定期盘点。如果是传统手段，对于一些价值不高但数量众多的资产，它们的折旧、损坏、流转、丢失，导致资产台账是不清楚的，很难依靠人手工盘点复核，即使进行人工盘点，工厂有时须停工数日，而盘点的准确性和质量又受人的主观能动性影响。通过物联网解决上述运营常态化需求是非常有意义的,而非形式上的看板和报表。

2. 提高设备生产能力,提高员工生产力

以设备 OEE 指标为例,它是一个综合指标,综合考虑设备可用率(操作时间/计划工作时间,停工带来的损失)、质量指数(良品/总产量)和表现指数(理想节拍/实际节拍,生产速度上的损失)。当我们可以全局查看所有设备所有时段的 OEE 时,对于 OEE 效能低的设备,要分析其原因:是计划分配的问题还是物料供应的问题;是设备故障问题还是操作工人熟练程度造成的;是管理问题还是执行问题。

对于员工生产力的考量更复杂一些。对于同一个工序多人作业环节,如果当前作业人员的收入模式为按时间计算,那么如果变为计件方式,即作业量化,营造多劳多得的公平竞争环境,效能一定会得到提升。在一个项目中,通过物联网加装传感器的方式,实现了工厂内叉车搬运作业人员的工作量化。同一批作业人员前两个月仍按原来固定计时模式结算,未告知后台已通过传感器在统计作业量(盲测),从第三个月开始被告知按新的结算模式,经过严格测算,效能提升 17.4%,为此每年带来的收益达 1300 万元。

如果公司业务处于增长期,新模式带来的价值将更大,虽然公司要为效能高的员工多支付一些工资(当然效能低的员工收入也变少了),但在业务量增长的情况下,假定某个工序业务总量 1000,由 10 人完成,现在业务量增长到 1500,可能 12 人就够了,而不是线性的 15 人,对于公司而言,增效带来了降本收益。

换个角度来看,企业即使效能不提升,仅实现工序数字化,就已经产生了巨大的价值,精细化工序建立在准确数据之上,企业在迈向全面数字化的过程中,依赖于各环节逐一突破,它的价值将体现在更高的战略层面。

计件方式并非总是可行的,很多时候工作无法简单地量化,没有可捕捉的信息,根本无法量化。和自动化设备相关的工序,是最有机会量化的,人机协同时,人的工作量通过机器设备的传感器和软件得以捕捉。

3. 不要总紧盯着省人力成本

很多时候,勉强节省了人力成本,却发现在其他环节暴露了更多问题。事情还是这么多,人员减少之后,直接导致事件响应时间变长,现场异常事件堆积滞后,而员工为了完成考核,应付差事导致质量下降,客诉增多,影响了正常的生产运营。

对于工业物联网,需要思考如何通过信息化手段,利用数据真实、实时的特点,帮助员工提升效率。例如从人找信息转变为信息找人,在出现异常情况时,第一时间匹配到正确的人来处理,极大提升响应效率并降低异常事件带来的负面影响。除此之外,有时应以动态的眼光看问题。很多人不愿意尝试转变,是因为他们用静态的眼光看待问题,总是认为环境没有变,现在没有价值的事情将来也没有。比如在提高人员效率方面,虽然某些项目短期内看不到降本，但是未来用工的问题会变得越来越突出，如果通过技术手段降低了工序的技能门槛，扩大准入人群范围，以解决企业用工荒的问题，那么将带来巨大价值。

4. 输出诊断建议更实用

很多工业物联网项目或者数字化转型示范项目，最喜欢的就是先上一个大看板，看板越大越好，上面排满各种图表曲线，看上去信息丰富，排布紧凑。看板是必要的，一些宏观指标在看板上呈现，可以帮助企业了解整体情况。看板信息很难用于指导行动，最多提示出现异常了。而工业物联网最需要做的，是在发现异常之后，找到原因并解决问题。

举个例子，如果应用系统提供一堆图表，显示每台设备一天之内每小时的利用率和 OEE 曲线、过去一个月每天的利用率和 OEE 曲线、过去一年每月的利用率和 OEE 曲线；设备一天之内每小时的能耗分布、过去一个月每天的能耗分布、过去一年每月的能耗分布。对于现场值班人员或管理人员，看了这些图表之后，有可能发现了某些问题，也有可能，什么都看不出来，只是一堆数据堆叠的曲线，随着时间一天天过去，既然图表没有价值，慢慢地也就不看了。我们换种方式，应用系统在提供图表之外，进一步给出诊断建议。

"2 号设备在过去一个月 OEE 下降 15%，超出预警线，建议检查排产的合理性以及设备的可用性是否正常。"

"3 号设备本月业务量增幅 3%，但耗电量增加 22%，建议检查车间节能管理措施是否执行到位或设备能耗是否出现异常。"

对比图表单纯的呈现信息或作为简单的传声筒，这种有针对性的诊断意见更实用。信息不在多，而在于是否能发现问题并辅助决策，是否能转换为下一步可执行的动作。

5. 应用层不追求归一整合

应用层展示前端界面并呈现结果。数字化范围非常大，而很多企业进行数字化转型，并非完全从零开始，可能已经有一部分 IT 应用系统，例如关于人员效能的、关于仓储的、关于运力调拨的以及资产管理的，工业物联网有可能涉及多个方面，合理的做法是坚持以平台层为核心，架构要明确（不能有扩展性问题），然后与上述 IT 应用系统打通，为它们输送数据，或者从中获取数据。当需要将不同数据整合联动时，才开发新的应用层。由需求驱动，不必在一开始就考虑将所有的功能整合归一，开发全新的大一统应用层。

如果原有的 IT 应用系统属于不同的职能部门，这样做可以减少阻力。当然，从用户使用的角度，如果他们需要查看多个应用系统的信息，而这些应用系统之前是完全独立的，通过应用层做一个统一入口再跳转也是可以的。

6. 建立统一编码体系

当涉及多个系统打通时，需要建立统一的编码体系，这套编码体系应在整个集团层面适用，只有这样，该物联网 ID 才能在系统之间具备唯一性，并且不担心重名。举个例子，在同一个城市里，描述地理位置的方法不是唯一的，每个机构和部门好像都有自己的描述方式，建筑部门给予每个建筑物一个独特的号码；房屋维护部门也有自己独有的编号体系；税务部门依照街区和地段，对每个建筑物进行特定标识；警察局采用笛卡尔坐标；消防局依托"电话亭"临近体系等。如果要消除信息孤岛并整合上述不同机构的信息，形成完整的画像，那么必然会先遇到身份唯一性的问题，需要建立映射关系表存储于数据库。

映射表更像是一种折中方案，而且要避免级联映射，级联映射是通过字段 A 映射字段 B，字段 B 再映射字段 C，字段 A、B、C 分别存在于不同的子系统，最后字段 A 和字段 C 匹配成功。不要小看这种映射，对于大数据集，这种计算消耗有时候是惊人的。更有效的方式是建立统一编码体系，唯一编码 ID 存在于每个子系统中，不同子系统打通时，通过唯一编码 ID 就可以快速索引，实现关联信息查询。企业应设计适合自身的统一编码体系，例如物联网 ID 可能包含标识码、资产类别、供应商代码、年月和序列号，或者使用某些业界标准编码体系。

7. 强有力的业务方（甲方）

此处针对企业内部项目，业务方类似于内部甲方。工业物联网整个链条较长，从数据采集，到最后呈现，中间环节很多，而且工业现场的差异化使得评估、开发和实施周期更长，和互联网 IT 系统相比，说不上敏捷。很多时候，人们希望这个过程能在数天内快速完成。工业物联网项目需要强有力的业务方。

强有力有两方面含义，一是业务方认同项目价值，二是业务方具有很强的推动力。由业务方推动时，项目在评估、实施阶段的很多工作会较顺利地推动下去，因为多数工业物联网项目涉及改造、硬件基础设施部署，谁来部署安装以及部署过程如何不影响生产，这些都需要业务方协调好，并流程化。还要评估项目的效果，量化的数据可以通过盲测、比对实验等方式获取，这些需要现场的全力配合。另外，物联网设施的后期运维，除了项目组要统筹监控之外，非常依赖现场运维团队，如设备工程师、值班人员或地区 IT 人员等。即使是战略层面自上而下的项目，考虑到项目本身的周期，也应该和业务方紧密沟通。

8.5 轨道交通装备远程监控和故障诊断

8.5.1 背景介绍

作为中国制造的名片，我国高铁始终坚持自主创新、开放创新和协同创新，拥有世界领先的轨道交通装备研发制造平台。我国高速铁路在过去十年间连续保持高速增长。2017年底，我国高铁的总长度已经达到2.5万公里，全国铁路拥有动车组2935标准组。"十三五"期间，我国高速铁路仍保持快速发展，高速铁路营业里程达到3万公里，覆盖80%以上的大城市。高铁的飞速发展，离不开技术领域的持续突破与创新。

高铁在常态化运营过程中，对安全性要求极高，而轴箱轴承是高速列车装备的核心关键部件之一，是动车组转向架系统的关键旋转部件，轴箱轴承的健康状态是动车组运行安全的重要保障。开展针对轴箱轴承的故障预测与健康管理（Prognostics Health Management，PHM）研究，实现故障诊断、预测和健康管理，对进一步提高车辆运维安全性和经济性具有非常重要的意义，助推中国高端装备走向世界。

8.5.2 目标价值

提升高铁安全性、经济性，满足运营常态化需求，保障中国高铁的高价值可持续运营。

- 安全性：研发动车组车载PHM系统对车辆运行状态进行实时监测，对可能出现的故障进行诊断、预警和预测，避免发生影响车辆运行安全的重大问题，从而提高车辆运行安全性。
- 降本增效：动车组检修方式朝着基于状态的维修、预测性维修方向转变，降低运维成本，增强企业服务能力，从而提高车辆运维经济性。
- 运营常态化需求：轴箱轴承的状态监测与健康管理，开启高铁智能运维模式。

8.5.3 技术方案

1. 功能描述和整体架构

轴箱轴承PHM系统应包含以下功能，整体架构如图8-3所示。

（1）在线监测轴承的健康状况

通过对轴承运行数据进行实时采集与分析，如振动、温度和转速信号，用户可以通过PHM系统远程实时监测轴箱轴承的运行状态和健康状况。同时，利用大数据对设备故障的发生过程进行建模和预测。

（2）识别轴承的早期、中期和晚期故障

车载PHM系统采用AI训练模型，结合信号处理、增强和去噪技术识别轴承早期、中期和晚期故障，并诊断出内圈、外圈、滚子和保持架4种故障模式以及健康、轻微故障、中度故障和严重故障4种状态。

（3）远程部署和配置PHM算法

将模式识别和实时预测等算法嵌入地面数据中心，用户可以远程配置数据采集方案，并按需采集其中疑似故障的原始数据，同时在平台上运用机器学习算法对数据进行分析。

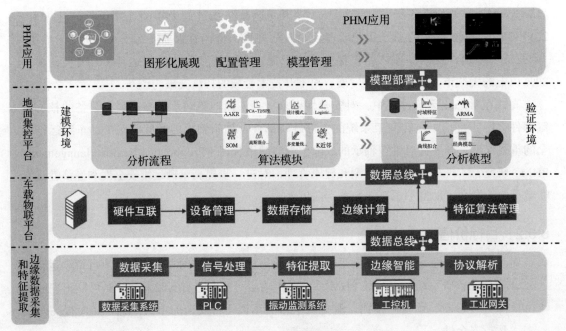

图 8-3 整体架构

底层为边缘数据采集和特征提取，针对接入的工控设备、CMS 设备或者工业 PC 等，通过协议解析和数据预处理，保证数据的质量和全面性。车载物联网平台是车载的 IT 服务器系统，用于管理特征算法，同时负责与上层数据中心的通信，把分析结果传至数据中心。地面集控平台提供建模环境和验证环境，管理着每一个车载运行的模型。新的故障数据产生时，集控平台对模型进行再优化和迭代，并可一键部署至全部列车组，以此实现"一机一模型"，即对每一个设备，都可以利用其自身产生的数据开发针对其最有效的模型。PHM 应用层进行数据化的展现，以及对接 ERP 等系统，实现从信息到决策的整个数据流转。

2. 关键技术与挑战

（1）PHM 故障预测与管理

PHM 的核心是一个包含各类算法进行设备状态预测和建模的工具。数据驱动的 PHM 技术分析流程包括 6 个主要步骤——数据采集、信号处理、特征提取、健康评估与诊断、性能预测以及结果同步和可视化。整个分析流程可以用图 8-4 来概括。

从原始的数据采集到从数据中提取跟设备状态相关的特征，再基于机理模型、数据驱动的模型分析，把原始数据变成剩余寿命、可靠性和趋势预测等指标，这些数据与运维相关系统如 MRO/ERP 系统对接，形成 PHM 的基本流程。

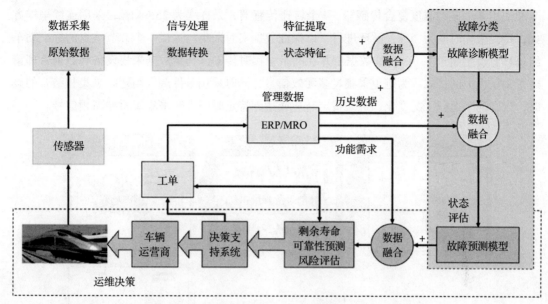

图 8-4　PHM 分析流程

（2）数据驱动的分析技术

在阐述数据驱动的方法和原理之前，首先解释一下"特征"这个概念。特征是指从温度、振动等各种监测信号当中提取与判断事物状态或属性有较强关联的可被量化的指标。例如在轴承的振动监测信号中，不同故障模式对应不同的包络谱频率的幅值，而一些先进的信号处理手段能够对这些故障特征进行降噪和增强。然而仅依靠几个特征是不够的，数据驱动的 PHM 算法正是通过对多维大数据的融合分析来建立健康状态模型。

这些特征之间存在着一定的相关性，其变化情况也存在若干种不同的组合，将这些组合背后所代表的意义用数据模型解析出来，就是建模和预测的过程。从分析的实施流程来说，数据驱动的分析系统采用了如图 8-5 所示的分析框架。

整个过程需要结合大量的机械背景和原理，从机理模型的角度出发，基于很多传统的机械监测和振动分析方法，进一步使用机器学习等方法完成 PHM 方案。列车运行的情况千变万化，速度从刚起步到全速运行再到 350 km/h，其中故障特征频率和能量级别有着千差万别，要求算法能够自适应各种不同的工况。例如阶次跟踪算法可以自动匹配不同的速率，并且自动选择频带范围进行分析，对复杂的全频带运算进行简化，尽可能节省边缘节点的计算资源，提高计算效率。

（3）多源混合信号的高速并发采集

为实现对轴箱轴承故障的精准定位和识别，需要尽可能多地从不同维度采集大量数据。针对高铁列车转向架的轴箱轴承，采集多路高速振动信号、转速信号以及温度信号等，每节车厢使用 8 个振动温度复合传感器、4 个转速传感器，采样率为 25.6 kHz，采用连续采样方式，每段采样时间为 20 s，循环进行，以保证数据实时采集。这样一个 8 节编组的标准动车组每秒将产生超过 130 MB 的数据量并在网络中实时传输，这给数据采集设备和数据管理策略带来了极大的挑战。为避免采集过多无效信号，同时采用事件触发与定时采集相结合的策略，仅在列车运行工况变化、进入特定转速或达到特定时间点时采集短暂的高频信号。

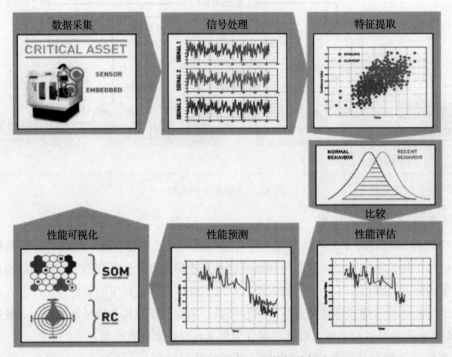

图 8-5　以 PHM 为核心的工程数据分析流程

在高铁场景中，将所有数据上传到云端进行运算和处理变得很不现实，不仅传输带宽受限、可能造成数据延迟，而且通信成本和存储成本很高。采用分布式计算架构，在列车每个车厢部署边缘节点，边缘节点基于原始振动信号提取十余个特征，将百兆级原始数据转化为每 20 s 推送一次的几千字节特征数据，随后在数据中心经过机器学习和数据挖掘算法将健康特征转变为故障概率和严重程度等可决策的信息。

3. 应用效果

在 PHM 系统的支持下，有望实现高铁轴箱轴承从事后维修（解决问题）向预测性维护（避免问题）的转变。地面控制中心的调度人员可对列车轴承故障进行实时监测与分析，为列车保驾护航；列车运维人员可结合模型分析结果优化运维策略，提升轴承维护的效率。

经过近两年的研发和测试，系统已在整车滚动综合性能试验台和测试环线上进行了验证,对轴承故障识别的精准率超过 90%,并积累了 20 余种故障模式以进一步管理预测结果的不确定性,指导运维闭环,如图 8-6 所示。轴箱轴承智能健康管理只是高铁智能化运维的第一步。之后,将由点及面逐步扩展,对转向架系统、牵引系统、制动系统、车体系统和门系统等实现预测性维护,从而有效提高车辆运维安全性与经济性。基于工业物联网的实时在线监测及预测性维护解决方案,将为我国高铁实现更加智能化的未来提供坚实的保障,助力打造节能、环保、智能化的列车,为乘客提供更安全、更绿色、更舒适的乘车体验。

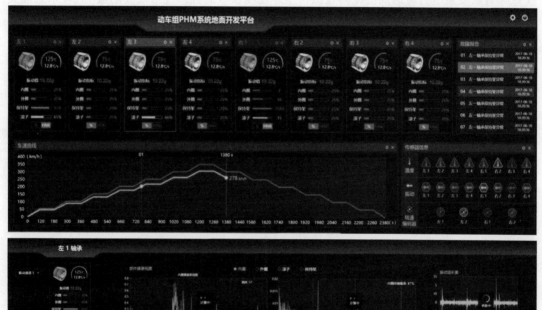

图 8-6 动车组轴箱轴承 PHM 开发平台可视化界面

对于非计划停机将造成重大损失以及对安全性要求非常严苛的场景,预测性维护已证明其价值。例如风场发电设备,每次停机造成发电量的损失,将直接影响电厂收入,此逻辑对于离散制造业同样适用。运维方面,对于维修/更换成本,无差别的检修和维护,针对性低,存在无效保养或冗余维护的现象,而按需保养、预测性维修将提高运维的经济性,从而降本增效。

这有两个前提条件，一个是预测性维护算法的准确性和可靠性须达到业务场景可用的阈值；另一个是对于安全性，尤其在涉及人员安全时，决策层是否敢于摒弃之前保守的运维方式，因为按原来方式即使出了问题可能也不用承担太大责任，所以有时候并非完全是技术方面的因素，按需维护还需要一个时间过程，在不断的尝试后，按二八原则，慢慢将80%部分先切换为新模式，而剩下的20%，仍采取周期性运维，由于PHM系统能给它提供更多的数据和建议，因此相对之前也将进步了不少，智能运维模式大趋势是不可逆的。

对于算法本身，可以人为设置为激进模式或保守模式。对于故障发现或预测，保守模式意味着触发系统告警的阈值设得较低，生产现场设备的轻微异常或波动被PHM系统捕捉到之后，都将触发报警。由于误报比例增加，因此需要人员二次核实，再决定是否需要采取下一步动作，好处是相对地提高了安全性。

8.5.4 延伸：一站式数字化设备运维服务

有时候机会不只在于技术的突破，也可能是商业模式的创新。一站式数字化设备运维服务，可以将运维做成一门生意。对比传统设备故障检测维修和预测性维护的工作流程，以往设备出现潜在隐患时无法及时发现，等到故障发生时，再停机排查，随后通知服务商上门维修服务。整个流程时间长，且不可控，每次停机可能给企业带来巨大的经济损失。如图8-7所示，预测性维护通过数据监测和分析发现早期潜在隐患并告警，通知远程专家分析诊断，判断是否需要现场排查，一旦确认问题，直接通知专业服务团队上门维护，整个流程更加高效。

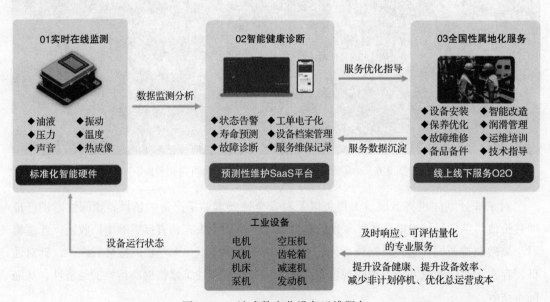

图8-7 一站式数字化设备运维服务

举个例子，辊压机是水泥工业生产的关键设备，由于设备老化、磨损，不仅会导致产线故障停机，还可能引发更大的事故。在已有润滑在线监测系统的基础上，通过增加振动、油液、温度等健康参数监测，建立水泥动辊减速机的预测性维护能力，实现 24 小时不间断实时监测动辊油液状态，以下是一次诊断记录。

- 4 月 18 日首次抓取金属磨粒瞬态异常值，随后数据回落，不触发报警和巡检。
- 5 月 5 日异常数据值发生频率增加，虽然数据值未触发报警，但已经引起专家注意，持续监控。
- 5 月 12 日异常值出现的频率迅速增加，触发报警，且监测到滤芯效率下降，专家诊断后派出现场巡检。确认滤芯需要清洗后，迅速进行清洗服务。随后油液状态恢复正常，设备持续正常运转，消除了设备故障停机隐患，增加了设备使用寿命，如图 8-8 所示。

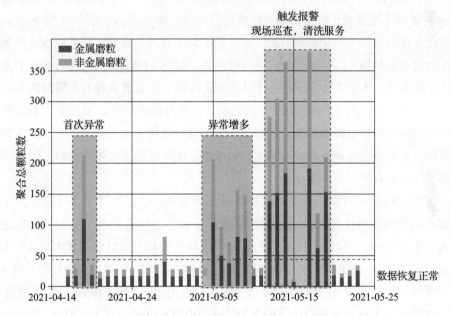

图 8-8　动辊减速机从异常监测、诊断预测到主动维护的全流程

如果问题诊断明确，需要更换备件，则涉及备品备件的购买以及现场安装服务。如果客户不具备复杂设备运维的能力，或者随着企业生产规模扩大，现有人力不足以支撑，客户能否将整个服务打包出去，这样 PHM 解决方案商有可能升级为一站式数字化设备运维服务提供商。上述案例中，客户将部分运维服务外包出去，由解决方案商提供从预测、诊断，到线下跟进的一站式服务。

关于备品备件，这里介绍一下 MRO 市场，它是工业电商的一个分支，MRO 即维护（Maintenance）、维修（Repair）和运营（Operations），指在实际生产过程中不直接构成产品的非生产性物料，用于维护、维修、运行设备的物料和服务，例如机电设备、气动元件和仪器仪表等。

大胆设想一下，系统诊断出故障问题，触发备件在工业电商平台下单，订单触发客户内部审批流程，平台同时调度合适技能的设备维养人员，跟进现场安装服务，客户最后与平台结算。这正是一种上下游供应链协同，工业电商平台与工业物联网平台的融通。这种融通，将带来效率的提升并最终产生社会价值，运维将变得公开透明，降低了企业供应链风险。只是这里面挑战重重，一方面是诊断结论的准确性，另一方面涉及工程人员资源的积累，在消费互联网领域如共享出行，需要足够资质的司机；在工业领域，显然对资质的要求与评估，差异性要大得多，也复杂得多。

8.5.5 延伸：传感器无线网络，直面布线难题

对现场设备的远程监控和诊断，尤其是存量设备改造，有时候传感器布线是很大的挑战，布线主要围绕在通信（数据传输）和供电两部分。有些场景，有线连接方案实施成本高、定制化工作量大、规模化复制困难，甚至根本无法布线。有痛点就有创新，催生出新形态的无线网络和轻量级边缘智能。例如基于低功耗广域网 LPWAN 的无线通信技术方案，智能振温（振动温度一体监测）传感器通过磁吸方式安装于待监测装备上，周期性采集振动和温度信号，并对振动信号进行处理（终端智能），识别出各种故障如不平衡、不对中、结构松动、轴承故障和齿轮故障等问题。故障识别结果通过无线方式传输到网关，网关安装于工厂内，最后由网关通过蜂窝或有线网络上报给后台。由于摆脱了布线的束缚，因此可实现快速批量部署。此处有如下 3 个关键点。

一是无线通信要求可靠，考虑到现场环境的高度复杂性，信号穿透性要好，覆盖距离远，保证无线传感器终端与网关之间的网络质量稳定。之前有些基于 Wi-Fi 或 4G 的方案，在工厂内效果并不好，例如 Wi-Fi 工作的频段，极易受干扰，而且要部署大量 AP 才能保证网络覆盖。而 4G 在一些工厂内甚至没有信号，并且 Wi-Fi 和 4G 终端的功耗都非常大。

二是功耗问题，如果无线传感器终端功耗高，电池供电续航时间短，更换电池将带来额外的运维的投入。由于只是通信采用无线方式，而供电还依赖外部，并未完全消除布线，因此低功耗技术才备受欢迎，对采集终端的设计要求也非常高。对于振动这类信号，如果实时采集，终端将一直处于工作状态，功耗也很高，如果业务场景不允许丢失任何异常事件，那么还是需要考虑外部持续供电。

对于故障识别，尤其是衰退型故障，通常有一个拐点，拐点前比较平缓，拐点后劣化很快，前期监测不用太频繁，实时采集和上传并非必要，尤其对于很多 B 类和 C 类非核心设备，过度监测有时是一种浪费。

三是终端智能数据即时分析能力，和前面两点有关系。终端经过分析计算直接输出告警信息和故障结论，与网关之间无须传输大量原始数据，小带宽即可满足要求，而发射数据

量小则功耗低。由于终端资源有时受限,因此很考验嵌入式开发工程师和算法工程师对算法的压缩与精简。

图 8-9 所示是基于 ZETA 低功耗广域网通信技术实现的无线振温传感器,用于热能发电厂的冷却给水泵和炉引风机状态监测。

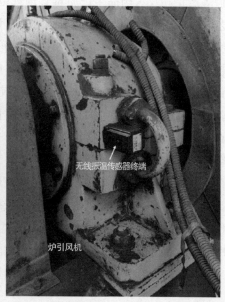

图 8-9 无线振温传感器安装现场

网关接收振温传感器发送的数据后,通过 4G 网络上报到后台,一个网关可同时接收多个振温传感器的数据,如图 8-10 所示。

图 8-10 接收网关

8.6 医药冷链：法律法规下的不断链

8.6.1 背景介绍

2018年某药企疫苗生产记录造假事件轰动全国。该药企在狂犬病疫苗生产过程中存在记录造假等严重违反《药品生产质量管理规范》的恶劣行为。按规定，疫苗生产应当按批准的工艺流程在一个连续的生产过程内进行，该企业为降低成本、提高狂犬病疫苗生产成功率，违反标准的生产工艺组织生产，包括使用不同批次原液勾兑进行产品分装，个别批次产品使用超过规定有效期的原液生产成品制剂，虚假标注制剂产品生产日期，将生产结束后的小鼠攻毒试验改为在原液生产阶段进行。为掩盖上述违法违规行为，企业有系统地编造生产、检验记录，以应付监管部门检查，令人瞠目结舌。

疫苗从生产到接种，中间历经多个环节，这起疫苗事件，让公众对疫苗安全性的关注度达到空前的高度。在生产环节之外，流通环节疫苗的冷藏存储同样非常关键。医药品安全性不仅在于生产过程，严格把控医药冷链物流环节也至关重要。由于供需不平衡、标准不完善、利益驱动下的成本考虑等方面原因，关于疫苗、温湿度敏感性药品物流过程不当导致的负面事件时有发生。医药冷链物流配送产品过程中，"断链"现象时有发生，断链即没有实现全程冷链，而断链的原因很多，比如设备故障、人为关掉冷藏车冷机或快递员配送过程中操作不当等。对医药冷链物流进行全程不间断地监测和管理，是减轻断链风险的主要手段。

8.6.2 目标价值

实现医药冷链物流各环节不断链，从厂家出库到在途运输、仓库或冷库存储的全流程不间断监测和管理。物联网应用的价值来自两方面——一是安全，二是医药冷链常态化运营需求。监管部门、医药公司和用户需要了解医药在整个运输流转过程中的温湿度记录，以确保安全有效。

除了医药领域，近年来随着消费升级，生鲜食品市场不断增长，相应的冷链物流运输市场也在壮大，全流程不断链，降低腐损率，将会逐步成为常态化、标准化运营要求。

8.6.3 技术方案

医药冷链全流程监测与可视化，技术实现相对成熟。从温湿度传感器数据采集、数据传输（无线或有线）、到数据接入、数据分析、数据呈现及事件告警，市场上有完整的解决方案。近些年随着市场规模不断扩大，用户提出更高的要求，加上企业运营成本的压力，出现了一些新的形态，例如对于业务量小的线路，采用医药保温箱而非冷藏专车以降低成本，互联网医院和电商DTP药房（Direct to Patient）也比较青睐保温箱。由于医药客户要求实时查看医药温度记录，因此部分物联网设备由离线式升级为在线式，具备实时数据上传功能。

解决方案商不再自己搭建服务器,而是改为借助公有云 IT 资源以实现敏捷部署并降低系统运维成本。

仓库的温湿度控制是保证药品质量的基本条件,医药物流中心通常可按储存条件分为常温库、阴凉库、冷库、冷冻库及恒温库,其中阴凉库温度要求通常为 2～20 ℃,冷库为 2～8 ℃,冷冻库为 –25～–18 ℃,如图 8-11 所示。由于 GSP 对于医药冷链的要求非常严格,因此整个库房要求对温湿度进行严格控制,并配置温湿度监测系统。温湿度采集设备通常固定于墙壁上,探头分布于多个位置,采集的数据通过有线网络连接,或者 Wi-Fi、4G 方式上传到后台。

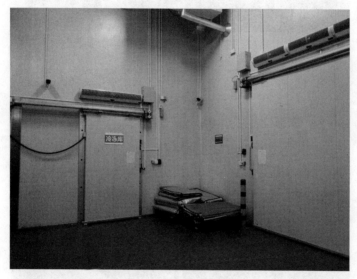

图 8-11　医药冷冻库

运输涉及车辆在途温湿度监测。车辆分冷藏专车和普通配送车辆,对于冷藏专车,通常出厂前已配备制冷系统和冷链监测系统,属于前装方式。冷藏专车通过隔板分区,例如将它分为冷藏区(2～8 ℃)和冷冻区(–25～–18 ℃),每个温区独立控制。多个温湿度传感器分散安装固定于车厢内壁,然后通过连线将传感器接到车头的温湿度采集设备终端,终端再通过蜂窝网络将数据上传到后台,终端通常带有 GPS 或北斗定位功能,如图 8-12 所示。

普通配送车辆则采用冷链保温箱保持医药运输途中的恒温条件,在保温箱中放置一体式温湿度采集设备,如图 8-13 所示。出于保温考虑,保温箱可能使用锡材料包覆,再加上车辆金属厢体外壳,它们对物联网设备的无线通信产生较大影响,信号衰减很厉害,信号中断情况时有发生。如果是穿过隧道或其他复杂道路环境,中断的时间将更长。当信号中断时,物联网设备要求具有数据缓存功能,待通信恢复正常后续传。

图 8-12 冷藏专车配备温湿度监测系统

图 8-13 冷链保温箱

针对信号穿透性问题,第一种改进办法是由保温箱集成温湿度计,温湿度计的天线精心设计在保温箱的外壳上,避免信号被保温箱壳体的屏蔽。第二种是采用无线组网的方案,"采集节点+网关"组合模式,例如低功耗广域网或 433 MHz 低频信号,采集节点位于车厢内,网关置于车头,能稳定接收采集节点发来的数据,网关再通过 4G 将数据上报到后台。这种方案需要投入额外的管理成本,例如采集节点与网关配对、网关与车辆任务关联、网关回收(非自有车辆)等。第三种方式则是绕开信号传输问题,如果客户允许,采用离线式温湿度计,它不带数据实时上传功能,数据长时间存储于设备中,到达目的地后通过蓝牙或 USB 等方式导出文件,供客户核验。长远来看,实时监测是趋势。如图 8-14 所示是某实时温度记录曲线。

虽然本案例介绍的是医药冷链场景,但从在途移动场景的角度看,有很多行业可以借鉴。例如物联网设备信号穿透性的问题、电池续航问题、固定安装问题和地理位置定位准确性问题等,在产品设计过程中,均需要认真考虑。同时,随着技术的进步与市场的驱动,为提供更好的用户体验，多传感器融合技术也在逐步普及，物联网设备扩展在途过程振动监测（是否剧烈颠簸，如图8-15所示）、倒置检测（例如针对贵重仪器装备）、异常开箱报警等功能，在途过程将更加透明化，也更加安全。

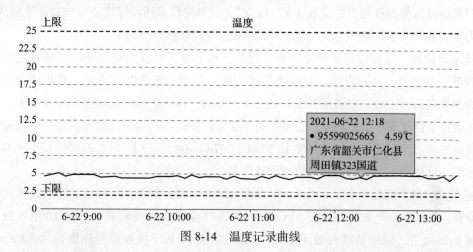

图 8-14　温度记录曲线

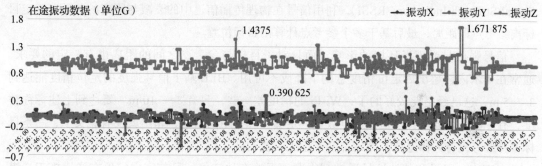

图 8-15　在途振动数据监测

8.6.4　延伸：室内外定位技术

时空属于两个维度，通常物联网应用中，大量数据是基于时间维度的，而空间维度（空间位置信息），除了服务于地图相关应用，人们还在进一步探索它的价值。未来，空间维度的价值将得到进一步挖掘和释放，结合大数据分析技术与数字媒介，已有信息和空间位置信息的结合与映射，将带来新的视角。位置信息的获取，依赖于定位技术。

定位技术从空间上划分为室外定位和室内定位，从技术原理上划分为基于收发时间、功率信号强度和相位偏移测量。室外定位的应用已经很成熟，主要包括卫星定位和基站定位。平时手机上用的地图导航、打车共享软件和共享单车等，均依赖于卫星定位。

在民用领域，卫星定位的精度通常在米级，几米到数十米之间，属于比较正常的范围。全球四大卫星导航系统，包括美国全球定位系统（GPS）、中国北斗卫星导航系统（BDS）、俄罗斯格洛纳斯卫星导航定位系统（GLONASS）和欧洲伽利略卫星导航定位系统（Galileo）。由于卫星的位置已知，车载导航设备或手机终端上的接收机利用接收到卫星信号的时间差（卫星发射信号的时间t_0，接收机接收信号时间t_1），根据三维坐标中的距离公式，通过3颗以上卫星即可以解出观测点的位置（X，Y，Z）。卫星定位采用经纬度表示位置，东经为正，西经为负，北纬为正，南纬为负，例如（22.548 457，114.064 552）。

基站定位和卫星定位的原理差不多，只是卫星换成了运营商蜂窝基站。基站定位的精度比较低，只有数千米到百米，取决于基站密度。由于大城市里基站多，因此精度会高一些，而如果在偏远山村，方圆5公里只有一个基站时，那么它的定位精度就是几千米。卫星定位主要用于精度要求低的场景，也可作为卫星定位数据不可用时的辅助。基站定位返回信息【基站编号、小区编号、信号强度】，例如【247d、f04、-38】，以基站编号和小区编号为索引查询基站数据库可获得实际的地理位置信息。

室内定位技术近几年有了一些发展，包括UWB、BLE和Wi-Fi等无线通信技术应用于室内定位。UWB基于飞行时间法（TOA或TDOA）定位，精度较高，可达10厘米级，非极端复杂环境下，定位精准且效果稳定。BLE和Wi-Fi基于接收信号强度指示（Received Signal Strength Indicator，RSSI），利用信号在物理传播信道中的衰减与距离的关系，确定目标离参考点的距离，最后基于多个参考点计算出目标位置。

信号强度易受现场环境的影响，而且对于目标与参考点之间的距离也有一定的要求，通常在4米内，超出后定位精度急剧下降或不可用。BLE基于信号强度的定位精度能达到3～5 m，这已经是比较好的了，Wi-Fi的精度差一些，只有3～10 m。要达到上述标称精度，有一些前置要求：一是参考点数量要足够；二是距离适中，超出就没有意义了；三是目标本身最好没有人体遮挡，否则都会产生大的扰动。

在室内，卫星和基站信号通常都很弱，无法有效定位。目前室内定位在隧道施工、煤矿、电厂/变电站以及司法等安全性要求较高的行业有一些应用。无论是UWB、BLE还是Wi-Fi，都涉及硬基础设施投入，UWB的投入更大（定位效果最好）。虽然目前大家都意识到空间位置信息的重要性，但室内定位距离大规模化应用还有较长的路要走，有待寻找更多的价值支撑，用户才会为技术买单。

对于定位精度，可以通过以下几个指标衡量。

❏ 位置平均值，其中（x_i，y_i）是每次定位的实际值。

$$(\bar{X}, \bar{Y}) = \frac{1}{N}\left(\sum_{i=1}^{N} x_i, \sum_{i=1}^{N} y_i\right)$$

❏ 均方根误差RMSE（衡量测量值与真值偏差），其中（x_0，y_0）是标记点的真实位置。

$$\sqrt{\frac{1}{N}\sum_{i=1}^{N}[(x_i - x_0)^2 + (y_i - y_0)^2]}$$

- 最大距离偏差,其中 (x_0, y_0) 是标记点的真实位置。

$$d = \sqrt{(x-x_0)^2 + (y-y_0)^2}$$

- 标准差 σ(衡量离散度)。

$$\sqrt{\frac{1}{N}\sum_{i=1}^{N}[(x_i-\bar{X})^2+(y_i-\bar{Y})^2]}$$

- 累积分布函数 CDF(Accuracy),例如 CDF=99%,意味着满足 Accuracy 精度门限的定位次数占总定位次数的 99%。

除了定位精度,还需考虑定位的实时性。通常来说,如果采集点数多,对较长时间内的定位结果取平均,可以有效消除偶发的定位偏差。虽然精度变高,但是如果时间间隔过长,会存在明显的时延,实际看起来就是位置刷新滞后、位置跳变。

如图 8-16 所示是基于 UWB 定位的实际静态测试过程,通过连续定位打点,收集数据,然后进行定位精度测算。

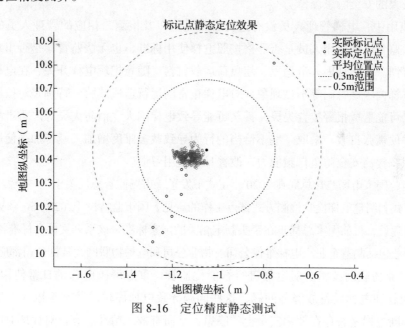

图 8-16 定位精度静态测试

8.7 电梯物联网:安全与广告跨界

8.7.1 背景介绍

电梯已经成为人们生活中不可或缺的一部分,是国家重点关注的特种设备之一。近十年来,随着城镇化发展,全国电梯总量以每年 10% 以上的速度递增。在 2020 年,全国电梯保有量达到 780 万台,覆盖人群超过 6.5 亿,每天的乘坐频次超过百亿。随着电梯数量增多,老龄化趋势越来越严重,电梯故障和安全事故增加,监管压力与日俱增。

行业上,目前在电梯的安装、管理、维修保养以及日常乘梯使用等环节上,都存在一定的问题,导致电梯安全问题得不到彻底地解决,电梯故障率高发。

安装过程中,部分电梯相关制造企业安装技术陈旧,设备档次低或出现老化现象,电梯质量难以得到保证,故障发生概率增加。

维保过程中,相关维保部门人员没有按照相应的安全技术规范进行电梯维保工作,许多电梯故障如井道不牢固、电梯开关门失灵等问题均由维保措施不健全造成。部分电梯维保人员疏忽大意,人为加大了安全风险的发生率。除此之外,个别维保单位为获得更大效益而超范围超能力进行维护保养,导致维保工作无法切实照顾到每部电梯,维保效率低下甚至失去作用。

管理过程中,物业管理部门没有配备技术人员对电梯进行定期管理,对管理人员的素质要求不高,甚至出现无证上岗的现象。管理模式分散,不同小区的物业部门没有统一管理规范,存在各自为政的现象,使许多电梯处于缺乏管理、缺乏检测因此"带病"运行的状态,埋下极大的安全隐患。

日常使用中,电梯管理人员没有进行日常巡查以及检测,相应的管理人员的责任意识不足,无法监督电梯使用人员是否严格按照电梯使用标准,也无法监督其是否出现损坏电梯的现象或习惯。常出现因人员超重、超负荷运载材料、随意把玩电梯开关、在电梯门口来回走动、在电梯内吸烟打闹等不良现象,对电梯正常的运行造成威胁。特别是对按钮造成严重损坏,不仅可能造成报警装置失灵,甚至可能导致电梯困人、消防失灵等严重事故。一旦遇到突发事件便慌张自救,采取一些不恰当的行为导致救援难度增加。亟待加强使用人员的电梯安全意识,提高安全防范自救能力,改善日常使用习惯。

政策上,国家市场监管总局在 2020 年正式下发了《市场监管总局关于进一步做好改进电梯维护保养模式和调整电梯检验检测方式试点工作的意见》国市监特设〔2020〕56 号文件[⊖],推动电梯数字化建设,目前国家总局正在牵头制定相关的国家标准。该系列文件和标准指明了方向,整个电梯行业包括制造企业、电梯维保公司、物业公司和电梯物联网大数据公司都应高度重视。

采用工业物联网技术,对电梯进行智能化监管,重点解决电梯的日常使用安全问题、维护保养问题和电梯设备故障等问题,这些问题导致电梯停梯故障甚至困人。通过有效预警,提前判断电梯是否存在使用安全上的隐患,从而有效、精准、有针对性地对电梯进行维护保养,降低故障率,提高使用率,显得尤为重要。

8.7.2 目标价值

电梯物联网的价值分为对内和对外两部分。对内主要体现在安全和效率价值方面,强调电梯物联网场景本身所产生的社会效益和部分经济效益。电梯物联网最终要实现电梯的智能

⊖ 地址为 http://www.samr.gov.cn/tzsbj/tzgg/zjwh/202004/t20200410_314094.html。

监管，从而保障电梯正常运行，降低故障率，保证人们的乘梯需求。从乘梯用户角度讲，当因故障、维修等各种异常导致无法乘坐电梯时，将增加客诉。而电梯故障频发，将给电梯管理、维保、监管以及用户带来极大困扰，尤其是电梯困人事件发生时，能否有效地快速进行应急处置，及时救援，是非常关键的。电梯物联网服务于电梯相关的管理（物业和政府监管部门）、维修保养（维保公司）、乘坐人员（业主）、保障（保险公司）、安装（安装公司）等对象。

对外，互联网化将物联网数据运用到互联网中，带来经济效益。由于电梯场景的使用频次非常高，本身自带线下流量，因此线下流量的互联网应用化（线下流量通过应用形成线上流量）就成为关键。而且电梯身处于社区中，是社区的重要组成部分。本案例中，基于电梯物联网的终端，已经用于媒体广告投放，通过流量价值变现，产生了直接的经济收益。

8.7.3 技术方案

1. 系统架构

电梯物联网是城市物联网的子系统，它通过硬件设备和网络实时采集电梯的数据，并具备大数据分析和人工智能算法处理能力，最终通过应用服务集，给电梯相关的不同角色使用。从整个城市的角度来看，电梯物联网所处的位置如图 8-17 所示。

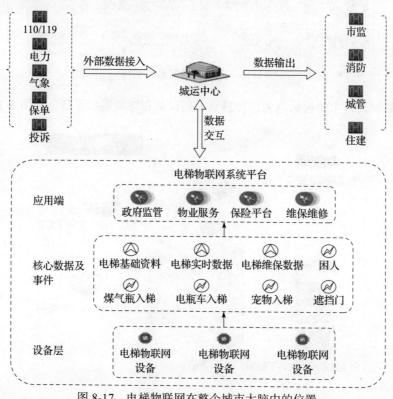

图 8-17　电梯物联网在整个城市大脑中的位置

电梯物联网整体系统架构由四层构成——现场设备采集层、网络传输层、平台支撑层和应用层,如图 8-18 所示。

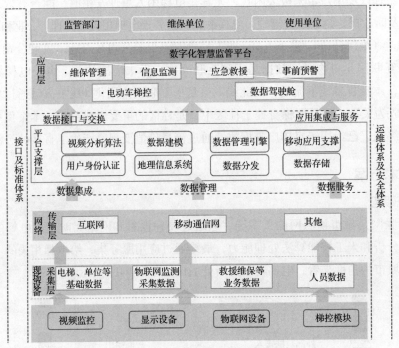

图 8-18　电梯物联网系统架构

电梯物联网硬件主要包括网关、传感器采集设备和终端展示设备,如图 8-19 所示。其

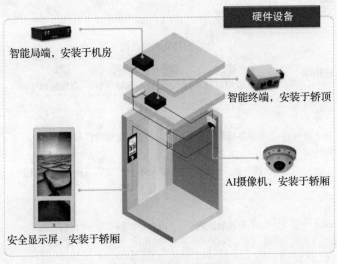

图 8-19　硬件构成和网络

中，智能局端为网关设备，智能终端和网关之间，采用电力载波通信，可提供大于 20 MHz 带宽的网络链路。

应用层涵盖了电梯物联网的各项应用服务，面向整个电梯物联网的相关应用角色如电梯物联网设备本身的管理人员，以及物业、维保公司和乘客等，如图 8-20 所示。

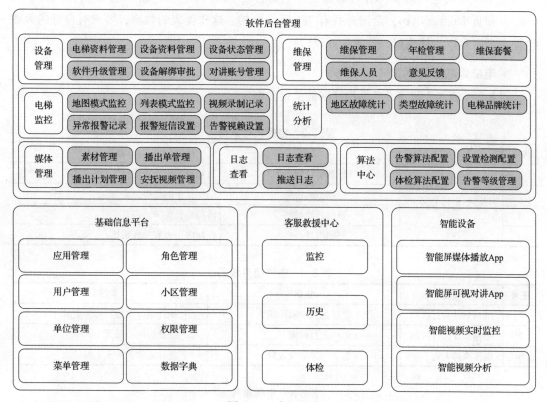

图 8-20　应用服务

2. 关键技术

- 网络技术：电梯处于一个密闭的井道中，在此封闭环境中网络环境非常差，无论是 Wi-Fi 还是蜂窝网络均很难保证覆盖。为了保证网络传输的可靠性和安全性，须选择合适的网络，电力载波通信技术（Power Line Communication，PLC）较好地适用于电梯场景，保证网络带宽的同时提高了可靠性。
- 电梯数据采集技术：电梯是特种设备，物联网数据采集须和电梯原有系统进行电气隔离，整个系统集成了 12 类传感器，主要包括图像、音频以及加速度计等。此 12 类传感器的算法互相融合，能够实时监测电梯的运行数据、环境数据、电梯的使用数据以及电梯的故障数据，是整个电梯物联网的数据来源和基础。

- 基于人工智能算法 AI 应用：在电梯场景中，有两类关键点，一是人员乘坐电梯的行为，二是对电梯隐患进行预警，这两类问题的解决依赖于 AI 处理能力。
- 大数据平台和分析能力：电梯数量众多，人员乘坐次数多。经统计，每天一部电梯产生的有效数据（包括传感器数据、视频数据和音频数据等）在 100 M 左右，而每个城市的电梯数量都在万级以上。上海将近 30 万部电梯，北京近 26 万部电梯，杭州近 16 万部电梯，全国总共有 780 万部电梯。这样庞大的数据，要求有良好的大数据平台以支持数据的分析和处理。

3. 电梯物联网关键数据

表 8-2～表 8-7 列举了电梯物联网的关键数据。

表 8-2 电梯运行数据

序号	项目	说明	备注
1	电梯运行参数	轿厢运行状态	轿厢处于停止、运行（上行、下行）等状态
2		电梯当前楼层	电梯位于的楼层位置
3		轿门开闭状态	轿门是否关闭、打开
4		轿厢内是否有人	轿厢内是否有乘客乘梯

表 8-3 电梯使用数据

序号	项目	说明	备注
1	电梯累计运行次数	电梯主机启动的次数	统计累计次数，每天上报一次
2	电梯累计运行时间	电梯运行时间	统计时间，每天上报一次
3	电梯乘梯人数	每天电梯的载人数	统计人数，每天上报一次

表 8-4 电梯事件

序号	故障	说明	备注
1	困人	因电梯故障，乘客被困轿厢内	

表 8-5 电梯故障数据

序号	故障	说明	备注
1	急停故障	电梯无人乘梯情况下运行时，发生急停	除困人外的急停故障
2	门系统故障	轿门（厅门）因故障反复打开、闭合	短时间内的故障多次合并算 1 次
3	电梯运行时故障	开门运行	电梯运行时轿门打开，或轿门打开时电梯突然启动运行
4		超速运行	电梯运行速度超过电梯额定速度
5	其他故障	其他上面未述及的导致电梯无法启动的故障	

表 8-6 电梯远程监测、困人处置数据

序号	报警通话	说明	备注
1	实时通话	乘客在轿厢内可以与救援值班人员进行远程实时通话	困人救援时使用
2	视频监控	①视频采集图像分辨率在 720 P 及以上，视频帧率 25 帧/秒及以上，视频流畅不卡顿，输出视频需叠加日期时间信息和电梯注册代码（设备代码） ②视频能覆盖轿厢出入口和地板 3/4 以上面积，能清楚看到操作面板并记录乘梯人员从进入轿厢到离开轿厢的全过程 ③视频录像数据需在监测装置本地存储，支持录像拷贝。摄像头具有夜视功能，支持政府监管平台远程查看实时视频及录像	远程监测、记录用

表 8-7 社区治理数据

序号	故障	说明	备注
1	电瓶车入梯	检测电瓶车入梯并报警，闭环处理	消除电瓶车在楼上充电而导致的消防隐患
2	电梯遮挡门	人长时间遮挡电梯门的行为，影响电梯和正常乘坐电梯	不文明乘梯行为
3	电梯反复开关门	人反复遮挡电梯门，影响电梯和正常乘坐电梯	不文明乘梯行为
4	剧烈振动	人乘坐时，剧烈跳动，导致电梯振动过大	不文明乘梯行为
5	物品遗留	图像 AI 处理，大件物品遗留梯内，及时提醒和关注	寻物处理
6	群组检测	图像 AI 处理	重点关注人群
7	宠物入梯	宠物进梯	重点关注
8	电梯拥挤	电梯乘梯异常提醒	疫情防护
9	口罩识别	未戴口罩人员的提醒	疫情防护
10	电梯紫外线杀毒	消毒	疫情防护
11	儿童单独乘坐电梯	AI 处理，儿童单独乘坐电梯检测	重点关注人群
12	梯内人员长时间逗留	AI 处理	重点关注人群
13	物业公告、通知	下发物业的公告和通知	物业管理服务
14	天气显示	当下天气，每日 2 次更新	便民服务
15	交通显示	当下时段交通信息	便民服务
16	新闻	实时新闻	便民服务

4. 应用效果

电梯物联网落地实施的关键，在于市场的检验和验证，以提高社会的整体效益。以杭州为例，目前在杭州覆盖的 2 万多部电梯中，一方面电梯使用率提升 30%，故障率下降 40%，电梯困人率降低了 30%，电梯困人后的救援处置事件时间缩短了 30%，平均 11 分钟。从社区治理的角度，系统在杭州全面监测不文明乘梯行为，培养人们良好的乘梯习惯，在 2 万多部电梯的使用中，不文明乘梯行为下降了 92%，成为保障电梯正常运行的有力工具。另一方面，需要重视数据的应用。电梯物联网采集的数据，直接价值有限，电梯本质上是一个机电一体化设备，在这个具体场景中，对电梯隐患进行分析，利用算法实现各种异常情况的判断，从而发出电梯预警，防患于未然，才是价值所在。同时，可以看到，在社区治理方面，这些数据经过算法挖掘，可归类为多种电梯异常模式，在方寸空间内，通过不断打磨算法的深度，提升了方案的价值。

8.7.4 延伸：规模化部署的障碍

电梯型号众多，而且隶属于不同物业公司管理，电梯异常诊断后，闭环过程涉及不同的维保公司。如果电梯物联网公司一个物业一个物业地去谈合作，那么电梯物联网的规模化部署将遥遥无期。虽说安全很重要，但物业并没有强动力去做这件事，而且做这件事又有什么好处？即使好处显而易见，能否落地也是另一回事。

电梯属于特种设备，受政府部门监管，电梯数量增多，同时老龄化趋势越来越严重，电梯故障和安全事故增加，监管压力与日俱增。出于安全考虑，政府相关部门希望通过电梯物联网获得刚性收益，由特种设备安全监督管理部门统一推动，规模化部署障碍才能被扫除。技术能够解决问题，但它不等同于项目成功，背后的影响因素都有可能左右项目的结果。当我们研究和借鉴案例时，应全盘审视。

8.8 声源定位：让城市更安静

8.8.1 背景介绍

城市噪声来源主要包括生活噪声、交通噪声、工业噪声和施工噪声等。生活噪声多与家用电器、装修、邻里生活习惯等有关，交通噪声、工业噪声和施工噪声则与公共事务管理有关。据《2021中国环境噪声污染防治报告》内容披露[注]，交通噪声占到城市区域声环境噪声来源的21.7%，是最大的公共噪声源。

随着国家对新生产机动车噪声检验工作的开展，以及机动车技术的进步，达到国家机动车噪声标准要求的机动车比例越来越高。机动车本身正常行驶状态下，噪声在可控范围之内，不会对城市声环境造成特别大的污染。然而，交通噪声仍然是城市区域声环境主要噪声来源，主要有以下三方面原因。

- 城市快速路上的机动车车速较快，机动车引起的路噪，对附近尤其是高层建筑居民影响明显。
- 特殊车辆的运行噪声，如渣土车等工程车辆或跑车。
- 违法行为，如在禁鸣区域鸣喇叭、对车辆排气系统进行人为改装。

交管部门已经意识到交通噪声对城市居民生活的影响，正在积极采取措施减少交通噪声，

[注] 地址为 http://www.mee.gov.cn/hjzl/sthjzk/hjzywr/202106/t20210617_839391.shtml。

例如：在快速路距离噪声控制区较近的路段加装噪声屏蔽装置；合理规划特殊车辆行径线路；加大对违法行为的打击，尤其是遏制乱鸣喇叭等违法行为，减少交通噪声污染，提升城市文明。

8.8.2 目标价值

噪声音量过大危害人体健康，噪声给人带来生理上和心理上的危害，包括损害听力、诱发疾病、影响睡眠和工作效率等。噪声的恶性刺激严重时不仅影响人的睡眠质量，还会导致记忆力减退、注意力不集中等神经衰弱症状。机动车违法鸣笛或车辆改装，危害性不限于噪声污染给市民带来的健康问题，还会引发突发次生危害，给交通安全和社会治安带来隐患。例如，江苏省曾发生一起因鸣笛引发的交通事故，一位出租车驾驶员在开车时被前面的三轮车占道，于是鸣笛示意，不料前方三轮车驾驶员受惊吓导致三轮车侧翻，车上一名乘客受伤后经抢救无效身亡。网上也经常有一些新闻报道，关于住宅小区因为深夜车辆排气噪声过大，引起邻里纠纷，甚至发生严重冲突。

传统管理方式对于机动车违法鸣笛很难取证，政府虽然有心改善这方面的民生问题，但是缺乏有效的技术手段。利用物联网技术，对违法鸣喇叭车辆和车辆改装行为进行取证，有利于对此类行为进行威慑和遏制。声源定位的价值主要体现在安全和改善民生常态化需求两方面。

8.8.3 技术方案

机动车鸣笛追踪系统通过声呐（麦克风阵列）技术对鸣笛声源定位，从而从道路上众多车辆中确定违法鸣笛车辆，对其车牌号码和场景特征进行抓取，同时录制鸣笛发生前后的音视频作为取证依据。鸣笛证据的呈现，类似于热成像仪，用颜色表示声音的强弱，直观地显示拍摄场景中声音最大的区域，如图8-21所示。处于声音最大区域的车辆即为鸣笛车辆。系统通过声纹识别技术提取喇叭声音特征，将环境干扰（如刹车声、鸟叫声、广场舞、人声和口哨声等）滤除，准确定位实际的鸣笛车辆，从而对鸣笛车辆进行视频抓拍和车牌识别，确定违法鸣笛车辆。

图 8-21 机动车鸣笛声成像

机动车鸣笛追踪系统分为固定式、便携式和车载式，功能上可同时追踪违法鸣笛和炸街行为。科技手段的应用，有利于提高执法效率，遏制不文明行为，以实现减少城市交通噪声污染，还市民一个安静的生活和工作环境。

机动车鸣笛追踪系统主要由声学探头、车牌抓拍识别和后台执法联动系统三部分构成。声学探头由多个麦克风阵列组成，利用相控阵雷达技术，检测汽车鸣笛行为并定位，定位过程直接在边缘节点上完成。车牌抓拍识别子系统由高清摄像头和车辆抓拍识别处理器组成，在声学探头检测到汽车鸣笛后，抓拍鸣笛车辆的车牌号码。后台执法联动子系统与交警执法系统联动，将违法鸣笛车辆鸣笛行为证据上传到交警执法系统，在现场通过电子显示屏实时显示违法车辆号牌，或推送至执法人员的手机等移动端设备。

机动车违法鸣笛追踪系统通常安装在以下场所。
- 十字路口。
- 重点路段。
- 学校、医院、码头、机关等重点禁鸣区域。

传感器主要包含声学探头和视频探头，通常安装于横杆上，例如电子警察专用横杆或红绿灯杆上，如图8-22所示。

图8-22　机动车鸣笛追踪系统安装图

系统以声音云图的方式显示可视监控范围内的鸣笛声。如图8-23所示，长方形区域为鸣笛声所在区域，通过对鸣笛声所在区域的视频抓拍和车牌识别，可锁定车辆违法鸣笛证据。

系统将车辆违法鸣笛过程的照片、声音、视频等证据上报到数据中心后台，以进一步核实并存储归档，如图8-24所示。

图 8-23　声音云图显示鸣笛声所在区域

图 8-24　机动车鸣笛追踪管理平台

以海口市为例，该城市于 2017 年安装了首批 20 套违法鸣笛声呐追踪设备，系统部署后，每年累计对 1000 车次以上违法鸣笛行为进行处理，达到了良好的威慑和教育作用，如图 8-25 所示。对海口市 2017 年 12 月至 2018 年 10 月的鸣笛抓拍记录数进行统计，发现鸣笛次数明显下降，市区范围内的鸣笛行为明显减少，机动车驾驶员也普遍知晓违法鸣笛声呐抓拍设备的存在，主动减少非必要按喇叭行为。

图 8-25　海口市违法鸣笛抓拍数量统计

8.8.4　延伸：科技如何改善民生

机动车鸣笛追踪系统是物联网技术在公共交通管理领域的创新应用，这类应用的特点和价值在于突破了以往依赖于人管理的局限性，并大大减少人力投入，使得很多公共领域的民生问题得以改善和解决。然而也需要注意到，因为涉及民生，所以新技术的应用并非很顺利。以当前这个项目为例，由于涉及处罚，因此有些市民对鸣笛追踪系统的应用持有异议。这些异议主要在于对鸣笛的必要性存在误解，其中最有代表性的误解是鸣笛是安全起见，尤其是提醒非机动车和行人避让。

根据《中华人民共和国道路交通安全法》第四十七条规定，机动车行经人行横道时，应当减速行驶；遇行人正在通过人行横道，应当停车让行。首先，从法理上讲，不避让行人就属于违法行为。其次，通过对大量城市的鸣笛抓拍记录进行数据分析，发现绝大多数的鸣笛行为是非必要的，之所以称之为非必要，是因为这些鸣笛行为不能够提高交通参与者的安全性，不能够达到提醒非机动车和行人不乱穿马路的目的，前方道路堵塞了，鸣笛并不管用，只是发泄情绪而已。《中华人民共和国交通安全法实施条例》第六十二条规定了在禁鸣区域或路段禁止鸣笛，而大部分城市都划定有禁止鸣笛区域，在城市中禁止鸣笛有其合理性和必要性。

我们应该持续思考，如何让科技正向地用于各种场景，改善民生。例如之前有一个新闻提到利用 NB-IoT 远程抄表，对于水表读数长时间不动的孤寡老人住所，系统将产生报警并通知社区前去看望，以确保老人没有发生意外。

短期内，新技术的应用可能存在很多问题，比如判断的逻辑合理性和数据准确性，大家应该有足够的耐心，当这些问题解决了，公共领域服务将变得越来越好，这就是实实在在的价值。高考期间，为配合各地的高考"静音"行动，确保广大考生拥有一个安静的考试环境，部分城市在考点附近重点禁鸣区域部署机动车鸣笛追踪系统，结合交通警示标志和媒体宣传报道，使得高考期间机动车违法鸣笛现象得到明显改善，如图 8-26 所示。

图 8-26　考点附近重点禁鸣区域系统部署

8.9　本章小结

本章介绍了几个工业物联网案例，针对每个案例，从背景、目标价值到技术方案进行逐一剖析，并延伸思考其普适性和特殊性。通过这些案例，让我们看到了工业物联网项目如何成功落地，同时深刻体会到实施过程中所遇到的挑战。